詹姆斯・丹克特 James Danckert
約翰・伊斯特伍德 John D. Eastwood 著
袁銘鈺 譯

無聊心理學

我們為何無聊？

無聊不好嗎？

無聊時可以做些什麼？

OUT OF MY SKULL

The Psychology of Boredom

給我的兄弟保羅（Paul）。
經常無聊，但從不煩人。

——詹姆斯・丹克特

給班（Ben）和布朗溫（Bronwyn）：
願你的日子充滿有意義的投入。

——約翰・伊斯特伍德

目次

第9章　順著心流而行　201

序言

換駕照那天，你一大早就到了監理所，以為這樣就不會遇到人滿為患的情況，但卻沒那麼幸運，大家的想法好像都跟你一樣，室內已經擠滿人了。你一走向櫃檯，就被告知：「請領取號碼牌並耐心等待。」

你拖著腳步走到最靠近的那把椅子，坐在那裡煩躁地扭來扭去，晃個不停。你抬起頭東張西望，想找點樂子，但你已經看過這裡的每一張海報，仔細閱讀了從新手駕駛到起重機司機需要知道的每一條規則，你癱坐著，用手支著頭。叫號的速度很慢。你的倦意一陣陣湧上來，偶爾還有些怒意。你無精打采，卻又焦躁無比，於是你又看起了海報，第二遍。隨著時間緩慢流逝，想要行動的急切感越發強烈。

突然間，你想起了手機。你興奮地摸索著口袋，希望可以從此獲得解脫。你戴上耳機，打開手機，身體瞬間感到舒緩，思路頓時清晰，整個人平靜了下來。危機已經解除了？也許吧。你擺脫了一種相當不愉悅的感受，這是件好事，但是，無聊會不會是在向你傳達什麼訊息呢？

§ § § § §

當我們看不到前進的方向，當我們想要做點什麼，但又不想去做手上應該做的事情時，無聊就會找上門。我們可以說這是一種無精打采或萎靡不振的感覺，或與此相反，是一種「坐立難安」的感覺，焦躁地想做一件事，卻不知道該做什麼。雖然無聊有各種表現方式，但我們都曾體驗過它。我們認為，人們應該注意到它並理解它。在我們看來，無聊的狀態很讓人著迷，說不定還有一些好處。

數年來，無數的哲學家、歷史學家和神學家都探討過「無聊」這一課題。然而，儘管無聊無所不在，但迄今為止，它在科學領域得到的關注相對較少。本書試圖改變這一趨勢。心理學是一門研究心理與行為的學科，可以為研究「無聊」這個人類經驗提供思路。身為心理學家，我們的專業領域涵蓋神經科學和臨床心理學，在過去十五年裡，我們持續發表了有關「無聊」的研究成果，並對無聊做出了一套解釋，強調兩個關鍵的概念，即「投入參與」（engagement）和「行動力」（agency）。我們結合了多種方法來研究「無聊」，因此能夠解釋眾多不同的科學研究發現。

雖然我們確信無聊對你而言意味著某種訊息，卻不會貿然告訴你應該如何生活。無聊本身也不能告訴你該怎麼做。在某種意義上，你只能靠自己。這正是無聊帶來的關鍵訊息之一，進一步來說，這也是本書的核心主題。身為人類，我們需要與世界建立自主且有效的連結。

我們需要投入，需要運用心智，表達自己的欲望，並將技能和天賦付諸實踐。簡言之，我們需要行動。若這個需求被滿足了，我們就會神采煥發。若這個需求受阻，我們就會感到無聊，感到無所事事。

在這一點上，無聊揭示了人之為人的一個重要面向：我們有一種強烈的需要，想要跟周遭的世界建立密切的連結。正如我們將看到的，有許多東西可以替代真正的投入參與，它們可能很誘人，甚至可能在短期內擊退無聊。但是，這種短暫的安慰從不長久，無聊會捲土重來。之後，要不要擁抱行動力，就看我們自己了。

無聊是個難以把握的課題，它的觸角伸展到人類研究的廣泛領域。在某種程度上，正是這一點使它如此令人著迷，但也是這一點讓它如此折磨人。在路易斯・卡羅（Lewis Carroll）的《愛麗絲鏡中奇遇》（*Through the Looking-Glass*）一書中，矮胖子和愛麗絲之間曾有一段對話。矮胖子「輕蔑地」斷言道：「我用一個詞的時候，它的意思只代表我想要的那個意思，不多也不少。」愛麗絲言之有理地回覆：「問題是你怎麼能造出一些詞，它們各可以包含許多不同的意思呢？」

愛麗絲和矮胖子的溝通失敗，正是如今許多無聊相關研究的象徵。雖然我們認為，關於無聊並不存在正確或不正確的定義，但的確需要有更準確的定義。

在本書中，我們致力於運用心理學方法來界定這個難以捉摸的主題，因為我們認為無聊是一種心智層面的經驗。我們還試圖為這個分散破碎的領域，提供一個組織框架，希望它能成為廣大讀者和學者討論交流的共同出發點。

我們以這個問題展開旅程：「什麼是無聊？」大多數人都覺得自己很瞭解無聊這種最日常的體驗，但要為「無聊」下定義，那可就難了。我們探索得越深入，無聊就越是神祕有趣。接下來，我們會問另一個問題：「無聊的好處是什麼？」為什麼進化的力量將我們塑造成了會被這種負面體驗所影響的生物？我們將會看到，「感到無聊」是一種能力，而這種能力其實是有益的。當無聊來襲時，我們不必害怕。關鍵在於，如何應對無聊。

接著，我們關注下一個問題：「是什麼讓我們覺得無聊？」答案並不簡單。無聊，就像美一樣，在不同人的眼中是完全不一樣的。讓甲感到歡愉的事，可能對乙來說無聊透頂。然而，有一些關鍵因素存在於我們自身及所處的環境中，這些因素增加了我們被無聊壓垮的風險。接下來，我們研究無聊是如何發揮影響，進而使我們切斷與他人的聯繫，也脫離了創造意義和找尋目的的根本需求。然後，我們仔細思考無聊的反面是什麼，以加深對這種體驗的理解，並找到應對無聊的最佳策略。

無聊是對行動的召喚，它是一個信號，提醒我們需要更加投入參與。它將我們推向有意義的、令人滿足的行動，迫使你問出那個重要的問題：「我該做什麼？」本書並不是要回答這個問題。這是一部指南，幫助你更透徹地理解無聊的含義。

第1章
無聊的別名

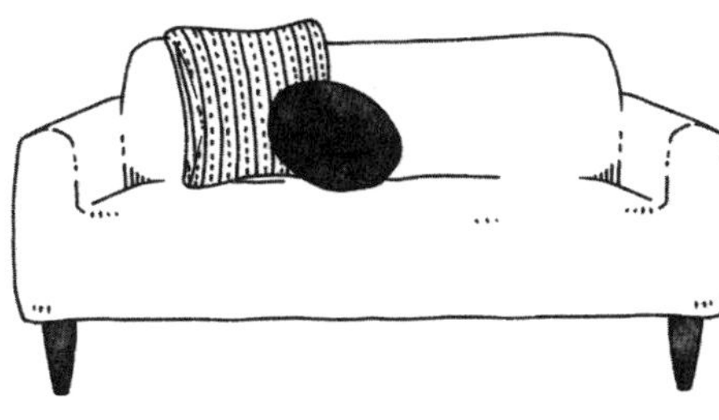

你的目光離開洗碗槽裡的盤子，望向窗外的後院。一股煩躁湧上心頭。你想做點什麼，做什麼都行……但到底是什麼呢？你一直心煩意亂，此刻剛剛注意到你的狗。

牠是一隻澳大利亞牧羊犬，灰藍色斑點布滿全身，深棕色的斑紋勾勒出一張警覺的臉。牠習慣奔跑著將羊群或牛群圍起來，這是一種不可思議的技能，但看起來牠毫不費力。你每天最多遛狗兩次，但對牠這個活潑的小生物來說遠遠不夠。牠需要寬敞的空間，需要活動，需要一個目標和一份工作，跟你沒有什麼分別。

這時，沒有羊群需要牠趕進木欄，牠只顧著繞著你的草坪全速奔跑，畫出一道道寬闊的圓弧。通常，這會讓你的嘴角上揚。這條狗一心追著自己的尾巴，偶爾會抓到它，這看起來很有趣。但你意識到，這也很沒意義。就在這時，牠停止轉圈，喘著大氣，捕捉到你臉上的笑意。牠憂鬱的表情讓你的笑容慢慢凝結，而你呆滯的神情讓牠察覺到，你沒有解救牠的打算。你不會做任何事來將牠從煩悶中拯救出來。於是，一圈圈沒有盡頭、毫無意義的奔跑又開始了。

牠很無聊，你知道的，牠也知道。如果你的狗也會覺得無聊，那你又有什麼希望能解決自己的莫名煩躁呢？

§ § § § §

戴洛克（Dedlock）爵士：「親愛的，外面還在下雨嗎？」

戴洛克夫人：「是的，親愛的。我快厭煩死了。這個地方讓我厭煩死了，生活讓我厭煩死了，我自己也讓我厭煩死了。」[1]

這段對維多利亞時代生活的鮮活描述，來自查理斯．狄更斯（Charles Dickens）的小說《荒涼山莊》（*Bleak House*）的電視改編版。在這本書裡，狄更斯第一次引入了「boredom」（無聊）一詞。雖然在此之前，英文裡已經有「bore」（厭煩）這個詞，[2]法文裡也早有「ennui」[3]一詞來描述一種無精打采的感覺，不過「boredom」（無聊）一詞直到十九世紀後期才被廣泛運用在英文中。[4]但是，沒有描述「無聊」這種體驗的詞語，不代表它就不存在。

無聊，一直以各種形式與我們同在。它是我們的生物性的一部分，而這種生物性是由漫長的進化塑造而成的。無聊有著複雜又迷人的社會、哲學、文學、美學和神學歷史，複雜到無法在此書全部涵括。[5]但是，要真正瞭解無聊、定義無聊，我們必須從某處著手。

無聊的簡史

彼得・圖希（Peter Toohey）在精彩的著作《無聊：一部生動的歷史》（*Boredom: A Lively History*）中，將無聊的起源追溯至古代。[6]古羅馬哲學家塞內卡（Seneca）也許是第一個描寫無聊的人。他有感於日常生活的單調乏味，將無聊與噁心和厭惡連結在一起：

> 這樣過日子有多久了？當然了，我會睏，會睡，會吃，會渴，會冷，會熱。這樣的日子是否沒有盡頭？一切都是周而復始的輪迴。日夜交替，四季更迭。過去的會再次到來。我沒有做什麼新的事，也沒有看見什麼新的東西。有時，這讓我感到噁心。在很多人眼中，生活並不痛苦，但很空虛。[7]

塞內卡抱怨日復一日的重複，顯然，他的悲嘆聽起來並不過時，讓我們想到那句「太陽底下沒有新鮮事」。有人可能會說，《聖經・傳道書》對單調日子的哀嘆，比塞內卡的描述更早出現。《傳道書》的敘述者在概述了財富和名譽帶來的輝煌之後，說道：「已有的事，後必再有；已行的事，後必再行。日光之下，並無新事。」[8]無論是塞內卡還是《傳道書》，兩種怨言都強調了無聊的兩層內涵。其一，無聊是一種負面體驗；其二，它讓你覺得沒有意義可言，讓生活看起來很空虛。圖希甚至告訴我們，在西元二世紀的羅馬，一個村莊紀念了一位官員，因為他神奇地將人們從難以忍受的無聊中解救出來！[9]

無聊源自於對日常生活缺乏熱情，這種情緒在中世紀也赫然可見。一些學者認為，現今我們所稱、所理解的無聊，源自拉丁文中的acedia，該詞指的是對維持禁欲生活的靈修缺乏熱情，這是一種精神上的疲倦和無精打采，以至於葬禮等儀式也失去其意義。[10]

無休止地重複每天的例行公事，這被當時的人們稱為「正午惡魔」（noonday demon）[11]，它在隱居的僧侶間催生出一種奇怪的感覺：既無精打采，又焦躁不安（這一對奇怪的盟友將在本書中反覆出現）。塞內卡和僧侶不僅指出了單調和無目的所具有的壓迫性本質，而且向我們展示出，無聊早已與我們同在，遠早於狄更斯對它做出描述之前。

直到十九世紀中晚期，對無聊的心理學探討才開始出現。正如我們在心理學歷史中經常看到的那樣，是德國人開了第一槍。當時以人類學研究而聞名的西奧多．魏茨（Theodor Waitz）與哲學家西奧多．利普斯（Theodor Lipps）研究了德國人所說的 langeweile（字面意思是「許久」）。[12] 對魏茨來說，無聊與思維的流動有關。當一個念頭引發下一個念頭，我們就會對這縷思緒的終點有所期待。當這種期待沒有得到滿足時，無聊便產生了，思維的流動因此出現了中斷點，也就是思緒脫軌了。[13] 利普斯則認為，無聊的產生源自於一種衝突，即我們渴望「強烈的心理活動」，卻又無法受到刺激。[14]

英文世界的心理學開拓者、博學家法蘭西斯．高爾頓爵士（Sir Francis Galton）和哲學家威廉．詹姆斯（William James）對無聊也有類似的思考。高爾頓研究了被中世紀僧侶稱為「正午惡魔」的焦躁之概念。高爾頓不斷尋找衡量人及其行為的方法，記錄了在一場枯燥的科學講座中坐立難安、左右搖晃的觀眾，因為這是煩躁和無聊的明顯表現。在二十世紀初的一場演講中，威廉．詹姆斯哀嘆道：「一種無可救藥的乏味，即將席捲這個世界。」[15] 對詹姆斯來說，這種乏味和隨之而來的無聊之所以產生，是由於資訊在數量上增長，卻以品質為代價。

這些對於無聊的早期探討，都暗示了一種不適感，即想要投入參與令人滿足的活動，卻又無能為力。它們都強調了無聊的核心：這是我們心智空閒的信號。

存在主義式的困境

威廉．詹姆斯所謂「無可救藥的乏味」、塞內卡對千篇一律所帶來的噁心感的哀嘆，都指出了無聊這一體驗的關鍵要素：一種事情缺乏意義的感覺。意識到生活的荒誕，會使人產生焦慮之感，存在主義哲學家對此進行了探究，也因此成為最早對於意義在無聊中的作用進行系統性闡釋的學者之一。[16]

存在主義的悲觀先驅亞瑟．叔本華（Arthur Schopenhauer）認為，世界的根本現實最直接地表現為我們對於欲望的自身體驗。換句話說，生活是欲望（desiring）、奮鬥（striving）和渴望（yearning）。如果人生是無休止的渴望，那麼我們懷有的欲望永遠無法得到徹底的滿足；一個欲望實現了，另一個欲望又出現了，欲望本身一直存在。幸福（即從欲望中解脫的片刻）永遠處於即將降臨的狀態。幸福一旦到來，新的欲望將立刻現身。根據叔本華的說法，我們注定要長久地受苦，因為心中的欲望如流水般永不停歇。有兩個悲慘的選項擺在我們面前：欲望未了的痛苦，或是無欲無求的無聊。[17]

存在主義的另一位先驅是丹麥的哲學家索倫．克爾凱郭爾（Søren Kierkegaard），他也將無聊與「尋找或領會意義的掙扎」連結起來。當我們無法充分地領會意義時，就會覺得自己貧乏且無能。[18] 克爾凱郭爾在著作《非此即彼》（*Either / Or*）中，透過奉行享樂主義的敘述者之口說道：「無聊根植於虛無，虛無貫穿於存在；它帶來無限的眩暈，就像凝視無限的深淵一般。」[19]

對克爾凱郭爾觀點的一種解讀是，無聊之所以是「萬惡之源」，正是因為我們尋求一切方法來避免無聊。[20] 躲避無聊，實際上是在加強它的束縛。如果我們沒有那麼渴望逃離無聊，它會把我們引向另一種生活方式，而對於人生目標的熱切追求，將會成為我們的嚮導。[21] 事實上，《非此即彼》一書在下卷堅稱，當我們放棄享樂主義，過著一種更加合乎道德的生活時，無聊將不再那麼令人苦惱。

在試圖定義無聊時，最後一個必須提及的存在主義者是馬丁·海德格（Martin Heidegger）。[22] 首先，海德格讓我們想像自己坐在一個火車站，等待一輛誤點兩個小時的列車。巡視這個火車站一事，只能提供最膚淺的娛樂。我們有書可閱讀或者可以打電話，但也只能帶來片刻的消遣，很快的，我們就需要新的對象來轉移注意力，消磨時間。海德格把這種情境稱為「淺層的無聊」（superficial boredom），指向一個還沒有到來的外部對象，或一個還沒有發生的外部事件。換言之，時間變得漫長。[23]

接著，海德格讓我們想像自己置身於一個社交場合，某個愉快、愜意的聚會，也許是慶祝某位同事退休的聚會。我們談論時事，交換彼此子女的最新成就或小缺點。如果在加拿大，我們會花大量的時間討論天氣。過不了多久，我們就會意識到，整個時光雖然足夠歡樂，但毫無意義！也許我們頗為投入，但不會覺得自己參與了什麼有意義的事。我們感覺自己的時間被浪費了。與這種無聊相伴的活動，並不會與一個具體的對象或事件（例如等待一輛列車）直接連結在一起。然而，這是無聊的第三個層面，也是對海德格來說最重要的一層：深層的無聊（profound boredom）。這種無聊不指向某一對象，也沒有明確的觸發點。它是永恆的，意味著一種空虛。在這種空虛中，我們看到了現實的恐怖之處。

因此，縱觀歷史，無聊一直與平庸的日常生活（即塞內卡所言的「日夜交替」）相關聯。由於沒有一件事能保證讓我們此刻或未來得到滿足，我們每日的掙扎似乎空無意義。這就是無聊的諷刺之處。一方面，它凸顯了存在本身的無意義；另一方面，它促使我們永不停歇地追求新鮮和有意義的東西，也就是那些我們希望能夠滿足自己的東西。[24]

沙發上的無聊

存在主義者把無聊視為由缺乏意義所引發的一種問題，精神分析學家則把無聊視為應對焦慮的一種解藥。[25]

古典精神分析理論認為，我們的原始欲望掩藏在層層社會化的外衣之下，讓我們不得安寧。意識到這些欲望的存在，對我們的自我意識和社會秩序都是一種威脅；我們害怕自己的欲望。其中一種對策，就是簡單地把那些我們不想要的欲望從心中清除出去。然而，隨後我們便會有一種強烈的感覺：想要做些什麼，卻又無法準確說出想做的是什麼。我們已經把那些欲望的細節關押在潛意識的地牢裡。我們渴求著什麼，卻又沒有具體的目標，面對這種情況，我們會有一種焦躁不安的緊張感，並且轉向世界，嘗試尋找能夠滿足渴求的東西，卻徒勞無獲。因此，無聊是我們對保持情緒上的平靜而付出的代價。

根據拉爾夫．格林森（Ralph Greenson）對無聊的早期精神分析，無聊被歸類成一種焦躁不安的狀態。[26]格林森記錄道，他的一位病人之所以無聊，是因為他需要努力克制自己的衝動。實際上，如果不處於無聊的狀態，他的病人「會有嚴重的憂鬱反應或者衝動行為」。格林森總結道，對於無聊的人來說，緊張和空虛都是一種由於缺乏刺激而產生的心理饑餓。因為不知道是什麼導致了這種饑餓的感覺，人們會訴諸外部世界，以期找到消失的目標和／或對象。[27]

對精神分析學家來說，無聊代表著人們對更深層次的心理問題的迴避。但無聊卻又讓人們陷入了另一個困境。人們能想到的任何事情都無法讓自己滿足，因為它們離人們的原始欲望太遙遠了。[28]意識不到自己的情緒，讓人們就像失去方向的浮舟。[29]

如果說存在主義強調了無意義所導致的停滯及無力，精神分析學派則凸顯了無聊與焦慮的關聯。我們應對無聊的努力，導致了荒誕的困境。英國精神分析學家亞當．菲利浦斯（Adam Phillips）寫道，無聊是「一種懸而未決的期待狀態，事情開始了，卻又什麼都沒發生；一種彌漫開來的焦躁不安，它包含著最荒唐、最矛盾的祈求，祈求著一種欲望」。[30]

這段文字是對列夫．托爾斯泰（Leo Tolstoy）的小說《安娜．卡列尼娜》（*Anna Karenina*）中一句話的改寫：「無聊，一種對欲望的渴望。」[31]所以，根據精神分析學家的看法，每當我們被內心真正想要的東西所威脅，無聊便會產生。

人生意義的缺乏和內心深處的衝突，這些似乎都是人類獨有的問題。二十世紀社會學家、精神分析學家、心理學家和哲學家埃里希・佛洛姆（Eric Fromm）有句名言：「人是唯一會感到無聊的動物。」[32]佛洛姆錯了嗎？無聊真的是人類特有的體驗嗎？看到你的貓追著鐳射筆跑，很難想像牠會體驗到存在主義式的憂慮，或者焦慮於那些不被接受的欲望。

動物也會感到無聊？

不難相信，動物也會投入遊戲。無論是嬉戲打鬧的幼虎或幼獅，還是滑下泥濘的斜坡、衝進象群的小象，[33]抑或是用尾鰭把海豹高高拋起再將之趕走的虎鯨，[34]動物顯然都喜歡玩耍。早期關於玩耍的功能理論認為，玩耍是為了培養幼崽成年後必備的技能，或是一種重要的社交紐帶。但這些說法並不是事情的全貌。動物幼崽之所以玩耍，不僅僅是為了長成更兇猛的狩獵者，或是為了擁有更多的朋友。有關動物玩耍行為的最新理論認為，玩耍可以帶來短期的利益，對人類來說亦是如此，那就是：玩耍能夠減輕壓力。[35]

如果我們承認動物會玩耍（也許出於和人類一樣的原因），那麼，我們為何不能相信動物也擁有其他一些我們自認為人類獨有的體驗呢？換句話說，動物會感到無聊嗎？如果玩耍能夠幫助動物應對壓力，那麼，當牠們被阻止投入那些通常會選擇的行為（玩耍或其他）時，無聊也許就會產生。貧乏的生長環境會對動物產生有害的影響，包括抗壓能力低下[36]、適應性差和大腦發育遲緩。[37]相對的，豐富的成長環境有利於動物的腦神經發育。與本書主題特別相關的是，有些學者認為在貧乏環境下長大的動物，會出現類似於無聊的行為表現。

弗朗索瓦・威梅爾斯菲爾德（François Wemelsfelder）是蘇格蘭農業學院的科學家，他始終認為，動物也會感到無聊。[38]在他看來，圈養動物所處的封閉空間是罪魁禍首。有限的空間顯然使得動物可以選擇的行為變得極為有限，牠們只剩下一些模式化的行為可做，在某種意義上，這些行為是毫無意義的，因為牠們不能體現在野外生活時的正常行為。正如我們將在本書討論的那樣，身為人，我們感到無聊時，實際上也是面臨了對行動力的挑戰，換句話說，我們感到主宰自己生活的能力受到挑戰，或是有某種形式的限制。

但我們怎麼確定動物是真的體驗到了無聊，而不是別的東西呢？貴湖大學（University of Guelph）的麗貝卡・米格（Rebecca Meagher）和喬治亞・梅森（Georgia Mason）進行了一項研究，探究如何區分人工飼養的黑水貂的幾種情緒：快感缺乏（anhedonia）、冷漠（apathy）和無聊。[39]「快感缺乏」是指無法體會到快樂，在人類身上，它與憂鬱症有關聯。[40]「冷漠」被認為有別於無聊，因為它表現為缺乏興趣，且無意改變現狀。相反的，無聊的特徵則是一種想要做些什麼的強烈動力。換言之，快感缺乏的人感受不到愉悅，冷漠的人漠不關心，無聊的人則渴望投入參與什麼。當然，問題在於，我們沒辦法讓一隻動物直接告訴我們，牠什麼時候覺得無聊（或冷漠、快感缺乏）。但是，我們可以研究動物面對新刺激時的行為，這正是麗貝卡．米格和喬治亞．梅森所做的。

米格和梅森測試了兩組水貂，一組飼養在條件貧乏的籠子裡，另一組則飼養在條件豐富的籠子裡，允許進行更多樣和探索性的活動。研究人員分別給兩組水貂展示了三類新刺激：厭惡刺激（捕食者的氣味）、獎勵刺激（移動的牙刷，相當於貓咪眼中的鐳射筆），以及模糊刺激（塑膠瓶），同時記錄了水貂接觸新刺激的時間、時長和次數。這個實驗背後的邏輯是，冷漠的動物會逐漸失去對所有新刺激的興趣；但快感缺乏的動物只會對獎勵刺激失去興趣，因為此類動物無法感到快樂，所以不會主動靠近通常能夠引起愉悅或積極回饋的物體。對無聊的動物來說，情況就不一樣了。研究人員認為，無聊的動物會無差別地接觸所有刺激。換言之，如果一隻生活在條件貧乏的籠子裡的水貂感到無聊，那麼任何新刺激都可以滿足這隻水貂投入參與世界的需要。研究人員觀察了兩組水貂接觸的刺激類型，以及看到刺激物展示後，水貂的反應速度有多快。

條件貧乏的籠子裡的水貂會更快速地接觸所有類型的刺激，包括捕食者的氣味！這麼看來，這些水貂並非憂鬱或者興趣缺失，牠們極為渴望刺激，這顯然是無聊的表現。研究人員也觀察了補償性行為，即水貂吃了多少食物。條件貧乏的籠子裡的水貂，比條件豐富的籠子裡的水貂吃得更多，而人類也會透過吃來彌補無聊的空虛。即使我們不用「無聊」這個詞來描述水貂，這項研究也表明了，那些飼養在貧乏環境中的動物，會對新的行為或刺激非常敏感。

當然，這些結論僅適用於圈養動物。那麼，野生動物也會感到無聊嗎？也許會，但這種無聊只會持續非常短暫的時間。在沒有限制的自然環境下，動物能自由決定牠們的行動。而圈養動物注定只能過著單調的生活，牠們被囚禁著，無法體驗在野外通常會進行的一切自由活動。

所以，對人類和動物來說，重點都在於，我們必須擁有自主決定權，按照自己的意願投入參與世界，必須根據自己的需要做出自由選擇。然而，僅僅是眼花繚亂的選擇和激勵並不夠；實際上，過多的選擇和持續的刺激，都會超出我們的控制，這種感覺一點都不舒服，更像是焦慮，甚至是狂躁。

選擇是關鍵的。要做出選擇，我們必須認定一項活動比另一項更重要或更能使我們滿足。而研究表明，動物與人類一樣，也會區分不同活動的重要程度。如果牠們更看重表達自我的自由，那麼必將被無聊所困。[41]所以，圈養動物的無聊，讓我們看到的是一種技能和環境的不適配，牠們原本可以在野外自由施展自己的生存技能，而現在卻被環境所限制。如果我們所處的環境阻止我們充分表達自己是誰（或是能做什麼），無聊感便產生了，動物和人類都是如此。

大腦對無聊的反應

我們認為，無聊有著悠久的歷史，而且並不是人類所獨有。但是，無聊是否具有生物學基礎呢？有一些試圖追蹤「無聊」的相關生物特徵的研究，從多個角度攻克這個難題，檢測了包括心率在內的生理指標的變化，觀測腦電信號，並透過功能性腦部掃描探索了大腦活動的網絡。這些研究均處在初始階段。研究人員才剛剛開始探入我們的大腦，以期更深入地理解「無聊」的相關神經特徵。[42]

筆者的團隊用來探索大腦對無聊的反應之方法，是讓受試者觀看影片，同時用磁振造影（MRI）記錄他們的大腦活動。我們準備了兩個影片，其一是八分鐘長的兩個人晾曬衣服的影片（目的是讓受試者感到無聊），其二是英國廣播公司

（BBC）出品的《藍色星球》（*Blue Planet*）系列紀錄片的精彩片段。

這項實驗的結果非常有趣。無聊的特徵並不在於大腦中有多少顯著的神經活動，而在於兩個不同的腦部網絡如何連接在一起。第一個腦區是「腦島皮質」（insular cortex），它的功能之一是傳遞信號，把外部環境中有些重要的東西告訴大腦，從而幫助我們的大腦注意到那個訊息。[43]第二個腦區是「預設模式網路」（default mode network），如果外部環境中沒有值得注意的東西，預設模式網路便會活躍起來。當我們專注於自己的想法和感覺時，預設模式網路也會變得活躍。當我們感到無聊時，腦島皮質和預設模式網路這兩個腦區呈現負相關，也就是說，當其中一個的活躍度升高時，另一個的活躍度則會降低。

雖然還需要更多相關研究加以佐證，但我們認為，這個模式可能與「想要投入參與一系列單調無趣的事件中，卻持續失敗」息息相關。關鍵是，當人們只是休息或觀看有趣的影片時，這兩個腦區的神經活動並不會呈現負相關。這些結果指向一個迷人的想法：無聊的大腦並非無事可做，相反的，大腦正期待著能夠做些什麼的可能性。目前，這項研究尚在初始階段，我們的結果也只是合理猜測，但現有的發現已經非常有趣，至少表明了無聊與一種獨特的神經狀態相關聯，並且有生理基礎。

古老體驗的現代定義

在狄更斯賦予這種感覺以「無聊」之名之前，它就已經伴隨著我們了。無聊是痛苦地困在此時此地，失去了任何自主決定的能力，卻又被驅使著去尋找一些我們能夠投入參與其中的東西。過去幾十年裡，我們看到人們對定義無聊這件事的興趣與日俱增。維加納・凡・蒂爾堡（Wijnand van Tilburg）和埃里克・伊古（Eric Igou）認為，應該將無聊定義為一種意義缺失，而伊林・韋斯特蓋特（Erin Westgate）和蒂莫西・威爾遜（Timothy Wilson）則認為，無聊是意義缺乏和注意力不足的共同結果。湯瑪斯・戈茨（Thomas Goetz）及其同事認為，在教育環境中存在多達四到五種不同類型的無聊。安德烈斯・埃爾皮杜魯（Andreas Elpidorou）則從積極的視角來看待無聊，認為無聊是一種「驅動力」，促使人們投入參與新的事情。希瑟・蘭奇（Heather Lench）和沙恩・本奇（Shane Bench）支持一種相似的說法，即無聊源自於我們對一種情境的情緒反應強度有所減弱，並激勵我們去行動。[44]

但是，當本書提到「無聊」時，到底是什麼意思呢？為了直接解決這個問題，我們搜尋了各領域的專家和一般人對無聊這種體驗的定義。我們發現，各個群體之間存在驚人的一致性：**無聊是一種想要卻無法投入參與令人滿足的活動，所導致的不適感**。[45]

當我們想要運用心智能力卻無法做到時的那種感覺，就是無聊。眾所周知，我們能感受到情緒，卻不常認識到我們也能感受到思考。這就是我們接下來要討論的。關鍵不在於我們思考「什麼」，而在於我們「如何」思考。[46]想一想，當我們領會了手中捧讀的文字，或者即將解開一個難題，又或者全神貫注於某件事以至於沒察覺到時間的流逝時，我們所體會到的那種積極的感覺。相反的，當我們必須在一件事上竭盡心力時，經常會感到痛苦。將無聊定義為一種思考的感覺，這並非本書的原創。這個觀點源於西奧多．魏茨，他認為，當思維的流動出現了中斷點，無聊便會產生。近期，尚．漢米爾頓（Jean Hamilton）及其同事提出，無聊產生於「認知，即注意力中的資訊處理歷程」。[47]

不過，雖然我們將無聊與思維過程連結在一起，卻無意將它歸類為一種情緒。一般認為，情緒不像感覺，情緒是由多個部分組成的。情緒會由那些與基本需求相關的具體事件所觸發，並且引導我們對該事件做出具體的反應。相反的，無聊是一種關於思考的感覺，並不是以前述的方式與外部事件相關聯，而是對於一個進行中的認知歷程的體驗。[48]

那麼，當我們感到無聊時，心智中發生了什麼事呢？我們認為，有兩種潛在的機制在發揮作用。首先，當我們被困在一個「欲望難題」（desire conundrum）裡，即想要做些什麼又不想隨便什麼都做時，便會感到無聊。我們在當下無法激起想做點什麼的欲望。我們可能希望換個環境，因此感到沮喪，但關鍵是我們心中無法產生對當前可及的事物的欲望，於是我們覺得無聊。其次，當我們的心智能力、技能和天賦不得其用時，也就是說當我們心智空閒時，也會感到無聊。如果這兩種機制同時出現，無聊便浮現了；如果它們不出現，無聊也不會出現。這兩種機制相互加強作用。重要的是，這些機制並不是無聊的誘因，而是無聊本身。實際上，正如我們刻意不把無聊當作一種情緒，也刻意不從原因的角度來定義無聊。[49]

無聊是一種心智空閒的感覺。這裡的「空閒」到底是什麼意思呢？它指的是一個人的心智能力沒有得到充分發揮。有兩個因素決定了我們的心智能力是否在某一時刻得到發揮，一是當前的活動需要花費多少心智能力，二是我們選擇投入多少心智能力在當下的任務上。有些活動比其他的更有趣，還有一些需要花費太多的心力。想像一下，在接下來的半個小時裡記住數字「三」，這並不是多有挑戰性的任務。事實上，這個任務太簡單了，以至於你還有沒派上用場的心智能力。如果剩餘的心智能力找不到用武之地，你可能就會感到無聊。另一方面，如果我們不想在當下的任務上花費心力，那麼不管這個任務有多複雜，我們也一樣會覺得心智空閒。然而，當手上的任務太過簡單，或是我們無法專注於當前的任務時，也可以透過內心的想法來獲得投入參與感。[50]

當我們的認知資源未被完全利用時，就會體驗到無聊帶來的不適感，這是進化的力量所塑造的。正如身體沒有足夠的營養，我們就會感到饑餓，心智的營養不足，也會激發我們想要改善這種處境的動力。生物學原理決定了我們願意追求心智上的投入，而無聊就是促使我們不斷尋求這種投入的信號。這種本能動力具有普遍性，直到智慧型手機這類便捷的心智投入機器被發明出來。現在，我們擁有那麼多前所未有的、誘人的、快速的、便捷的運用心智的方法，但想要擺脫無聊困境的本能動力，可能會將我們引向一些幽暗之處。

我們天生就要追求心智投入的說法，不應該與竭盡心力的需求混為一談。實際上，反過來說也許才是對的，在相同的條件下，我們會追求更容易運用心智的活動。我們是「認知吝嗇鬼」。[51]能運用我們心智的東西，並不一定需要花費多少心力。我們可以放鬆自己，讓思緒漫遊，不去想任何特別的事情，這樣依然可以做到心智上的投入。想像如何花掉買彩券贏得的獎金，或者閒來無事地計畫成為首相或總統後的未來，這兩個絕佳案例說明了幻想是如何毫不費力地運用我們的心智。

除了不適感，還有四個跡象可以顯示我們覺得無聊了。嚴格來講，這些跡象並不是無聊之定義的一部分，卻是無聊這種經驗的核心要素，所以值得一提。

我們可能注意到的第一個跡象是，當我們感到無聊時，**時間會變得漫長**。德文裡，形容無聊的詞是 langeweile（註：此字拆解後為 lange + weile，意思是長＋無限期），這個詞精闢地總結了這個體驗。如果沒有什麼能運用我們的心智，那麼我們只能關注唯一剩下的事：追蹤時間的流逝。思考一下你到行政機關更換證件的日子，坐在不舒服的椅子上，與一群命運相同的陌生人待在一起，空調故障了，你什麼也做不了，只能盯著螢幕上跳動的數字。時間被拉長了。

無聊的第二個跡象是**難以集中注意力**。面對單調乏味、讓人提不起興趣的選項，我們的注意力開始衰退，思緒開始神遊，無聊便產生了。想像一下那些讓你備受煎熬的沒完沒了的會議，雖然你知道應該用心聆聽這個月的資料，或者上級歸納的本月病假天數增加了一％的原因，你就是沒辦法百分百集中注意力。

第三個跡象是，當我們感到無聊時，**手上做的任何事都會變得沒有意義**。簡單來說，那些我們不想做或者不能運用我們心智的活動，是沒有價值的。在無休止的會議上，不僅很難集中注意力思考病假天數的微小增長，而且，這整場會議都像是徹頭徹尾的浪費時間——時間一去不復返。

第四個跡象是，**無聊是無精打采和焦躁不安的綜合體**。當我們感到無聊時，我們的活力程度會出現各式各樣的狀況。上一秒你還慵懶地躺在沙發上，不願意移動一下，下一秒你就緊張起來，在客廳裡焦慮地踱步，想找些什麼事來做，但沒有什麼能滿足你躁動的心。每次想到一件什麼事，你就會告訴自己：「還是算了，不值得。」[52]

需要強調的是，我們描述的是一種實際發生的、當下感覺到的無聊。這是心理學家和社會科學家所稱的「無聊狀態」（state boredom）。在本書中，我們用「無聊」指稱這種狀態。對一部分人來說，他們更頻繁地感到無聊，而且所感到的無聊也更加強烈。這是由性格決定的，心理學家和社會科學家稱之為「特質性無聊傾向」（trait boredom proneness）。在下一章中，我們將探索無聊是如何被狀態性因素和性格因素引發的。但是，不論無聊的誘因是什麼，這種體驗及其機制是不變的。換言之，無聊並沒有那麼多不同的類型。我們認為，無聊應該有一個統一的定義；定義不同種類的無聊，只是把事情複雜化了。[53]

釐清定義是科學家的本職，但現實世界通常讓下定義這件事變得艱難。戴洛克夫人將之命名為「無聊」的東西，如今以各式各樣的名字困擾著我們。不過，我們已經暫定了關於無聊的定義，現在可以繼續發掘造成它的原因了。

無聊幾乎無處不在，但在某些時刻變得特別危險。沒有人能免受其害，只是有些人遭受更多痛苦。接下來，我們將探討引起無聊這種難解狀態的外在和內在因素。

第2章

「剛剛好」原則

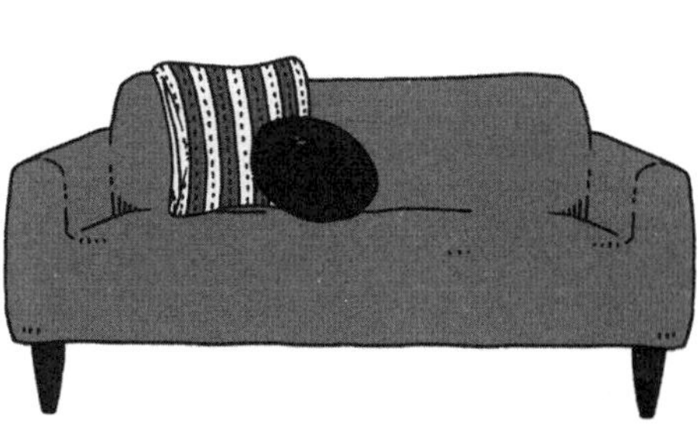

這一天終於來了，你很激動。這是你的第一趟美國西部旅行，你滿懷期待，想要欣賞洛磯山脈、哥倫比亞冰原和野生生物的壯麗風景。從高中開始，這趟旅行就在你的願望清單上。但是，今天的航行充滿了複雜的流程和手續，似乎影響了你的興致，讓你感到厭煩透頂。

加拿大航空的登機手續本來應該很簡單的。大多數煩瑣的事務都已經提前在網路上完成了，所以你覺得這次辦理登機應該很快。但你錯了。由於你漏掉了一些其實並不重要的訊息，現在只能在登機櫃檯旁邊等待問題解決。半個小時過去了。一個小時過去了。工作人員一邊重重地敲打著鍵盤，一邊打電話給上司。最後，登機證終於到你手中。你天真地以為這一切終於結束了。

你想找到最快的那一條安檢通道。但這沒意義，真的，你也知道的。剛才在便利商店結帳時，你就做過同樣的事，結果卻卡在一個老奶奶後面，等著她從全世界最小的零錢包裡把硬幣一點一點地掏出來。但這次你總得試試看吧。最右邊那條通道的隊伍好像走得比較快，所以你拖著腳步走過去。

你完全沒注意到排在前面的是誰。他們是一家人，帶著三個隨身行李箱，每個都大到可以裝下你所有的行李。而安檢人員決定逐一檢查行李箱。

小瓶的化妝品、大瓶的洗髮精和護髮乳、吸管杯，還有一堆果汁盒和水瓶。他們難道是把全部家當都帶上了嗎？所有這些東西都要接受檢查，也引起了抗議（這家人倒是有理由憤憤不平），最後這堆東西只能扔了。你選的快速通道，現在是封鎖狀態。

好不容易過了安檢門，但這一切還沒結束。你原本打算在登機前從行李箱裡拿出約翰．勒卡雷（John le Carré）的諜報小說，舒舒服服地看一會兒，但現在，不知怎麼的，你完全沒這個想法了。你也可以去候機室對面買本雜誌，或者逛逛免稅商店。不對。你覺得做這些事都沒什麼意思，便只是呆呆地坐著。現在你什麼都不想做，但你之前絕對想在登機前做些什麼。最終，你能做的只有等待，只能關注唯一剩下的那件事——時間的緩慢流逝。一陣陣無聊席捲了你。

§ § § § §

我們會叫無聊的人振作起來，或者提供一些我們覺得可行的選項：讀書、跑步、看電視、打電話給朋友。其實，這些事情無聊的人都知道，他們知道有大把的事等著自己投入。我們對他人感到無聊時的反應，凸顯了我們對無聊的潛在機制和根本原因的無知。無聊的人知道自己有好多事可以做，但就是不能投入其中。如果能的話，他們早就這樣做了。如果無聊是「無法採取行動」，那麼告訴他人有事可以做，並不能扭轉局面。就像一個不會游泳的人溺水了，我們不會叫他使勁游上岸。

要研究引起無聊的原因並不容易。簡言之，這件事太複雜了。正如前文所述，當我們感到無聊時，有兩種機制在發揮作用：未能充分發揮的認知潛力，以及欲望難題。有些引起無聊的原因，直接引發了一種潛在機制，而另一些原因則引發了另一種機制。在這一章，我們的目標是沿著這條線索，進一步理解引起無聊的各種原因。但在找尋原因之前，我們先來詳細談談構成無聊的機制。

無聊是痛苦的，而這種痛苦與心智空閒和欲望難題都有關聯。無聊的人肩負著心智空閒的重擔。不論他們做什麼、想什麼、感覺什麼，或者想像什麼，都不能充分運用認知資源。同時，無聊的人想做些什麼，卻沒辦法開始做任何事，就好像啟動失敗。這就產生了一種強烈的束縛，也就是雖然想要做些什麼，卻無法將這種欲望和當下可以做的任何事連結起來。因此，無聊是一種不明確的、沒有方向的渴求，正如托爾斯泰所言，「對欲望的渴望」。

在某些方面，無聊有點像是「欲言難吐」現象，也就是話到了嘴邊卻說不出來。比如，你依稀記得一個電影人物的名字，但就是叫不出來。[1]「這個人是梅爾·吉勃遜？不太像。布魯斯·威利？不，我覺得不是他。基努·李維？對，就是他！」這種感覺由兩股力量交織而成：缺了什麼，以及想要填補空缺的欲望。但是，在「欲言難吐」現象中，至少你會覺得那個人的名字已經到嘴邊了，你總會想起來的。無聊這件事可沒這麼樂觀。恰恰相反，你會發狂地尋找能夠填補空虛、緩解壓力的東西。這就好像我們為了找到一件合適的夾克，不停地試穿不同的款式，無聊的人試圖從解脫的感覺中回頭尋找可行的欲望。無聊時的我們追問這個世界，期待這個世界（或其他人，就像央求父母為自己解悶的小孩子一樣）直接告訴我們，我們到底想要做什麼。如果我們始終沒有為自己的技能和天賦找到可用之處，無聊便會持續下去。

有時，我們會被情勢所困，不得不克制自己的欲望。有時，我們不能隨心所欲，比如在工作時不能去玩帆船。有時，我們不能躲避那些不想做的分內之事，比如填報稅單。這兩種情形都令人沮喪，但不會讓人無聊。感到沮喪或不能隨心所欲，最終可能會引起無聊，但不是引起無聊的必要條件。當我們發現自己的行為受限時，也會到處尋找其他選項，最後發現我們並不想做此時此刻能做的事。

當這種情況發生，無聊的機制之一「欲望難題」就被激發了，隨之而來的是另一個機制「心智空閒」。當兩個機制都發揮作用時，我們就會感到無聊。我們為了不能隨心所欲而感到沮喪，同時又為了不能投入當下可做的事情而感到無聊。

類似的情況還有：我們不情願地做著不想做的事，比如持續做一些討人厭的任務（填寫報稅單），或者從白日夢中尋找解脫（盯著辦公室的窗外看，想像著自己正在海上航行）。但如果你還能繼續手中的任務，或者神遊天外，這代表你可以說自己很沮喪，但至少你不會覺得無聊。

所以，無聊並不等同於沮喪。當我們不能達到一個明確的目標時，會感到沮喪，例如我們想要出海航行卻必須上班的情況。而當我們最迫切的目標就是找到一個目標，卻找不到時，我們才會無聊。無聊的人被一種欲望所折磨，卻不知道滿足這種欲望的條件是什麼。[2]

叔本華精準地描繪了這種情境：「心存欲望的人是幸運的，因為他們能夠為之奮鬥，能夠繼續遊戲，這些欲望漸漸變成滿足，而滿足變成新的欲望。如果過程比較順利，我們稱之為幸福；如果這個過程緩慢、悲傷，而且不動搖地陷入可怕的停頓狀態，那麼我們會感到令人呆滯的無聊，處在一種漫無目的且死氣沉沉的渴望，陷入一種消沉的倦怠。」[3]

無聊帶來一個棘手的困境。我們想要做些什麼，想要沉浸在一件事情裡，但是放眼望去，並沒有什麼事能夠滿足這個願望。這就是我們所說的欲望難題。

我們可以嘗試擺脫欲望，比如在睡眠中尋求庇護，變得冷漠，或者培養清靜無為的心態。如果想要做些什麼事的壓力能夠減退，我們便不會再感到無聊，而會滿足於這種無為的狀態。或者，我們也可以強迫自己做一件事，直到它抓住我們的注意力，並滿足我們的欲望：比如，我們可以鑽進互聯網的兔子洞，第N次玩起消消樂，或者再一次鼓起勇氣閱讀那本經典著作《戰爭與和平》（*War and Peace*）。

第三條路就是找到一個切實可行的欲望，這是可能的，卻不是我們能控制的。相反的，它是自然到來的。這就跟睡覺一樣，我們越努力，就越難入睡。然而，我們可以創造有助於睡眠的條件。類似地，我們也能建立並培養有助於找到自己想要做的事情之條件。有時我們並不需要多努力，就像「欲言難吐」的現象，當我們後退一步，就能找到自己的欲望。[4]或許我們應該聽從赫曼・赫塞（Hermann Hesse）在《流浪者之歌》（*Siddhartha*）中的建議：「我唯一能告訴你的忠告是，你會尋求太多，是因為你尋求那些找不到的東西。」[5]

所以，當我們心智空閒，想要做些什麼卻不知道想做什麼事，這就是無聊。

但我們是怎麼走到這裡的？是什麼造成了無聊？無休止的政治辯論、聽別人講述你早就聽過一千遍的故事、出席一場無聊的工作會議……無聊情境的清單很長。外部因素的確是引起無聊的重要原因。實際上，有四大外部因素會引起無聊：**單調**、**缺乏目的**、**約束**，以及**我們的技能與當下的任務不適配**。

無聊四騎士

如果你盯著圖1中的黑白加拿大國旗上面的小圓點看三十秒，然後再看下方框線中的小圓點，你會瞭解到有關自己大腦的一件重要的事：它不喜歡長時間盯著同一個東西。你看見的圖像——一面顏色相反的加拿大國旗——叫作「適應後效」（**adaptation after-effect**，註：當感受器長時間接受同一種刺激所引發的後續效應，詳見書末的註釋）。這種現象告訴我們，人腦的基礎感覺系統也需要不同的刺激，才能正常運轉。[6]

單調是變化和多樣性的反面，它是研究人員最先探索的引起無聊的外部因素之一。首先，研究人員從工作場所的單調著手。在兩次世界大戰之間的那些年裡，勞動力需求發生了變化，從危險的體力勞動轉變為更輕鬆、重複性、機械化

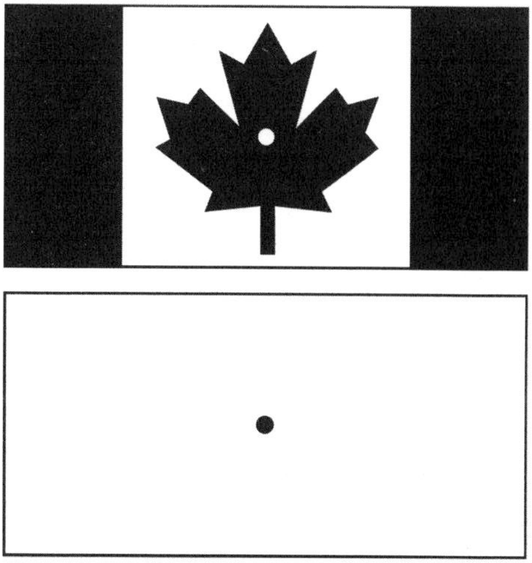

圖 1：加拿大國旗引起的適應性錯覺。首先，盯著加拿大國旗上的小白點看 30 秒。如果不把視線移開，一直盯著它看，這種錯覺會更加強烈。然後，看下方框線裡的小黑點。你應該能看見一個和上面加拿大國旗顏色相反的圖像。

的工作。工廠要求工人們長時間重複簡單的工作。[7]

布里奇（J. C. Bridge）是當時英國的一名高級醫療檢查員，負責監督各個工廠，他描述了一九三一年工人們遇到的困境：

> 事實是，工人的樂趣正在被穩步增產的機械化進程壓垮，其結果就是，越來越多的工人覺得「神經失調」。……毫無疑問，重複性勞動讓工人們感到倦怠，這種倦怠並不是體現為物理形式，而是體現

為工人的渴望，他們渴望能夠暫時擺脫這種工作所強加的無聊，在這樣的工作中，他們的心智部分或完全地被閒置了……必須讓這些本身很枯燥的工作程序變得更有趣一些。在這種問題面前，篩選工人並沒什麼用，枯燥的工作遠比適合做枯燥工作的人要多得多。[8]

單調的工作是無聊的，因為它需要我們的注意力，卻不能完全運用我們的心智資源。監控生產線並找到瑕疵品，這件事並不會用到我們全部的心智能力。然而，當我們陷入白日夢，或者神遊天外，想著晚上要跟家人、朋友做些什麼的時候，瑕疵品就從我們眼前悄悄溜走了。[9]這就是癥結所在。無聊單調的工作需要一點點心智能力，所以我們不能完全不動腦子，但這工作又無法完全發揮我們的心智能力，因此不能滿足我們想要投入參與一件事的需求。

雨果．明斯特伯格（Hugo Münsterberg）是工業和組織心理學的先驅，他也許是最早發現並研究工作場所的單調問題的心理學家之一。明斯特伯格認為，工作場所的單調是「人們對千篇一律和缺乏改變的主觀性厭惡」，這並不是工作環境的客觀品質所導致的，而是個人主觀判斷的結果。畢竟，無聊因人而異，對甲來說單調的任務，可能對乙來說樂趣無窮。[10]明斯特伯格記錄了一個奇人，他每天都要重複做三萬四千次相同的動作。十四年來的每個工作日，他都會以正確的速度和角度，將鐵條緩慢地推入自動運轉的鑽機，以使鑽機在鐵條上精確地打出一排小洞。明斯特伯格採訪了這個人，因為身為旁觀者，明斯特伯格覺得這項任務實在無聊透頂。但出乎意料的是，這個人絲毫不覺得無聊。事實上，他覺得這項工作趣味盎然，也很有啟發性，甚至說多年來自己一直很享受這份工作。明斯特伯格驚訝極了，他寫道：

> 我想，這意味著，複雜的動作漸漸能夠不假思索地完成，對他來講就像是條件反射，所以他能將心思放到其他事上。但他解釋道，他還是覺得有義務將全部心思投入手上的工作（他的工資是按照鐵條上小洞的數量計算的，所以他想賺更多錢）……但他不僅是為了更高的工資，這項工作本身就讓他感到絕對滿足。[11]

對這名工人來說，這項單調的工作有其內在價值和外在價值，是很重要的。但是，並非所有人都能在重複性的行為中找到目的，這就使我們發現了引起無聊的第二個外部因素：**無目的的活動**。重複性的行為本身不會引起無聊；但如果我們不能在其中找到任何價值，無聊便會產生。在前面的例子中，這名工人完全投入工作，雖然這項工作表面上並不能讓他集中全部的心力。他越專注於工作，就越投入。當集中注意力時，我們心無旁騖；若三心二意時，我們會更加懈怠。所以，不知不覺中，我們會專注於一件別人不懂或毫無興趣的小事。這就是自發專注的力量，它能夠打消無聊。如果沒有這種動力，「單調」就會引起無聊。

如果有必要的話，我們可以將單調的任務變成有價值的事。對於明斯特伯格所採訪的那名工人來說，他的動力就是賺錢養家。近期的一些研究也顯示，背後的動力可以很簡單，比如讓人們相信他們正在做的任務對健康有益，或者可以提高測驗結果和就業前景。[12]只要有一個好的理由就足夠了，因為我們會為了這個理由去做一些本來不想做的事。但如果我們被逼著去做一件事，而且找不到任何要做這件事的理由呢？這個問題指向引起無聊的第三個外部因素：**約束**。被迫做某事，或者被阻止做某事，一定會引起無聊。

早在一九三七年，紐約市立學院的心理學家約瑟夫．巴爾馬克（**Joseph Barmack**）就指出約束和無聊之間的關聯。在巴爾馬克看來，無聊是一種「超飽和」（**supersatiation**）的狀態，或是一個人想要停下來卻被迫繼續做一件事時所產生的感覺。[13]事實上，早期對單調的研究，就是圍繞著工作約束下的無聊而展開的。

單調和約束相互滋長。[14]隨著單調情境的持續，我們的活力程度開始下降，這是源自於對手上這項一成不變又單調之事務的習慣性。想一想花費數個小時將資料填入表格的資料登錄這類工作。也許你正在填入員工本月的工作時間或是查找庫存，但這些事都不夠有趣。你的興致一點點地流失，開始昏昏欲睡。在某些情況下，這不是問題，你可以打個盹或者上上網。但如果我們手上的工作不允許我們放下，那就必須找到一個可以保持活力的方法，不然遲早會出狀況。[15]再者，並非所有工作都允許你打盹（如空中交通管制人員）。坐立不安有時被視為是在刺激神經，[16]但是，那些對我們有益的事，不一定對我們手上的任務有益，而且當任務枯燥得讓我們昏昏欲睡時，想要提振精神也絕非易事。

活力程度下降和長時間專注的需求之間的這場戰鬥，也許是階段性的，這兩股力量此消彼長，當單調逐漸占據上風，我們便要付出更多努力來保持清醒，避免昏睡過去。無聊就是一種激發（arousal）程度的波動狀態。[17]但是，如果環境沒有強迫我們做單調的任務，我們就不會經歷這種波動。沒有約束，就沒有無聊。你大可以選擇去睡覺，或者做點別的事。無論哪種方式，都可以消除無聊。

位於諾福克（Norfolk）的歐道明大學的馬克・塞爾博（Mark Scerbo）及其

同事，驗證了「約束直接引起無聊」的想法。在他們的實驗裡，一組受試者可以隨時停止一項單調的任務，而另一組則必須繼續做這項任務，直到研究人員讓他們停下。儘管兩組受試者在這項枯燥任務上花費的時間差不多，但僅僅是擁有停下來的自由，就使第一組受試者所報告的無聊程度要少一些。[18]

那種我們不喜歡卻又被迫去做的簡單、重複、一成不變的任務，一直是大多數無聊相關研究的焦點。我們無法置之不理的那些缺乏挑戰性的任務，的確會引起無聊，但這並不是全部的真相。

正如《奧德賽》（*Odyssey*）一書的主角奧德修斯（Odysseus）所熟知的，順利度過一個難關相對簡單，但是置身於兩頭怪獸之間，事情會變得難上加難。命途多舛的奧德修斯必須航行於美西納（Messina）海峽，同時還要躲避海峽兩側的多頭海妖斯庫拉（Scylla）和漩渦怪卡律布狄斯（Charybdis）。[19]而我們為了不被無聊俘獲，手上的任務不能毫無趣味，也不能挑戰性太高，這兩者都是難關。為了避免無聊，我們需要在自己的技能和興趣，與可選擇的任務之間找到平衡點，也就是「金髮女孩區」的剛剛好狀態（註：源自童話故事《金髮女孩和三隻熊》）。如果找不到這個剛剛好的點，我們就會被引起無聊的第四個外部因素所困。

電動遊戲就是個很好的例子。例如，你玩俄羅斯方塊，連續玩新手關卡一個小時，如果你還不能升級，這個遊戲就變得重複，你的技能也沒有得到充分使用，你會覺得無聊透頂。現在，來到俄羅斯方塊的地獄模式，這從來沒有人玩過。你很快就會力不從心。你需要花費一番工夫，努力提升技能的上限。在第一個例子中，我們體驗到的就是「重複」，遊戲變得沒有新意。第二個例子中，我們會覺得混亂且嘈雜，因為遊戲超出了我們的理解範圍。[20]這兩種情形都無法使我們投入其中，所以我們很快就會感到無聊。

雖然透過電動遊戲的例子，似乎可以明顯看出適當的挑戰水準，以及我們的技能和任務之間的平衡，是躲避無聊的關鍵，但是，能夠直接驗證這個想法的科學研究並不多。在一項研究中，我們讓兩組受試者與電腦「對手」玩石頭剪刀布的遊戲。我們對遊戲做了人工設定，使一組受試者總是贏，而另一組受試者總是輸，然後這兩組人再進行評分，評估自己對這個遊戲的掌控程度。出乎意料的是，他們的評價涵蓋了所有可能的反應。那些總是贏的人並不覺得自己完全掌控了遊戲，而那些總是輸的人，仍然覺得自己在一定程度上掌控著遊戲。當我們研究他們的無聊程度時，最感到無聊的是那些覺得自己完全掌控了遊戲，或者覺得自己完全被電腦「對手」所控制的人。從挑戰水準的角度來看，資料顯示，當沒有挑戰（總是贏）或挑戰太大（總是輸）的時候，人們最會感到無聊。[21]

在另一項研究中，我們讓兩組受試者觀看不同的影片，影片的長度都是二十分鐘。在一個影片裡，一名滑稽的默劇演員以極慢的速度反覆教授最基礎的英文單字，而在另一個影片中，一名超級天才用極其複雜的數學公式和晦澀難懂的圖表，教授高級電腦圖形學。我們告訴兩組受試者，他們需要集中注意力，因為待會兒要回答有關影片的問題。兩組受試者都感到難以忍受這個過程，而且無聊程度沒有區別。無論是面對**挑戰性極低**的默劇表演，或是**挑戰性極高**的數學問題，都讓人感到無比折磨。[22]

無聊四騎士代表了環境中的風險因素，的確是必須避免的。無聊時，我們總是立刻歸咎於這個令人失望的世界。但這並不是故事的全部。

引起無聊的內在因素

我們並非無辜的旁觀者。相反的，我們所想和所做的事非常重要。研究顯示，有一部分人比其他人更容易無聊。面對一種情境，我們如何反應以及我們的應對能力，決定了我們是否會感到無聊。[23]在我們看來，引起無聊的內在因素主要有五種：**情緒**（當下的感覺）；**生理**（對環境的覺察和反應能力）；**認知**（對周遭世界的專注力和思考力）；**動機**（投入某事的動力）；以及**意志力或自我控制力**（建立並執行計畫的能力）。這五個內在領域的任何弱點，都會把我們推向無聊的邊緣。[24]

情緒反映了我們與周遭的關聯。換句話說，我們的情緒以各種方式標記事情的重要性，否則我們將會漫無目的，無法分辨真正重要的事。若沒有情緒來標示不同事情的價值，我們的世界就會變得很扁平，也將失去色彩。我們將不再有理由去做這件事而不是那件事，也沒有理由去做任何特別的事。

因此，「缺乏情緒意識」與無聊相關，也就不足為奇了。[25]如果一個人失去了標記自己的感受和重要之事的能力，那麼，他要計畫一項行動雖然並非全無可能，卻會異常艱難。為什麼感到無聊的人缺乏情緒意識？關於這個問題有種種解釋，但大多數人一致認為，無聊的人害怕情緒，而且試圖逃避情緒。[26]

一種存在主義的觀點認為，當我們意識到自己是生活的主導者時，會感到一陣久久難以平息的焦慮，因為這種覺醒讓人不知所措，而情緒麻木以及隨之而來的無聊，也許正是對這種焦慮的反應。[27]如果我們能找到賴以生存的外在標準，或者能夠把內心的衝突歸咎於外力因素，而非將生活完全掌控在自己的手中，那麼我們能活得輕鬆許多。從這個意義上說，無聊也許是我們為了與情緒隔離，將令人不安的情緒和意識覺醒隔絕在外，所付出的代價。

但有沒有證據可以支持這個將缺乏情緒意識和無聊連結起來的模型呢？內華達大學的史蒂夫．海耶斯（Steven Hayes）和同事研發了一個量表，用來測算他們所說的「經驗性迴避」（experiential avoidance），即一個人避免或逃避自己不想要的感覺的傾向。經驗性迴避指數高的人認為情緒是危險的，並且試圖躲開它們。[28]我們實驗室的研究發現，躲避情緒的人更常被無聊所困。此外，無法正確標記情緒的人，也更容易感到無聊。[29]逃避情緒或是缺乏情緒意識，將會剝奪了情緒在我們生活中所扮演的活躍角色。沒有了豐富多彩、變化萬千的情緒，我們將生活在一個意義被抽空的世界，無法分辨什麼對我們而言是有意義的（見第七章）。因此，逃避情緒、缺乏情緒意識，以及無法找到意義，會讓我們無法辨別有價值的活動，從而感到無聊。然而，即使我們找到了要做的事，如果大腦的反應不夠靈敏和活躍，我們依然無法有效地投入其中。

有一種歷史悠久的觀點認為，保持對外部世界的警覺和反應的內在努力，會引起無聊。例如，一九一三年，雨果．明斯特伯格設計了一系列實驗，企圖找出會引起無聊的性格特徵。他的結論是，面對不斷重複的相同事件，有些人會將它們混淆在一起。這次他們看到了這個事物，但下一次再看到時，依然很難留下印象。有這種特質的人在面對重複性任務時最為苦惱，因為這種任務通常需要持續專注於相同的事物（流水線工作或資料登錄都是絕佳案例）。這些任務對他們來說特別困難。時間的緩慢流動讓每時每刻的獨特性變得模糊，所有新的事物永遠是舊的那一個。

二〇〇九年，江陽（Yang Jiang，中文為音譯）及其同事發現，當持續盯著一個圖像看時，那些更容易感到無聊的人，其大腦前額的神經反應更慢，也更不顯著，因為無聊使他們很快就習慣了周圍的環境。對我們來說，新鮮事物可能很快就會變得不那麼新鮮，但對這些人來說，何止是不那麼新鮮，簡直可以說是乏味至極。基本上，他們需要更多的新奇體驗才能保持專注。

為什麼有人極易感到無聊？部分原因是他們的神經元很快就會對周圍事物失去反應。此外，容易無聊的人還面臨另一個問題：他們長期感到精神不振。為了對缺乏刺激做出補償，容易無聊的人會到處尋找能讓自己興奮起來的東西。這是無聊體驗的一個重要組成部分：由於沒有足夠的活力來充分利用我們的認知資源，我們不可避免地陷入無聊。那些平常就不易激發的人本來就缺乏成功投入參與的行動力，如果無法從外部世界獲得刺激，就難以全心投入。[30]然而，對周圍發生的事情做出反應並充滿活力，並不足以成功地促使全心投入。我們必須擁有足夠的認知能力。

那麼，認知能力到底是什麼呢？誠然，認知能力是一個模糊且廣泛的概念。在本書中，我們的重點在於專注以及控制注意力的能力，也就是能夠控制注意力要放在何處、過濾分心的事物、抑制衝動、記住並思考資訊，以及在思考不同事情時靈活切換。「控制注意力」是一項基本認知技能，也是我們思維的守門人，能讓我們連結周遭世界和內在感覺。注意力控制能力較差的人，有時會覺得任務太過艱難，而且難以讓大腦專注於當下正在發生的事情。所以，如果說無聊的定義是「想要沉浸在一件事裡的欲望得不到滿足」，那麼注意力控制能力差，自然也會是引起無聊的原因。

患有神經系統疾病、注意力受損的人，經常感到無聊。近期的一項研究發現，對於遭受腦部損傷的人來說，無聊是常見且令人無力的問題。[31]雖然腦損傷患者之所以更容易感到無聊，可能出於各式各樣的原因，比如枯燥的復健療程、受限的活動範圍，但也有可能是因為他們的注意力降低了，這是腦部受傷的直接後果。[32]患有神經系統疾病（如注意力不足過動症或思覺失調症）的人經常覺得無聊。[33]

注意力和無聊之間的關聯，也會體現在沒有神經系統疾病的人身上。比如，無法集中注意力的人，也經常感到無聊。[34]長期有注意力問題，也許是導致長期無聊的誘因；換句話說，注意力問題和無聊不只是同時出現，注意力問題似乎是引起無聊的原因。[35]

那些不能有效利用注意力的人，也許會發現他們面臨的挑戰還有無聊。一方面，無論此刻他們在做什麼，都無法吸引他們的注意力，運用他們的心智。另一方面，他們找不到想做的事，因為知道大多數事情都無法讓他們集中注意力。簡言之，他們需要周遭有足夠吸引人的事，因為他們自己無法做到專注。所以，有些人只需要一本好書（和閱讀這本書的時間）就可以沉浸其中，而那些容易無聊的人則需要一部情節緊張又刺激的動作片。注意力不足可能會透過降低投入參與的能力，以及減少列舉想做之事的能力，而增強了無聊的程度。這使我們注意到人們內在引起無聊的另一個因素：動機。

據說世界上有兩種人：將快樂最大化的人和將痛苦最小化的人。也就是說，有些人致力於尋找下一個令他愉悅的事情，而另一些人則採取過分謹慎的策略，甚至連最輕微的問題都要規避。這兩種極端的動機都會讓我們感到無聊。

執迷於快樂最大化是不理性的。這些追求無止境的快樂的人，總有一天會發現這個世界索然無味。許多事占用了我們的時間，單調的生活瑣事在等著我們，冗長的工作會議也必須參加。渴求興奮和快樂無可厚非，但如果這種動機變得極端，我們就會因為世界並不總是如己所願而感到無聊。執迷於追求快樂、興奮和多樣性，會使得人們很難去做當下可以做的事，因為可供選擇的任務並不總是能帶來充足的回報。

那麼，另一個極端——將痛苦最小化，又是如何呢？這一極端的特點是「小心翼翼」，並且與迴避行為的模式相關，這個動機途徑也許可以避免痛苦，但也限制了我們能夠投入的選項。我們已經指出，當人們的心智空閒時，無聊便會產生。即使最膽小的人也渴望心智上的投入。顯然，「避免投入參與這個世界，以便將痛苦最小化」與「擁抱這個世界以驅趕無聊」，這兩種渴望是不可能同時實現的，這種不適配的情況迥然不同於追求享樂之人的情況。[36]

我們實驗室的研究，證實了這兩種極端的動機確實會引起無聊。[37]無聊傾向量表的不同測量項目，揭露了這兩種動機的存在。看一下「無聊傾向量表」（Boredom Proneness Scale，廣泛應用於無聊相關研究），你就會發現，那些選擇將痛苦最小化的人，最常感到無聊。再看一下「無聊易感性量表」（Boredom Susceptibility Scale，感官刺激尋求〔sensation seeking〕量表的一個子表），你會發現，那些追求興奮和愉悅的人也最常感到無聊。所以，就動機類型而言，這兩條路都會將你引向無聊。

大多數人的動機都是複雜的混合體。我們勤奮地從事一份艱難的工作，可能是為了不錯的薪水。我們也可能為了不讓伴侶生氣，主動撿起我們扔在地上的髒衣服。但有時，我們的動力來自於做某事能帶來的純粹樂趣，即使它並不會帶來多好或多壞的結果。只是為了挑戰自己而去登山，或者只是想學習一種樂器而不是想要成為什麼搖滾巨星，這兩個都是內在動機的例子，而行動本身就是回報。與此相對的是，我們的決定有時會被外在動機影響，比如想要拿到薪水或是害怕惹惱伴侶。當我們被內在動機驅動時，做某事就是為了它本身。在這個過程中，我們鍛鍊並發展了自己的技能，滿足了想要變得更有能力及更自我導向性（self-direction）的需求。[38]

很難想像那些自發地與這個世界產生連結的人會感到無聊。你不會經常聽到有人說：「我真喜歡彈吉他，但是彈的時候好無聊啊！」不幸的是，我們並不十分瞭解與內在動機相關的個體性格特質。絕大多數研究者把它視為一種狀態，而非一種特質。

技能提升和自我導向性是內在動機所帶來的回報，而我們知道，被這種回報驅動的人更少感到無聊。[39]他們把各種活動視為發揮認知能力和創造力的機會，而非取得什麼具體成果的途徑：做事本身才是最重要的。我們也知道，如果對自我導向性和技能的需求沒有得到滿足，也就是說當我們無法做自己生活的主人時，我們更容易感到無聊。[40]

但是，自我控制（self-control）並不簡單。有時，我們的衝動和欲望，與別人對我們的期待並不一致。更多時候，我們甚至覺得自己的行為和腦子裡想的不一致，這聽起來一定很奇怪。「自我控制」對於與他人和諧共處，以及實現個人目標而言，都至關重要。「自我控制」這個詞所涵蓋的範圍很廣泛，從在面試過程中坐好而不是晃來晃去，到為了新的職業道路而計畫並靈活地執行一份持續多年的學習課程。正如我們所看到的，動機會將我們引向完全相反的方向，可能是迴避問題，或是有所獲得。「自我控制」指的是找到我們的重中之重，並將其轉變成我們能夠追求的切實可行的目標。

有鑑於「自我控制」的重要作用，容易感到無聊的人常常也有「自我控制」相關問題，可能並不令人驚訝。[41]兩者之間的關聯是很顯著的，甚至在排除了年齡（年紀的增長會讓人變得更有智慧，也就更能自我控制）和性別（男性比女性更容易感到無聊）的因素之後，「容易感到無聊的傾向」與「自我控制能力差」

之間的關聯仍然很強。[42]

「自我控制」是一個廣泛的概念，包括了很多重要的能力，其中之一就是「自我導向性」，也就是能夠在想做的事情上運用自我控制。這代表首先要弄清楚我們到底想做什麼，然後指揮我們的思想、感覺及行動，去做到我們想做之事。自我導向性是一種獨特的自我控制類型。其他的自我控制，比如衝動控制（不要在會議上吃第三個甜甜圈了）和克制力（在面試時身體不要晃來晃去），與規畫和實施計畫的關係並不大。自我導向性是關於欲望的實際表達。我們可能懷有和父母維持良好關係的想法，但是想要計畫和施行類似週末聚會這樣的目標時，我們需要的是自我導向性。

如果無聊根植於無效的、無目的的欲望，那麼在理論上，無法自我導向就是無聊的關鍵原因。長期困於自我導向問題的人，更有可能發現自己被那些無效的、無目的的欲望所束縛。自我導向的幾個面向，的確與無聊的傾向有關。[43]我們的實驗室研究了人們用來實現目標的幾種策略。有些人專注於行動和改變，相信「做就對了」；另一些人則專注於全面且系統性地評估最佳行動方案，信奉「做得不對等於白做」。顯然，後者更容易感到無聊，他們可能會陷入對當前狀況的思考中，而不能展開有趣的行動。[44]

不同於外在環境因素，這些引起無聊的內在因素，說明了什麼樣的人更容易感到無聊。事實上，由於心理構造的關係，有些人似乎注定更常掉入無聊的魔爪中。情緒、生理、認知、動機和自我控制因素都在發揮作用。把這些內在因素與前文討論的外在因素組合起來，你就有了一瓶貨真價實的無聊毒藥。

條條大路通無聊

要說無聊源於外部環境或我們自身，都是不準確的。其實是這兩者相互作用，才會引起無聊。也許，更準確地說，它們都不是無聊的起源。無聊源自於我們與世界共處的方式。本章的標題指出了，若要避免無聊，必須符合一種不切實際的烏托邦式期望，也就是我們能以某種方式創造一個剛剛好的世界，在那裡，我們為環境所投入的，與環境給我們帶來的，恰好能完美適配。很顯然，這種情況可遇而不可求。一旦兩者出現嚴重的不適配，無聊便會悄然而至。

至此，有一點應該很明確了：無聊不是由單一因素引起的，不論是我們的內在因素，還是外在環境因素。然而，無聊也不是在所有因素都到齊後才會產生。但是，在某一個無聊的時刻，如果我們從心智空閒和欲望難題開始追溯，總會在源頭上發現一個或幾個罪魁禍首。

無論如何，引起無聊的多種原因，透過阻止我們投入參與某事而發揮作用，使得我們無法成為自己生活的主人，成為有效的行動者。那些引起無聊的誘因，阻礙了我們的行動力，從根本上看，無聊就是行動力危機。一個漂浮在海上、被潮水推來推去的軟木塞，並不是行動者；逆流划船、想要靠岸的漁夫，才是行動者。軟木塞並不能決定自身的運動，而漁夫可以。[45]軟木塞沒有意圖，而漁夫有上岸的目標。當無聊來襲時，就是在告訴我們，我們已經變成一個軟木塞。

控制我們的思想，選擇專注的事物，然後成功地把我們的心智能力投入所選擇的任務上，這才是行動力的基礎。如果想要改變無聊的狀態，那麼奪回我們的行動力就是關鍵所在。我們不能繼續當一個軟木塞，而是要變成那個漁夫。無聊是對行動的召喚。[46]

第3章

無聊是改變的動力

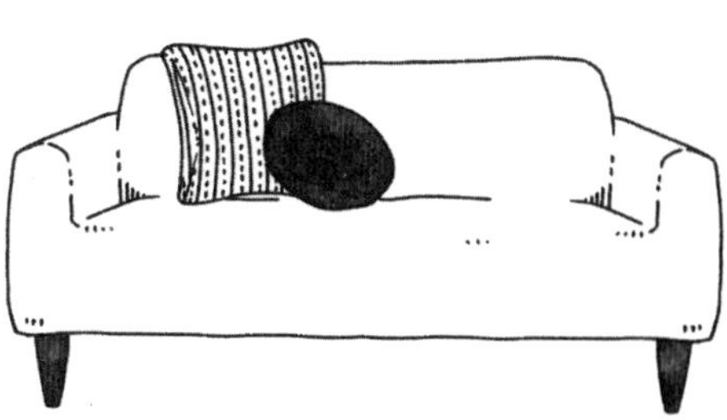

孩子們玩鬧著。在一個美好的春日，成百上千人湧向密西根湖畔。天空蔚藍，微風輕拂，美好未來就在眼前。這是一九三三年，芝加哥活力四射，正在慶祝「一個世紀的進步！」（註：此為當年芝加哥世界博覽會的主題。）

你踱著步，經過五彩繽紛的展覽館和令人驚歎的展品。小矮人的小人國，來自地球各個角落的奇異野生動物，保溫箱裡的嬰兒，還有未來的汽車！你的孩子拉著你走向那個最奇特的展覽館：雷普利信不信由你奇趣博物館（Ripley's Believe It or Not Odditorium）！

在門口迎接客人的是個相貌平凡的傢伙，跟你差不多高，短髮修剪得很整齊，穿著白色馬褲，一條黑色銅扣皮帶緊緊地繫在腰間。主持人身穿燕尾服，頭戴高帽，拿著手杖，增添了幾分馬戲團的趣味。

他用低沉的聲音說：「女士、先生們，請注意，接下來的畫面可能不適合膽小鬼。歡迎無痛人亞瑟・普朗霍夫（Arthur Plumhoff）先生！」[1]

底下的觀眾頓時被吸引了。

「一個擁有超凡力量的平凡男人。諸位請看，他的皮肉一次次被刺穿，他卻毫不退縮！」

普朗霍夫就像個街頭打手一樣往前走，然後一聲不吭地拿起一根五英寸

（約十三公分）長的針。他微微下蹲，眼睛一眨也不眨地睜著，緩緩張開了嘴巴，這看起來不像是驚訝的表情，更像是恐懼。

觀眾席一片寂靜。普朗霍夫動作誇張地將那根針從一邊臉頰穿過，而從他大張著的口中，可以清楚看見那根針。接著，那根針又穿過普朗霍夫的另一邊臉頰。

觀眾倒吸了一口冷氣，感到震驚又害怕。你的大兒子深深地被吸引，身體從椅子上往前探。小兒子則早在針穿過普朗霍夫的臉頰之前，就躲進你的懷裡，雙眼緊閉。你心想：「怎麼可能？這個人怎麼能受得了這種痛？」

§ § § § §

普朗霍夫被稱為「人肉針墊」，他感覺不到疼痛，一生都在馬戲團工作。一九三〇年代，醫學期刊首次發表了科學家對他進行的研究。[2]他的問題——先天性無痛症（congenital analgesia）——清楚地凸顯了疼痛的功能：警告我們要採取行動。

要知道，疼痛的目的不是引起傷害，而是向我們發出信號：你需要採取行動了。不論是碰到火之後的縮手反射（圖2）或者因菜刀誤傷而縮回了手，還是像頭痛時吃止痛藥這樣更深思熟慮的行為，疼痛都代表一種要做點什麼來緩和疼痛感的需要。

這種對疼痛功能的描述並不新鮮。很早之前，人們就知道疼痛會打斷我們當下注意的焦點，驅使我們為了躲避疼痛而採取行動。疼痛會中斷我們當前的目標，而這種中斷反過來會催生一種推動力，促使我們恢復在疼痛之前就已經開始追求的目標。[3]對於身體疼痛來說，身體組織的傷口是疼痛的來源，這種情況還相對簡單。但是，哪種心理困擾與無聊緊密相關呢？

有一種理論認為，包括心理疼痛在內的一切疼痛，都會釋放一種自我調節的信號。[4]身體上的疼痛會引起自動反應，比如手一碰到火就會縮回；而心理上的不適狀態，例如悲傷和無聊，可能會引起更複雜的反應。失去所愛之人所引發的悲痛感，會激發多種反應，從想要一個人獨處，到積極地從別人身上尋找安慰。然而，我們選擇去回應心理壓力事件時，要點是一樣的：身體或心理疼痛是暗示我們應採取行動的信號。我們認為，無聊的信號也可以這麼理解。

讓我們想像一名辦公室職員尋常的一天。也許這一天開始時，職員滿懷熱情，充滿期待，全心投入手上的工作。但是，要一直保持活力充沛是很困難的，

圖 2：勒內・笛卡兒（René Descartes）的〈灼痛之路〉（The Path of Burning Pain, 1664）。這張圖旨在呈現退縮反射的神經通道。火會導致一種疼痛的感覺，可能是皮膚灼燒感，這種感覺會傳遞到大腦，並使大腦計畫採取行動。在這幅相當古樸的圖畫中，天使般的主角帶著困惑的笑容，幾乎沒有任何疼痛的跡象，他平靜地伸向受傷的腳趾。與刻意的動作相比，火更容易引發脊髓反射。然而，重點是火災產生的痛苦要求我們採取行動。

這名職員必須努力抵抗分心的情況，處理其他身體信號，比如暗示著用餐時間到了的咕嚕咕嚕叫的肚子。有時，即便他努力想要做到專心致志，也難免會三心二意。隨著時間的流逝，手上的事情比預期要花更多的時間，他開始坐立難安。他拉開椅子，伸展四肢，深吸一口氣，接著又埋頭苦幹。不久後，他開始檢查電子郵件信箱，清理垃圾郵件，又在座位上晃來晃去。只要視線一移開螢幕，他就開始神遊。這些片段暗示著無聊正在潛伏，因為他試圖找些別的事來消磨時間，但無聊的信號還不夠強烈，以至於他還沒意識到自己已經感到無聊了！

他停下工作，同時感到不滿足。他瀏覽社群網站，看見朋友鮑伯今天出去吃午餐了，接著又注意到雪莉轉發了一篇否認氣候變遷的文章，就這樣，他陷入了資訊的兔子洞。那篇氣候變遷的文章，又讓他注意到另一篇關於一位知名政客如何失態的文章，然後又看到一篇關於多倫多動物園收到贈送的大熊貓的文章，最後他又滑到體育版，看到一篇對當地球隊最新賽況的沮喪回顧。

每時每刻，他都感到漫不經心又不滿足。無聊的信號告訴他：這活動並不能讓你滿足，做點別的事吧！他之所以漫不經心有很多原因，包括時間的無情流逝（做一件事情越久，就越覺得無趣），或者一種被困住的感覺（有任務在身卻不想去做），都會讓無聊的警報響起。不論出於什麼原因，無聊的信號都已經明確指出，她缺乏投入感。

把無聊理解為一種呼喚行動的信號，使我們能夠對「投入」和「意義」做出重要的區分，這在後文會經常提到。雖然大家不太願意承認，但大多數人都能想到有些事雖然意義重大（比方說陪孩子玩耍），卻也無聊透頂。小孩子似乎特別熱中於講「猜猜我是誰」之類的無厘頭笑話。另一方面，你也可以想到，有些事雖然你不會覺得特別有意義，卻能全神貫注地投入其中。比如，你可能會沉浸在一集又一集內容空洞的電視劇裡，事後卻又覺得那純粹是在浪費時間。這樣看來，無聊的信號與我們所做之事的內容關係不大，這個信號想要告訴我們的是，我們沒有完全投入正在做的事情當中。如果不玩猜猜我是誰的遊戲，而是觀看一場拳擊比賽，或許我們就能避免無聊。

思考無聊的信號的另一個思路是，問問你自己，不無聊的生活會是什麼樣子？我們可能渴望不無聊的生活，但仔細思考之後，你會發現這並不是現實。不無聊的生活可能充滿冷漠和遲鈍。乍看之下，「不無聊的生活導致冷漠」這個想法很不可思議，因為無聊和冷漠簡直就是同一回事。的確，這兩種感覺都表現為一種無所事事的狀態。但這兩種心理狀態是完全不同的，或者說會帶來不同的感受。冷漠的人沒有想要找些什麼事來做的壓力。顧名思義，冷漠就是沒有任何欲望，甚至懶得去解決缺乏挑戰這樣的問題；冷漠的人沒有任何動力，電視迷就是其典型之一。對無聊的人來說，情況就大不相同了。他們對自己想要投入參與某事的強烈渴望十分敏銳，當這種渴望落空時，他們會感到不適。[6]就如同疼痛那樣，無聊鞭策我們採取行動，來改正無所事事的負面影響。如果沒有這種動力，我們的生活可能不會無聊，但極端來講，這種生活也會變得無所追求了。

同樣的，沒有痛苦的人生似乎是所有人都渴望的。然而，對前文提到的「人肉針墊」普朗霍夫來說，這意味著生活中充滿了不經意的自我傷害。也許，從抽象的角度來看，不無聊的生活很有吸引力，但這可能會導致完全的停滯不前和某種程度上的無所作為，最終對個人和社會都是有害的。如果我們不利用自己的技能和天賦來實現目標，我們的存在將是短暫的。想像一下，如果我們的祖先滿足於心智上的不投入，只是在篝火旁閒逛（假設他們有取得火種的動力），沒有探索、創造和求知的動力，我們現在會是什麼樣子？毫無疑問，這就是一事無成、匆匆而過的人生之範本。就跟疼痛一樣，無聊是一個重要的信號，它告訴我們需要行動，才能實現全部的潛力。

如果我們能夠適當地回應，無聊這個信號就會發揮應有的功用。你可能準確地捕捉到這個信號，但你下一步如何行動才是關鍵所在。你可以選擇投入一些毫無裨益的行動，例如窩在朋友家的地下室裡滑手機，或者在酒吧裡放縱自己多喝幾杯。或者你也可以選擇更能讓自己有效投入的活動：出去跑步、讀一本新書，拿起吉他彈首經典小曲。

不幸的是，一次又一次，無聊總是跟那些不良選擇連結在一起，包括不斷增強的衝動和上癮情況。[7]對無聊信號的適當回應，需要調動自我調節機制，以選擇更能使人投入的事情，並避免潛在的干擾（換句話說，在午餐之前都別瀏覽社群網站）。屈服於干擾和自制力下降，是無聊狀態即將拉長的預兆。長期選擇不良的無聊補救策略（如窩在沙發裡滑手機，沉迷於社群網站）是不可能阻止無聊入侵的，即使這些行為能短暫地緩解無聊的症狀。

無聊可能是暫時的狀態，也可能是長期的傾向。[8]我們都認識一些聲稱自己從來不會無聊的人，他們甚至可能會說：「只有那些無聊的人才會感到無聊！」如果真有這種從來不被無聊所困的人，那可能是因為他們更善於在無聊變得更持久之前，迅速回應這個信號。由此可見，只有當無聊變得頻繁且我們對它的回應不良或無效時，它才是個問題。[9]

短暫的無聊狀態，是令人厭惡且具有破壞性的，但在很多情況下是相對容易補救的。也許，在領會到無聊即將到來的信號之後，那名辦公室職員立刻開啟長期工作事項之二，瞬間就挽救了這個工作日。或者，他會被飽佰在社群網站上分享的美食吸引住。無法適當地回應無聊的信號，也許與頻繁地感到無聊且難以從中抽身有關。[10]那些一直沒有對無聊信號做出有效反應的人，可能也很難選出一個適當且吸引人的新目標。不能迅速地選定目標（你能適應的或其他目標），很可能會讓人承受漫長且令人十分不滿的無聊。

對於「內容」和「過程」的區分也很重要。無聊的信號本身並不能幫助我們弄清楚下一步需要做什麼，或者為什麼現在做得還不夠。什麼可能是更有趣、有意義或讓人滿足的，這或許取決於與動力、獎勵、學習及過往有關的複雜心理歷程。無聊不是自身的答案，它只是拉響警報。

負面情緒通常會告訴我們周遭環境中有些事物值得注意。比如，路上出現一條蛇，或者一個怒氣沖沖的人正朝著我們衝過來，都是需要我們做出反應的重要事件。我們認為，無聊也是如此。恐懼和疼痛都意味著我們需要做出回應，路上的蛇讓我們停住腳步，迫使我們迅速找到一條安全的逃跑路線，而無聊則意味著我們缺乏投入感。但人們是如何覺察到這種缺乏的？這是個複雜的問題。也許對有些人來說，無聊是伴隨著身體感覺開始的，比如坐立難安、來回踱步，以消耗多餘的精力。對另一些人來說，無聊可能沒有明顯的生理特徵，但可能引發一種心理需求，這種需求很難說明，但最終會引發一種個人潛力被無故浪費的感覺。無論如何，缺乏投入是迫在眉睫的挑戰。我感到無聊了，現在該怎麼辦？

由此可見，無聊並不是完全負面的。[11]雖然它是一種負面的感覺，但至少在兩個方面可以被視為積極的信號。首先，它告訴我們目前正在做的事已經不再吸引人了，提醒我們要尋找新的目標。它甚至可能會提醒我們有不同的、也許更好的目標值得奮鬥。路易斯安那大學哲學教授安德烈斯．埃爾皮杜魯，把無聊的信號形容為「推動力」（push）。就像疼痛驅使我們保護自己那樣，無聊促使我們尋找更具挑戰性且更吸引人的新目標並投入其中。

無聊與意圖

如果沒有無聊的可能性，我們就沒有將認知能力付諸實踐的動力，可能輕易就浪費了這些資源，也意識不到自己的潛力。讓我們來對比下面兩個例子的主角，一個是十八世紀早期的門閥操作員，另一個是二十世紀中期的病懨懨的少女，就會知道想要在心智上投入某事的渴望有多重要了。

可憐的老漢弗萊．波特（Humphrey Potter）的工作，是在正確的時間點重複開關閥門，來操作紐科門（Newcomen）蒸汽機。[12]甚至連單調乏味都還不足以形容這份工作。漢弗萊討厭這項任務，就算按照一七一三年的標準，他這份工作也夠無聊的。等待一個好的時機，打開閥門A……等待下一個時機……關掉閥門B。塗肥皂，沖洗，如此往復。

漢弗萊覺得無聊又焦躁不安。他知道一定有更好的處理方式。不像循規蹈矩的同事，漢弗萊內心原始的無聊，驅動他去尋找解決方案。他意識到自己是一個理性、果斷且感覺敏銳的人，做這份工作實在是大材小用。他注意到，只有當機器運轉到特定位置時，閥門才能被打開，所以決心發明一種繩索裝置，能夠一勞永逸地代替他開關閥門。啊哈，他成功了！無聊的工作終於結束，漢弗萊現在可以啟動機關，讓它代替自己工作，自己則能陪孩子玩耍。面臨極度無聊的漢弗萊，為蒸汽機的發展做出巨大的貢獻，發明了制動片，並將之命名為「skulking gear」（註：意思為「鬼祟行動裝置」），「skulking」（鬼祟行動）這個詞甚至變成十八世紀「曠職」的代名詞。

讓我們來到兩百年後，看看第二個例子。艾兒西・尼克斯（Elsie Nicks）簡直是漢弗萊的反面。艾兒西有頭痛的毛病很多年了，以至於她都不記得患上這種病到底有多久了。頭痛劇烈的她只得服用醫師開的嗎啡來止痛，但情況越來越糟。一九四一年時，正值青少女時期的她開始不斷「發作」。[13]她總是昏昏欲睡，對什麼事都提不起興趣。她偶爾才會開口說話，但也只是一個字一個字地往外吐。雖然其他青少年也在扮酷裝冷漠，卻不像她那樣離群索居。艾兒西最終失去了行動的能力，但這不是指僵直症或癱瘓，她就是失去了生活的動力。艾兒西的案例是個醫學難題。這是二十年前幾乎殺死一百萬人的傳染病——昏睡性腦炎（encephalitis lethargica）嗎？[14]後來，她的澳洲醫師休・凱恩斯（Hugh Cairns）發現了罪魁禍首——艾兒西的大腦裡的一個囊腫讓她失去了活力。凱恩斯將艾兒西的囊腫膿液引流到體外之後，艾兒西的行為短暫恢復了正常。但最終，凱恩斯不得不摘除整個囊腫，才讓艾兒西恢復了行為能力，她終於能夠跟隨自己的願望、渴望和欲望行動了。凱恩斯將這種疾病命名為「不動不語症」（akinetic mutism，又稱運動不能性緘默症）。

漢弗萊和艾兒西的故事都反映出無聊的一個基本面向，也就是說，無聊表達了「我們心懷意圖（intention）」的這個事實，而「意圖」對於在這個世界好好生存非常重要。漢弗萊全心投入地努力，並且最大化地發揮了自己的才能。當他面對開關閥門這樣的工作時，感受到了無聊的重壓，因而驅使他去尋找更好的解決方案。而艾兒西則缺乏採取任何行動的能力。[15]當她只能坐上幾個小時而無事可做時，從未感到無聊，甚至不會感到不滿，因為她並不想做任何事。簡言之，患有不動不語症的人完全無法做出任何自發行為，這種疾病被定義為無法建立欲望和保持渴望。[16]從根本上說，艾兒西就像機器人，只能按照別人為她安排的方式行動。如果他人不發號施令，艾兒西就會心滿意足地呆坐很久。這種冷漠在很多方面是無聊的反面。冷漠的人對世界漠不關心，而無聊的人則對世界關切過度。事實上，讓我們深受折磨的正是「想要做些什麼」的渴望，讓我們感到無聊的原因，正是這種迫切的渴望得不到滿足。

如果沒有形成行動意圖的能力，沒有投入的動力，我們也會缺乏體驗無聊的能力。我們可以認為，因為無法產生任何欲望而成為一個從來不會無聊的人，這簡直就是一種「皮洛士」（Pyrrhic）式的得不償失的勝利。[17]皮洛士是古希臘的一名將軍，曾哀嘆自己雖然打贏了與羅馬人的戰爭，但是損失太過慘重，以至於說到底算不上什麼勝利。也許無欲無求能讓我們免於遭受無聊的煎熬（相當於打了一場勝仗），但最終這也阻止我們有效地投入參與這個世界（就像皮洛士那樣，相當於輸掉了戰役）。

從最基礎的層次來說，欲望可以被視為生理動力，驅使我們保護自己的生命和家族的未來。沒有欲望的人相當於站在死亡的邊緣。從最高的層次來說，欲望代表了人類奮鬥的歷程，所以我們才能不斷為了美好生活而努力，就像漢弗萊為了不再做單調的工作而發明制動片那樣。相比之下，艾兒西甚至無法接住一顆掉下桌子的糖果，更不可能為了逃開乏味的工作而發明一個變革性的裝置。

人工智慧機器人與無聊感受

這是一把雙刃劍。有能力產生欲望、意圖和計畫，使我們面臨了無聊的風險，但是沒有它們，無論是個體還是社會，都不會具有創新精神並取得發展。漢弗萊對無聊的解決方案是發明一個機器，將他從繁重的工作中解脫出來，同時也讓蒸汽機得到改善。像漢弗萊所發明的制動片這類的機器，並不害怕工作的單調。機器、電腦及自動裝置可以一直進行重複性的工作而沒有任何怨言。可以說，人類的優勢在於擁有無聊的可能性，而機器的優越性在於它們不會感到無聊。不會無聊的機器正是被無聊所困的人類的一項偉大發明，這些機器也在我們的社會中發揮了重大作用。但諷刺的是，我們期待機器做得更多。我們期望機器是聰明的（intelligent），但智慧（intelligence）完全是另一回事。

想想你的電腦，它可能擁有強大的計算能力，但不會有人說電腦差不多快要具備人類的智慧或者具有適應性行為的能力了。它連沖咖啡這樣簡單的小事都做不到。如果我們真的想創造能夠創新且解決廣泛而非特定問題的人工智慧，那我們就得把它設計得更像漢弗萊，讓它也能感到無聊。為了使機器有智慧，我們必須讓它們擁有逃避單調工作、避免計算能力被浪費的動力。人類的進化早就解決了這個問題，而人工智慧研究員才剛剛起步。在考察了人工智慧研究員正在做的事——讓機器具備無聊的傾向以變得智慧——之後，我們發現了這正是支持「無聊是一種功能性、適應性的信號」之觀點的強力證據。

有必要說明的一點是，一些哲學家和研究人員認為，心理狀態（例如無聊）的定義，應該基於人們所做的具體事情，而不是他們的感覺或想法；此流派的觀點是：「無聊的人做無聊的事」。這類功能主義者可能認為人工智慧實際上會感到無聊，但這不是我們的研究思路。[18]相反的，我們堅持在第一章裡所討論的，將無聊定義為一種感覺及產生這種感覺的潛在心理機制。

在此，我們的目標是描述無聊的功能，而非提供一種定義無聊的新方式。所以，當我們說「若要實現人工智慧，就必須擁有感到無聊的能力」，意思是，機器也必須體驗到一種狀態，該狀態所起的作用與無聊這種感覺在我們的生活中所起的作用是一樣的。我們並不確定機器實際上感覺到什麼，甚至不確定它們是否有能力感受到與人類相似的心理狀態。但是，這並不僅僅是擬人化的問題。相反的，我們對於「人工智慧的無聊」的探索，將加深我們對無聊之功能的理解，同時驗證我們的想法：人類的無聊具有適應性。

有一部名為「基斯梅特」（Kismet，註：意思是命運）的迷人機器，就是絕佳的例子。它跟漢弗萊一樣，具有我們所謂的欲望，所以既聰明，又容易感到無聊。麻省理工學院的教授辛西婭．布雷齊爾（Cynthia Breazeal）創造了基斯梅特，它是一個旨在實現擬人化社交的複雜人工智慧系統。[19] 布雷齊爾依據對於人臉表情和自閉症社交障礙的研究，發明了基斯梅特，它本質上是個能夠做出表情來與人類互動的人臉機器人。

布雷齊爾明白「意圖」對於讓機器人擁有智慧和自我導向行為之能力的重要性，所以賦予了基斯梅特三個基本動力。基斯梅特想要社交、玩耍、休息。基斯梅特想要社交的動力，使得它能夠主動尋找人類夥伴，並與之互動。基斯梅特想要玩耍的動力，驅使它尋找玩具，與玩具互動。基斯梅特想要休息的動力，讓它能夠安靜下來，在獨處時會睡覺。可以這樣說，基斯梅特的每個動力都明確連結了一系列的需求，而它積極地滿足這些需求。

但是，就像之前提到的金髮女孩區，只有當每樣東西都「剛剛好」，既不多也不少的時候，基斯梅特才會運作良好。維持「剛剛好」的量這個觀念，也就是生物學家所說的「恆定性」（homeostasis）。所有生物都嘗試將自身機能調節到最佳狀態。比如，我們的身體努力地維持著核心體溫（註：人體內部的溫度）的穩定，這就是維繫我們健康的金髮女孩區。如果我們的核心體溫上升或下降太多，就會有大麻煩了。相似地，基斯梅特也有恆定性調節程式，以維持社交、玩耍和休息的剛剛好的量。

讓我們進一步看看基斯梅特的社交動力，就會明白它是如何工作的。在每年的聖誕節，我們都會躲著某個親戚，對吧？如果你身邊站著一個不請自來且喋喋不休的阿姨，你當然會想躲得遠遠的，或許會假裝去上廁所。如果基斯梅特遇到這種煩人的阿姨，它也會有類似的反應。基斯梅特會轉移目光，試圖中斷對話。事實上，遇到這種阿姨時，基斯梅特完全無法招架，它的社交量會急速超標。另一方面，我們知道，在寒冷的深冬，被關在家裡好幾天都沒跟別人說話，會讓人感覺快要悶出病來了。也許你會不顧一切地打電話給你的阿姨！社交太少時就會這樣。在這種情況下，基斯梅特的社交動力會上升到緊急狀態。這時，它的社交量太低，所以會拚命地吸引在場每個人的注意，來表達交流的需求。

所以，過多或過少的社交，都會讓基斯梅特的動力變得更加急迫，因為它的社交量偏離了剛剛好的量。動力強度的改變與不同的情緒有關。「剛剛好」是舒服的，太多就有壓力，太少則會無聊。基斯梅特對社交的需求，讓它能感受到無聊。滿足自身需求的渴望，為啟動基斯梅特內心的無聊提供了條件。無聊的狀態則促使基斯梅特探索周圍有沒有能夠讓它滿足自身需求的事物。

嬰兒來到這個世界時，滿懷著探索和影響周圍環境的動力。這種動力被證明是成長的關鍵基礎。沒有它，學習不會發生。實際上，人類實現智慧的方式，就在於對周圍事物的探索。與「探索世界是人類發展的基礎」這個說法一致的，是艾倫·圖靈（Alan Turing）提出的一個想法：透過模擬孩子的思維來創造人工智慧。[20]

皮埃爾－伊夫·烏德耶（Pierre Yves Oudeyer）指出，圖靈觀點的關鍵在於，人工智慧專家應該解決的問題是「機器人為什麼會學習」，而不是機器人如何學習。也就是說，我們需要賦予機器人探索和控制環境的欲望，而這會反過來促進智慧的發展。這正是烏德耶和同事一直在做的：設計一種能夠自發地研究周圍環境的機器人。他把這些機器人放在可供探索和改造的環境中，然後便放手。烏德耶觀察這些機器人如何透過與環境的互動而變得能幹。他也發現，如果環境高度類似且缺乏新的投入和學習的機會，這些機器人就會無聊。再一次，我們看到，無聊是人類和機器人為了實現智慧而不得不付出的代價。由此可見，無聊與動力密不可分。

雅克・皮特拉（Jacques Pitrat）透過與「西耶艾耶」（CAIA，即研究人工智慧的人工智慧）的合作，意識到人工智慧系統必須具有感到無聊的能力。[21]西耶艾耶既是皮特拉的作品，也是他的助手。皮特拉十分聰明，決定透過創造一個人工智慧研究者來研究人工智慧。皮特拉傾注了三十年的時間來做這件事，而西耶艾耶也不負所望，皮特拉可以觀察西耶艾耶的活動並從中學習。

皮特拉的終極目標，是創造一個完全自主的人工智慧科學家。為了實現這個目標，皮特拉賦予了西耶艾耶自我觀察和自我評價的功能。擁有了自我觀察能力的西耶艾耶，不僅知道自己在做什麼，也瞭解了自己在解決問題的過程中成功或失敗的原因。而自我評價能力讓西耶艾耶能確定問題的優先順序，決定問題是否值得被解決，並且考慮它的解決方案是否有用。將這些能力結合起來之後，西耶艾耶能夠從低效率的計算循環中解脫出來。本質上，就像漢弗萊一樣，西耶艾耶自發地避免浪費自己的資源，因此，你可以說，西耶艾耶是在試圖避免無聊。[22]

不幸的是，就像那些央求父母解悶的可憐孩子，西耶艾耶除了罷工和抱怨之外，對自己的無聊無可奈何。西耶艾耶發出無聊的信號，然後等待皮特拉介入，解決它的無聊。反過來，研究西耶艾耶為何及何時感到無聊，為皮特拉創造更好的人工智慧系統提供了關鍵思路。也許最終會有一天，西耶艾耶能夠透過創新，透過像漢弗萊一樣發明一種制動片，來解決自己的無聊。

基斯梅特有一個能夠減輕無聊的粗糙機制，它緩解無聊的能力之關鍵，在於程式中包含一個叫作「對同一件事感到厭惡和厭煩」（也就是習慣性）的設計。如果基斯梅特困在重複的同一件事中，這個設計會讓它轉移注意力。就跟漢弗萊和西耶艾耶一樣，基斯梅特知道什麼時候該放棄。布雷齊爾實驗室的負責人羅德尼・布魯克斯（Rodney Brooks），把這一設計命名為「史蒂芬・史匹柏（Steven Spielberg）紀念碑」，來紀念史匹柏的電影《A.I. 人工智慧》（*AI*）裡那個盯著一個雕像靜坐了兩千年的機器人。布魯克斯和布雷齊爾想要確保基斯梅特不會犯同樣的錯誤，所以賦予了基斯梅特感到無聊的能力。

當事情一成不變時，無聊就會出現，而基斯梅特被設計為能夠對此做出回應。可是，如果環境變化無常（這是另一個極端），無聊也會出現。一個變化無常的環境太過混亂和嘈雜，以至於我們無法理解，最終我們也會對它失去興趣，變得無聊。[23]這對人工智慧專家來說也是個問題。

在一項旨在促使人工智慧代理（AI agents）具有好奇心的研究中，一個人工智慧代理正在學習如何走出一座虛擬迷宮，研究人員發現，如果把一個不斷變換內容的虛擬電視螢幕投影在牆上，人工智慧代理就會卡在迷宮裡走不出來。[24]螢幕上的每個圖像都是新的，滿足了人工智慧代理的好奇心。顯然，無論對人類還是人工智慧來講，一直卡在一個地方都稱不上具有適應性，尤其是當我們的目標就是探索並學習如何走出迷宮時。

有趣的是，在其他演算法研究中，「無聊」被證明比「好奇心」更能驅動探索行為。研究人員創造了兩個不同類型的人工智慧代理，一個被無聊驅動，另一個則被好奇心驅動，前者的學習能力更好。這樣的結果並不是說好奇心不能驅動探索和學習。[25]但是，那個被無聊驅動的人工智慧代理，不會被變換內容的電視螢幕誘惑，它會對這些無意義的雜訊感到厭倦，然後走開，繼續探索迷宮，而另一旁，那個被好奇心驅動的人工智慧代理，則會被這個愚蠢的螢幕深深吸引，無法離開。

西耶艾耶和基斯梅特會感到無聊，並且放棄。賽斯・高汀（Seth Godin）在飽受爭議的著作《放手：一本教你何時放棄（以及何時堅持）的小書》（*The Dip: A Little Book That Teaches You When to Quit (and When to Stick)*）中，強調了他所說的「戰略性放棄」以免白費力氣的價值所在。[26]不同於知名諺語「勝者永不放棄，棄者永不勝利」，高汀認為，勝者不但會放棄，而且知道什麼時候該放棄，也就是在所有資源都用盡之前放棄，而這其實是個寶貴的技能。在這個意義上，無聊這個改變的動力，是我們的夥伴，促使我們尋找新的目標。艾兒西缺乏這種動力，漢弗萊有，聰明的人工智慧也快要有了。我們不應該急於尋求一個不會感到無聊的人生；問問「人肉針墊」普朗霍夫先生，你就會知道失去痛覺是什麼滋味了。

任何形式的疼痛，不論是身體或心理上的，都不好受；我們不喜歡疼痛，想要盡快遠離它。無聊也是如此，它帶來的最迫切的信號，就是趕快擺脫這個糟糕的感覺。所以，做出改變的確是一件好事。心智空閒對任何人都無益。然而，關鍵問題是：我們應該做什麼？無聊無法直接給出答案。也許我們應該為了手上的工作加倍努力，以期達到專注的狀態。也許我們應該嘗試做些別的事。然後呢？無聊是如此難以忍受，它驅使我們選擇身邊最快、最容易、最舒服的方案，雖然這個方案長期來看並不是最佳選擇，但這就加劇了問題的嚴重性。所以，為了聽到「擺脫這個糟糕的感覺」這一信號更深層的訊息，為了對這一召喚行動的動機做出適當的反應，我們必須將上一章提到的無聊的誘因牢記在心。否則，我們將不幸地反覆嘗試錯誤，無奈地認定找到的解決方案只能救我們一時。

在最深的層面，無聊告訴我們，我們正在浪費自己的才能，我們沒有以滿足自身行動力的方式來投入參與世界，或者，如羅伯特・懷特（Robert White）所言，沒有滿足那表現和發展自己能力的需求。[27]所以，當我們無聊時，所收到的訊息並不僅僅是要我們盡快擺脫這種不適感，而是要我們找到一個與世界連結的更好方式，以表達我們的欲望，施展我們的能力。為了讓無聊對行動的召喚發揮作用，我們必須牢記，在無聊促使我們改變的表面動力背後，其最終的驅動力在於讓我們變成控制自身選擇的行動者。歸根結柢，無聊是不會放過我們的，除非我們展開行動，發現自己的欲望，並培養與世界的互動。

但這很難做到。在無聊來襲時，我們會覺得自己似乎失去了控制，能做的只有唉聲嘆氣。然而，正是這樣的時刻最需要我們重拾行動力，而不是把自己當成一個容器，等著被灌滿、被刺激、被撫慰。成為一個行動者，需要付出努力。我們每天都要採取行動，培養自己和身邊他人的行動力。我們還要保持警惕，因為扼殺我們行動力的力量，會隨著時間而發生轉變。在人生的不同階段，無聊的誘因也在不斷變換。

第4章
人生各階段的無聊程度

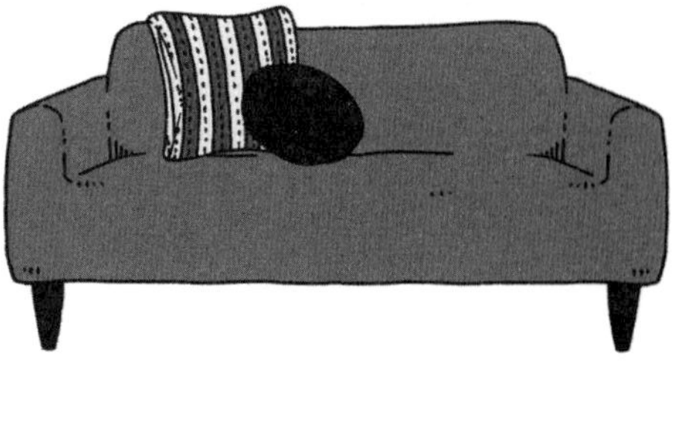

這已經是她這個月第三次犯案了，連超市保全都見怪不怪。又是那個女人，她正坐在經理的辦公室裡，衣服皺巴巴的，看起來孤苦伶仃。她偷的東西令人匪夷所思。有一次是一個吸奶器和嬰兒衣服，但她看起來一點也不像是懷孕的樣子。這一次，她又順手拿走了一雙至少大兩號的靴子。保全原以為這種順手牽羊的事是青少年才會做的，那才是常態，畢竟孩子們擁有的時間多到他們都不知道該做什麼才好。但是這個女人，瓊，已經七十六歲，都當曾祖母了！

「瓊，你就回答我一個問題好嗎？」保全問道。行竊事件發生過太多次，他們已經變成熟人了。「你為什麼要這麼做？」

這個已經退休領養老金的女人抬頭看著他，臉上掛著一種介於厭惡和無聊之間的神情。

「你知道變老是什麼感覺嗎？我很無聊，沒什麼事可做。就是這樣。」

原來如此，保全心想，這跟那些偷糖果的孩子是同一回事。[1] 她偷東西，是因為需要找點事做。

§ § § § §

孩子和老年人都有大把的時間，卻又不知道該怎麼運用，這讓他們深感不安。身為人類，我們生活的目的不是放學後花大半天在商場閒逛，也不是退休後整天窩在家裡追劇。無聊就像立在生命之旅兩端的書擋，從年幼到年老，提醒著我們，我們需要更多東西。

迄今為止，就受試者的年齡而言，無聊相關研究的視角仍然比較狹隘。最常見的年齡群體是十七至二十二歲的本科生，他們是這些研究的重點關注對象。[2]在這個群體中，無聊的傾向會隨年齡遞減。但這意味著，我們年紀越大，就越不會感到無聊嗎？還是說，無聊也有週期性的波動？是否有些變數能夠預測我們日後的無聊程度？年老時的無聊和年幼時的無聊，是出自同一種原因嗎？

最早有關無聊的跨年齡層研究之一，實際上研究的是無聊的反面：好奇心。巴爾的摩國家老化研究所（National Institute on Aging）的倫納德・詹布拉（Leonard Giambra）及其同事，研究了人在一生中的好奇心和感官刺激尋求的變化情況。他的團隊也研究了受試者感到無聊的傾向，畢竟這與好奇心和感官刺激尋求這些體驗是必然相關的。[3]詹布拉的團隊發現，從青春期後期到成年早期，無聊傾向呈現遞減的趨勢。但他們進一步發現，在二十多歲之後，無聊傾向持續降低，一直到五十歲時（見後頁的圖3）。然而，六十歲之後，無聊傾向重新遞增，在女性群體上的表現尤為明顯。

無聊傾向和年齡之間的變化關係，引出一個有趣的問題：無聊在生命週期中的變化有特定原因嗎？我們發現，從青春期後期到成年早期，無聊傾向的降低伴隨著大腦神經發育的最終階段。這也許是我們觀察到的無聊傾向變化的原因之一。也就是說，隨著大腦額葉皮質（frontal cortex）逐漸成形，無聊的傾向也下降了。老年期無聊傾向的上升可能也跟額葉皮質有關，因為額葉皮質的功能會隨著年齡增長而下降。

生活上的改變也可能解釋年齡和無聊傾向之間的關聯。就在額葉皮質發育完成的時期，這些年輕人也因為成年而被賦予了一系列的權利、責任和自由。[4]開車、投票、從軍、飲酒，這些都意味著我們的生活環境發生改變，我們與環境互動的能力也發生了改變，這種改變激發我們更具行動力，降低了感到無聊的可能性。我們能夠自主決定的機會變多了，要做的事變多了，就能避開無聊的狀態。那麼，中年時期呢？我們又將面臨一套不同的責任，它們將無聊從生活中趕走。我們需要操心事業、伴侶、孩子和貸款，也許根本來不及無聊。退休讓我們從這些責任中解脫了，但如果環境或我們自身的生理和心理限制，使得我們無法充分利用自己的能力，就會面臨無所事事和孤立隔絕的風險（見第六章），無聊也會

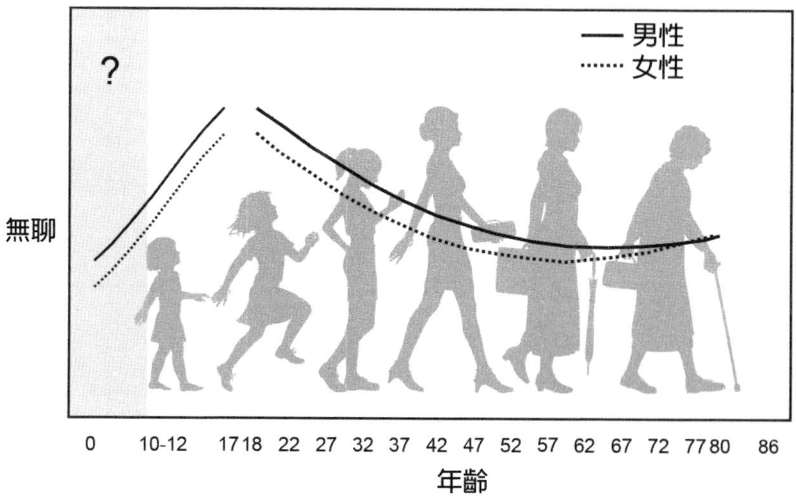

圖 3：這張圖的資料來自詹布拉及其同事在 1992 年所做的一項調查，以及一些年齡跨度較小（從 10~12 歲到 17~18 歲）的調查。詹布拉的研究資料顯示，年齡和無聊傾向呈平方關係，無聊傾向從青春期後期開始降低，到 60~70 歲中後期開始上升。其中，10~17 歲這個年齡層呈現無聊傾向上升的情況，已經被詳細研究了，但老年人的無聊鮮少得到關注。同時，我們對不到 10 歲的孩子的無聊傾向也近乎一無所知（有問號標記的灰色區域）。

再次來襲。

關於無聊傾向的程度隨著年齡而變化的原因，我們目前基本上只能依賴推測，因為這方面的研究還很少。這多少有些讓人意外，因為針對年齡和無聊的非正式觀察，其實已經進行一段時間了。我們只是不確定是什麼生理或社會因素在不同層面上影響不同年齡層的無聊傾向。有一些研究關注青少年群體中的社會因素的影響，尤其是一些特定環境（比如教育背景）或者人口統計學特徵（比如城市背景或鄉村背景），但也僅此而已。

尚未有研究涉及更廣泛的文化差異問題。西方的個人主義和東方的集體主義之間的顯著差異，是否意味著東、西方的無聊在不同年齡層的表現也不同？甚至，一些更細微的文化差異，比如美國和加拿大之間的差異，可能會影響我們如何感知和回應無聊。顯然，我們要做的事還有很多。

「我覺得好無聊！」

據說所有父母都有過被孩子央求陪著解悶的類似經歷。大多數人可能直接無視孩子的無聊，把這當作他們的問題。根據我們對無聊的描述，把無聊當作小事和建議孩子做些別的事來驅趕無聊，顯然錯過了重點，因為無聊並非出於無事可做，或者沒有動力投入參與一件事。相反的，無聊的孩子知道這個世界上有很多事情可以做，顯然也想要做些什麼來滿足自己。但讓他們苦惱的是「如何做」，於是要求我們解決問題，這可能恰恰反映了他們的真實處境。

身為父母，我們控制了孩子的大部分世界，那麼也包括無聊的這個部分吧？不幸的是，當他們感到無聊時，我們可能傾向於忽視他們的感受。研究顯示，只有當我們認為孩子哭泣是因為生病時，由催產素（oxytocin）這種荷爾蒙引發的同情心才會上升。當我們認為他們號啕大哭是由於無聊時，催產素的濃度不會有所變化，我們不為所動。[5]因此，無聊的孩子被拋在一邊，他們只能自己解決問題，不過，長遠來看，這可能真的對每個人都是最好的。[6]

童年時期的無聊不僅被父母習慣性地忽視，長期以來也不被研究人員所重視。由於所有探索無聊的階段性變化的研究，都存在方法設計上的缺陷，想要理解童年時期的無聊（實際上也包括理解各個年齡層的無聊），受到了一定的阻礙。理想的做法是展開縱貫性研究，先觀察學齡前階段的無聊，並盡可能長期追蹤同一批受試者的狀況。然而，追蹤一批受試者直至其生命盡頭是不可能的，但就連五到十年的短期追蹤也很有挑戰性。因此，我們只能做所謂的橫斷性研究，也就是在不同年齡層的受試者中研究無聊問題。

研究兒童的無聊還存在其他困難點。當一個四歲小孩說他很無聊，他的意思真的是我們所理解的「無聊」嗎？除了定義的問題之外，「無聊」一詞用在小孩子身上並不恰當，畢竟他們大多數時間都待在教室裡。無論研究面臨的挑戰是什麼，結果都是，十歲以下兒童的無聊問題很少得到關注。

在一項研究中，研究人員調查了三、四年級兒童的無聊體驗，並比較他們的數學和閱讀能力。[7]研究發現，無聊與較差的學習成績有關，與閱讀能力的相關性尤其顯著。閱讀能力強的兒童呈現較低的無聊程度。閱讀需要想像力，也就是把文字轉化為圖像，把人物對白轉化成帶有口音的話語，把場景轉化為大腦中的動態影像；因此，好的閱讀技能可能反映了更高水準的想像力，而更高水準的想像力反過來又反映了與閱讀文本連結的更強能力。

我們認為，無論你在做什麼，有效的投入參與是趕走無聊的關鍵所在。三、四年級代表著一個很重要的過渡期，也就是從「學習如何閱讀」到「透過閱讀學習」。如果一個孩子在閱讀上有困難，那麼投入參與課堂活動對他來說會越來越困難。[8]不幸的是，這樣的研究只關注兒童成長中的某個階段，因此無法揭示什麼因素能夠解釋隨著年齡而變化的無聊程度。

長久以來，人們一直將無聊與成年人日漸增長的感官刺激尋求的冒險行為連結在一起。喬治亞大學的瑪麗・魯索（Mary Russo）及其同事認為，感官刺激尋求的輕微增長從七歲開始，並且一直持續到青春期。[9]這一點，再加上缺乏自主決定，可能導致了無聊傾向的上升。一方面，孩子想要追求和經歷新奇的感覺。另一方面，他們的自主決定能力（不只是選擇自己想做的事，也包括準確地執行自己想達成的目標）受到限制，這種限制首先是源自於身心發展的不成熟，再來是父母和社會等外部環境的制約。[10]當我們從兒童成長為青少年，這種自我能力和外部世界的約束之間的矛盾會更加明顯。

無聊的漲潮期

在北巴芬島（North Baffin Island），男孩到了十一、二歲時，便要跟隨父親前往荒野，鍛鍊打獵技能。在許多文化中，女孩會參加一種與顯著生理變化（往往是月經初潮）有關的儀式。在萬那杜共和國的島上，年僅七、八歲的男孩，會在腳上綁著一條不怎麼像彈力繩的藤蔓，從接近三十公尺高的塔上往下跳，以慶祝成年。這些傳統儀式有一個共同點，就是從文化上標示出一個人從兒童期進入青少年期的轉變，這通常也是我們更複雜的認知能力逐漸成形的時候。[11] 這個轉變期也可能代表人生中的無聊程度之表現的關鍵期。

這似乎是個殘酷的玩笑：當我們越有能力向這個世界施加影響，也越是向無聊敞開了大門。這個矛盾源自於我們先前的論述：無聊是由無法投入參與這個世界所引發的。隨著認知能力的發展，我們投入參與世界的能力會提升，但這些新產生的能力得不到充分發揮的可能性也會增加，尤其是這個世界還沒有給我們提供一套可供行動的完整選項的時候，而大多數青少年面臨的就是這種情況。青少年要不是面臨行為的約束，就是時間太多而可做的事情太少，無論是哪種情況，無聊都會到來。

剛才提到的儀式，大多與步入青春期的生理改變有關，而不是與某個具體的年齡數字相關。一些新產生的認知能力，跟隨著荷爾蒙的分泌和情緒強度的高漲而來。[12] 對剛成長的青少年來說，不僅情緒的強度和複雜度有所增加，而且抽象思維能力、解決複雜問題的能力，以及透過邏輯推理應對挑戰的能力，都有所提升。這就是青少年，他們情緒強烈、腦子靈活、愛爭論，也易怒。

然而，青少年的情緒和認知的發展軌道並不相同。一方面，由於荷爾蒙的激增，與情緒相關的大腦網絡經歷了迅速的改變。另一方面，與認知和推理相關的腦區，則在青春期以後的十年裡才會逐漸發展到完全成熟的狀態。[13]羅爾德·達爾（Ronald Dahl）是匹茲堡大學的研究人員，他認為這類似於「由一個不熟練的司機來啟動引擎」。[14]其他人則認為，這兩個系統有著截然不同的發展和功能特徵，是相互衝突的；情緒和認知之間是「推－拉」的關係。[15]

這個模型顯示，一邊是獎賞和刺激情緒的敏感度上升，另一邊是處理這些情緒的能力並不成熟完備，這也許是青少年期無聊程度上升的核心所在。這些問題也可能強化感官刺激尋求的情況。認知能力的發展需要一個出口，而這股動力可能把青少年推向好奇心和尋求新的知識資訊，以及追求新奇體驗的快感。

這是一個青少年必須面對的複雜迷宮。他們會有強烈的動力，想要表達自己和探索世界，但又不能理性地收斂及控制強烈的情緒，同時不斷地與那些由固執的成年人定好的規則和限制發生正面衝突。青少年必須要按時上課，他們的課外活動、與朋友玩耍的時間和上網娛樂的時間，統統都是由父母來決定。這些限制與青少年心中強烈的獨立和自我決定的渴望相牴觸。[16]事實上，在一項針對大學生的調查中，最常被用來形容無聊的詞是「焦躁不安」，也許這種感覺正源自於想要突破學習環境施加的約束的渴望。[17]

這種約束的反面是時間太多卻無事可做，這也是滋養無聊的溫床。據估計，青少年的時間裡有四成左右的空閒。[18]對大多數青少年來講，所謂的空閒就是無聊。[19]這些青少年有大量的時間和超高的感官刺激尋求的欲望，卻沒有令人滿意的出口。他們的認知能力得不到充分的發揮，很容易就會陷入無聊。[20]

最近一項關於南非青少年的研究就是一個好例子；這項研究表明，有更多空閒時間的年輕人，也會有更多性方面的活動。[21]無聊是一個關鍵因素。總體上，在這項研究中，就業程度較低、社會經濟地位較低、空閒時間較多的年輕人，呈現較高的無聊和焦躁不安程度。這項研究是少有的追蹤高中青少年長達兩年的研究。那些在九年級時報告無聊程度較高的人，在第二年時的性行為更活躍，性方面的攻擊性也更強。在九年級時報告無聊程度較高的男生，也可能參與更危險的性行為，如不使用保險套或常發生一夜情。

同樣的，一項針對新墨西哥州農村地區青少年的研究發現，無聊程度的增加，與更多的空閒時間、更少投入參與有意義活動的機會相關。[22]此外，這些青少年也呈現較高的吸毒率，而且更有可能「惹麻煩」。顯然，無聊且擁有太多空閒時間，是會帶來一些後果的。

危險的性行為、吸毒和惹麻煩，都代表了一系列屬於青少年的渴望：追求獨立，尋求新鮮體驗，運用新發展出的能力。當他們受到父母控制、學校限制和缺乏機會時，無聊就會滋生。[23]然後，就在情緒起伏到達青少年期的高峰時，從十七歲開始，無聊程度開始下降了（見九十五頁的圖3）。[24]這個下降趨勢恰好發生在獨立自主和自我表達的機會大大增加的年紀，在此同時，他們的自我控制能力也開始成熟。

我是個成年人了

從傳統的角度看，十七、八歲是充滿選擇的年紀，青少年離開高中校園，可能開始工作，或者尋求高等教育，去讀大學。他們被賦予了從未體驗過的權利和義務，從投票、開車，到合法飲用酒精（至少在世界上某些國家）。

自由和機會在青春期的末尾紛至遝來，這可能只是無聊程度下降的部分原因。我們在前面提到，青春期的開端也許預示著無聊程度將會上升，但這種上升與實足年齡（chronological age）無關。而在青春期後期，實足年齡的重要性，同樣比不上背景中的生物過程（biological processes，註：指生物體維持自身功能完整性，以及與環境因素相互作用的動態過程）。到了十八歲，隨著人類社會中複雜的情感面徐徐展開，青少年已經開始磨鍊認知技能，以便對欲望和目標採取更好的行動。但他們還有一些路要走，因為大腦要到二十多歲時才會發育完全。不過，在十八、九歲時，大腦中的額葉皮層部分已經有了顯著的發育。[25]

額葉皮層就像是其他腦區的指揮官，會根據那些負責基礎知覺和運動的腦區傳遞到此處的訊息，來控制複雜的行為。[26]例如，抽象思維（能夠感受到美和勇敢這一類抽象概念）、預先計畫（一種能夠使我們規畫將來的職業道路的未來思維）、反應控制能力（一種能讓我們在葬禮上忍住不笑的能力），這些都是大腦的執行功能（executive function）。這些功能之所以被稱作「執行功能」，是因為它們每一項都是複雜而多面向的，而且是以一種看似自願、有意的方式被調動的。簡言之，額葉皮層的發育讓人具備更高水準的自我控制和自主能力。[27]

要是在各種年齡經歷了額葉皮層這個大腦關鍵部分的損傷，會導致什麼情況呢？我們注意到這個問題，而其答案也支持了我們的觀點：成年早期無聊程度的降低，與額葉皮層的發育有關。車禍、運動性腦震盪和酒吧鬥毆，常常會導致創傷性腦損傷（TBI）。僅在美國，每年就有將近兩百八十萬人被診斷為創傷性腦損傷。[28]額葉皮層是創傷性腦損傷的重創區域，[29]而創傷性腦損傷的必要條件就是專家所說的「執行功能失常症」（dysexecutive syndrome）。[30]

一段時間以來，治療腦損傷病人的醫師注意到，這些病人時常抱怨他們太無聊了。[31]我們自己的研究資料也顯示，創傷性腦損傷患者報告的無聊程度比健康族群更高。雖然我們經常聽醫師和患者這麼說，但現在，我們推測這的確是事實。[32]對我們研究的病人來說，無聊不僅僅是對單調的臥床生活的反應，因為他們早就出院了。相反的，那些遭受創傷性腦損傷的患者似乎發生了一些改變，他們更難用一種令人滿意且有意義的方式投入參與這個世界。

自我調節程度的下降，可能是導致創傷性腦損傷倖存者變得更容易無聊的關鍵因素。反過來說，這些功能在青少年期後期的發展，可能恰好是我們步入成年期後無聊程度驟降的原因。從資料中還可以清楚地看到，即使在大腦發育完全很久之後，無聊的程度依然持續下降。

中年，中等無聊？

很明顯的一點是，在中年這個充斥著不滿和發洩的年紀，男人總是想著要買一輛不實用的跑車，人們似乎不太會覺得無聊。回到倫納德．詹布拉的研究（見九十五頁的圖3），我們看到無聊程度從二十歲開始下降，到五十歲進入平臺期，然後在六十歲之後略微上升。最近，中年時期無聊程度的下降趨勢，在阿莉西婭．金（Alycia Chin）及其同事的研究中得到了證實。[33]他們從近四千名平均年齡為四十四歲的美國人身上蒐集了大量資料。阿莉西婭．金的發現與詹布拉一致，也就是中年人較少報告無聊的情況。值得注意的是，無聊程度的下降並不是直線性的。換句話說，雖然一個二十五歲年輕人的無聊程度，是一個四十五歲中年人的四倍，但一個四十五歲中年人和一個六十歲老人的無聊程度差不多。

多虧了金及其同事，我們對無聊（包括中年人生活裡的無聊）有了更具體的瞭解。首先，他們發現，六十三%的受試者在七到十天內至少會感到一次無聊。這些受試者報告了十七種不同的感覺，無聊在前十名裡排第七位。在受試者報告的負面情緒裡，無聊是最常見的，它位列第四名，緊隨在疲憊、沮喪和冷漠之後。當無聊發生時，往往與其他負面情緒連結在一起，如孤獨（見第八章）、憤怒和悲傷（見第五章）。因此，儘管無聊在中年時期持續下降，卻不會完全消失。它在很大程度上已經成為我們日常生活的一部分。

金及其同事的研究也提供了一些線索，說明為什麼無聊程度從青年到中年會有所下降。關鍵可能在於年輕人和老年人如何安排時間。研究發現，人們在學習、上學以及與不認識的人交往時，經常覺得無聊。而年輕人比中年人更有可能處於這類情境中。這一點在金及其同事的統計分析中得到了部分的證實。事實上，他們得出了一個更普遍的結論，即無聊在很大程度上取決於人們所處的環境，而不是由人與人之間的差異（如年齡）所決定的。

說實話，我們對中年時期的無聊知之甚少，這方面研究的缺乏本身，可能就間接地暗示了生活環境在中年時期的無聊之中的作用。也許中年人只是太專注於建立事業、組建家庭和承擔貸款等責任，這些因素使他們無法經常參與有關無聊的研究，同時也可能是他們的無聊程度較低的原因。[34]

年輕人和中年人之間的對比，凸顯了個人所處環境對感到無聊的可能性的影響。生活背景的影響，遠不止於職業或貸款。環境的影響在老年人身上也是顯而易見的，它可能與認知能力的變化共同作用，使晚年的無聊情緒激增。

晚年的無聊

自始至終，我們一直聲稱，當投入參與世界的欲望得不到滿足時，無聊就會產生，使我們感到心智空閒。對於老年人來說，有兩個關鍵的因素是滋生無聊的溫床。首先，隨著年齡增長，我們的認知能力下降，自我控制和注意力也漸漸降低，而這種情況與無聊程度的上升有關。其次，隨著年齡增長，我們的社交網絡逐漸縮小，投入參與令人滿意之活動的機會也大大減少。這兩個罪魁禍首很可能是同謀，相互放大了對方的影響。

愛爾蘭皇家外科醫生學院的羅南・康羅伊（Ronán Conroy）及其同事，研究了一組六十五歲以上的人，試圖找出這群人與認知退化相關的因素。[35]他們發現了三個關鍵因素：低社會支持度（獨居生活，外部社會支持度低）、個人認知儲備減少（社會活動和休閒運動程度低，孤獨感和無聊感增加）、社會人口認知儲備程度低（生活在農村社區，教育程度低）。[36]簡單地說，老年人的孤獨和無聊，與認知功能的下降有關。晚年的孤獨和無聊，可能更普遍代表著老年人無法以最佳方式投入參與世界。事實上，研究發現，老年人的認知功能下降，主要表現在規畫和自我調節領域。這兩種執行功能由額葉皮層管理，而正是它們讓十七、八歲和二十多歲的年輕人不那麼容易感到無聊。[37]

不幸的是，時間無情，不僅使許多人的認知功能退化，也偷走了讓人滿意的投入參與世界的機會。朋友悄然離去，身體的疾病也讓人難以再用過去的方式投入這個世界，外部環境也變得更有限制性，所有這些都會使我們面臨更多無聊的風險。晚年生活的變化會讓我們覺得自己不再有鬥志。

俄亥俄大學的吉莉安・艾西（Gillian Ice）指出，居住在養老院的老年人，每天有將近一半的時間幾乎什麼事都不做，只會睡覺、看電視和參與其他被動的活動。[38]這些活動顯然都難以激起人們的熱情，限制著老年人為生活注入活力的能力。事實上，老年人報告的無聊程度更高，這可能是對每天無事可做的一種理所當然的反應。很重要的一點是，老年人也報告了焦躁和不安。[39]這種生理興奮度降低和焦躁不安的組合，在整個生命期的無聊相關研究資料中是很常見的，因此它出現在老年時期也毫不奇怪。很難想像每天看電視能讓人的心率升高。對青少年的研究一致強調，焦躁不安和無精打采是面對單調生活的一種怪異混合反應，而這是本身無事可做時的直接結果。所以，在人生的兩端，引起無聊的機制可能是相同的，也就是我們的技能和天賦沒有得到充分利用的感覺。

這種「我們的心智未得到運用，只是在從事無意義的活動」的感覺，與更普遍的生命意義感密切相關。我們將在第七章探討意義和無聊的關係。現在，我們想要說的重點是，養老院生活可能無法提供足夠的意義，讓居住其中的人們抵抗無聊。

要弄清楚無聊在人的一生中是如何表現的，這件事具有挑戰性，因為相關的研究還很少，也缺少縱貫性研究資料。但我們可以梳理一下重要的主題。

人的生理階段是至關重要的：從童年到青少年的過渡期，強烈的情緒與認知能力相衝突；從青春期的後期到成年早期，我們看到大腦在這個過渡期變得成熟，能夠將我們的思想和情緒控制得更好；在生命的晚期，這些能力的下降成為引起無聊的罪魁禍首。

環境也同樣重要：青少年有充足的空閒時間，卻很少有表達的管道，他們發現自己的處境跟生活在養老院裡的老年人一樣，幾乎沒有什麼可以投入參與世界的機會。

無聊是貫穿生命的河流嗎？無論我們是四歲、四十歲還是八十歲，當我們覺得自己的技能和天賦沒有得到充分的發揮時，就會產生無聊感。我們知道自己可以做更多的事情，也想做更多的事情，但我們似乎抓不到那個癢處。無論何時，無聊所預示的困境，都不是微不足道的小事。

第5章

無聊的間接後果

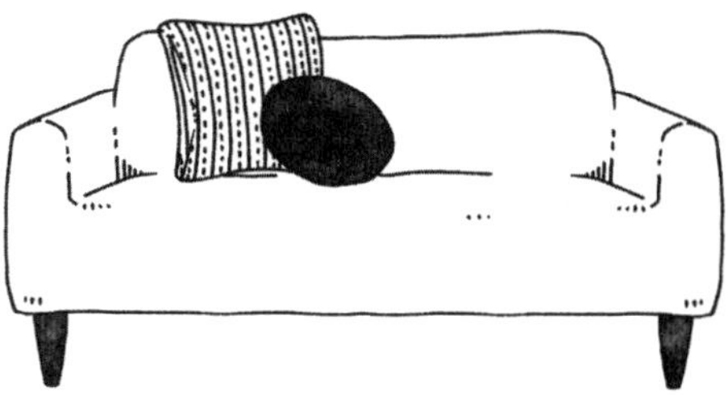

這本該是一次例行飛行。西北航空一八八號航班原本要從聖地牙哥飛往明尼亞波里斯，於中部夏令時間下午五點零一分起飛。下午六點五十六分，在起飛兩小時後，飛航管制中心在丹佛市（Denver）上空與一八八號航班失去聯繫。[1]

為什麼機組人員沒有回應？是不是發生了什麼意外，還是有其他情況？人們很快就想到最壞的情況，九一一事件的陰影從未離開這個行業。飛航管制中心立即聯繫了北美防空聯合司令部（NORAD），戰鬥機已經準備起飛。

飛機上彌漫著緊張的情緒，只有駕駛艙例外。對飛行員來說，辛苦的準備工作已經完成：爬升到飛行高度的飛機，基本上是在自動飛行。視線內除了一望無際、單調乏味的天際線之外，什麼都沒有，無聊的感覺開始滋生。飛行員的心思開始游離不定。煩躁的機長起身去了洗手間。這並不稀奇，但當機長出去的時候，飛航管制中心要求副駕駛調整無線電頻率。他照做了，卻轉到了溫尼伯市（Winnipeg）的頻道，而非丹佛市的頻道。溫尼伯市那頭的飛航管制人員一直在喋喋不休，副駕駛以為自己切換到正確的頻道。機長回來了，他和副駕駛談起了新的調度系統，想隨便聊點什麼來消磨時間，運用感到無聊的心智。他們都盯著各自的電腦。溫尼伯市的飛航管制人員繼續喋喋不休，而丹佛市那頭則瘋狂地試圖聯繫這架飛機。

西北航空總部透過機載資料鏈接系統，開始搜尋一八八號航班。在大多數飛機上，這個系統是透過觸發鈴聲來引起飛行員的注意。但在客機A320上，這個系統只能點亮一個小燈三十秒，顯然不足以吸引飛行員漂移的注意力。

終於，飛行員發現了錯誤，意識到他們已經偏離了航線一百英里。飛航管制中心命令他們在空中做了一系列的轉向動作，以確保飛機是由飛行員而不是恐怖分子操控。最終，戰鬥機撤離了，一八八號航班也安全降落了，而乘客大概都不知道這背後的故事。

§ § § § §

人們總是把自己的各種問題歸咎於無聊。挑釁滋事、藥物濫用、成癮，以及對智慧型手機的過度依賴，這些問題都被看成是由無聊引起的，然而，真正的罪魁禍首也許不是無聊本身，而是感到無聊的人。例如，一項針對英國公務員的調查顯示，那些在調查初期覺得無聊的公務員，比起那些不感到無聊的公務員，在三年後更有可能死於心臟病。這項研究顯示，也許真的有人會「無聊到死」。然而，當控制了就業環境、健康狀況和身體活動程度這些變數時，無聊和死亡之間的關聯就不存在了。[2]

若要研究無聊所導致的後果，充滿了挑戰性，而且現有的許多研究根本不夠嚴謹，也就無法得出明確的結論。其中一個問題是：我們需要區別兩種無聊，一種是指當下無聊的感覺（無聊狀態），另一種是基於性格而經常出現的強烈無聊感（無聊特質）。「基於性格的無聊傾向可能引起心理問題」，以及「無聊狀態會導致心理問題」，這是兩件不同的事。我們認為，過去許多針對無聊所導致的後果的研究，都不夠重視這兩種無聊的區別。在本書中，當我們指的是無聊這種感覺時，將使用「無聊」一詞；而當我們指的是性格特徵時，將使用「感到無聊的傾向」或「無聊傾向」這樣的表述。

在這一章中，我們將討論無聊可能導致的後果。這些後果有些是基於實驗室對無聊狀態的研究，有些是基於那些發現「無聊的改變」先於所謂的「後果的改變」的縱貫性研究。一些縱貫性研究評估了受試者當下的無聊狀態，另一些則測量了受試者在一段時期內的無聊程度。剛才提到的英國公務員相關研究就屬於第二種，這項研究進行四週，研究人員詢問了受試者在這段時間內的無聊程度。[3]

雖然「無聊」和「無聊傾向」可能不會直接導致我們在前面提到的一系列問題，但是，如何應對無聊這種令人不舒服的感覺，是很關鍵的。無聊使得我們的行為方式缺乏適應性，同時也直接影響了我們的健康。無聊的時候，我們可以選擇讀那本幾個月前買的偵探小說，也可以選擇在沙發上吃一包洋芋片，看一整個下午的電視。顯然，第一種選擇比另一種更健康。所以，無聊正是以這種間接的方式，導致了一系列的問題。我們對無聊的反應是引起問題的更直接原因。但是，如果不能適應及靈活地應對無聊，會有什麼後果呢？

正如客機一八八號航班的故事所凸顯的那樣，當我們在做一些簡單、重複、不足為奇或者十分熟悉的任務時，可能很難做到百分之百專注。[4]在許多情況下，這並不會導致什麼重大後果。修剪草坪是簡單、重複，又是我們格外熟悉的事。如果忘記修剪一個地方，我們只需要在下個週日修草坪時注意一下。但如果我們所做的事情有實際的後果，比如駕駛一架有數百名乘客的大型客機，要是不能保持專注，就會造成嚴重的影響。

當你在做一項重複又單調的簡單任務時，越感到無聊，表現就會越差。[5]那些需要一定的注意力，但又不會完全消耗你的心智能力的事情，是無聊的。擺脫無聊的辦法，就是讓你的心智投入參與這件事。但這又是一個令人進退兩難的情況。無聊的任務無法滿足你對於投入心智的需求，但如果你尋求其他東西來讓你的心智投入其中，你就做不好手上那件無聊的事，或至少不會表現得很好。出於這個原因，流水線工作現在大部分都自動化了。在流水線上檢查零件的品質問題，既單調又枯燥，讓人很難集中注意力，因此感到無聊的風險增加了。如果我們開始神遊，那些有問題的零件就會在不知不覺中溜過去。

那些容易感到無聊的人，在很大程度上也無法在需要維持注意力的任務上表現得很好。他們在做這樣的任務時，當下的無聊程度會比那些較少經歷這種無聊狀態的人更高。[6]容易感到無聊的人所經歷的注意力難以集中的情況，可能會給他們更多的理由去尋求安放已經遊走的注意力的方法。此外，容易感到無聊的人，在被要求將注意力維持在一項讓他們感到乏味的任務上時，更容易退縮和放棄。[7]雖然有些人能夠深度專注於無聊的任務，但對其他人來說，這就是不可能的事。

當我們被一個無聊的任務或環境困住時，很快就會變得焦躁不安。假設我們正在參加一場工作會議，報告者以六歲小孩都能聽懂的方式說明收發郵件的新規定，那麼大多數人都會在座位上坐立不安：在座位上挪動身子，前傾或後仰，一會兒張開手臂放到後腦杓，一會兒把手臂架在桌子上，手指輕輕地敲擊桌面，雙腳也不安分地踩踏著地面，總之，就是一種渾身不舒服的感覺。你覺得再也無法忍受了，必須擺脫這種昏昏沉沉的狀態，重整旗鼓。在這樣的時刻，就好像是無聊威脅著要抹殺我們的存在，而我們極度渴望感受些什麼，以確認自己還活著。這種極度渴望會讓我們走上危險且不健康的道路。

一個鮮明的例子來自最近的一項研究，研究人員讓受試者坐在一個空蕩蕩的房間裡，陪伴他們的只剩自己的思緒。[8]對其中一些人來說，事情並沒有那麼順利，他們無法專注，開始神遊，而且不感到愉快。[9]當研究人員提供給他們一個選擇：「被電擊一下，而不是安靜地坐著」，許多人選擇了至少一次電擊，這也許是為了緩解沉悶。受試者知道被電擊是什麼感覺，因為在實驗開始之前，他們就體驗了電擊，甚至坦言他們寧願花錢以求不必再次承受電擊的痛苦。然而，當受試者可以在無聊和電擊之間選擇時，電擊的疼痛感被拋到腦後，許多人寧願聽見滋滋的電流聲，也不願意乾坐著。

也許有人會說，這項研究中的受試者並不是想透過電擊來減輕無聊，只是對電擊感興趣。但在無聊來襲之前，這些受試者曾說，他們寧可無聊地待著，也不想被電擊。然而，在實驗開始後，有三分之二的男性受試者和四分之一的女性受試者選擇了至少一次電擊。有一名男性受試者在短短十五分鐘內選擇了一百九十次電擊！若是想要滿足好奇心，大可不必承受這麼多次。

在後續研究中，受試者分成了兩組。一組人在一個小時內重複看同一部無聊的影片數次，另一組人則在同一時間看一部不那麼無聊的影片。[10]看無聊影片的受試者比起看有趣影片的受試者，更有可能選擇電擊。這項研究控制了更多的變數，清楚地顯示了「感到無聊」是關鍵因素。無聊可能是特別有力的誘因。

荷蘭馬斯垂克大學（Universiteit Maastricht）的尚塔爾．奈德科恩（Chantal Nederkoorn）及其同事發現，人們在被誘導進入無聊狀態時，會比被誘導進入悲傷狀態時，選擇更多次的自我施加電擊。[11]就像第一章提到的，無聊的水貂對危險置若罔聞，甚至主動靠近厭惡刺激，同樣的，無聊使人如此不適，人們寧願忍受可怕的生理疼痛，以擺脫無聊所帶來的苦惱。

顯然，這些研究設置了一些荒唐的情境，並不能真實反映我們的日常生活。重要的是，這些研究並沒有提供給受試者除了電擊以外的其他消除無聊的選擇，所以我們並不知道，當人們能夠自由選擇如何應對無聊時會做些什麼。不過，當人們在日常生活中感到無聊時，有些人的確會以一種類似於自我施加電擊的方式，抓撓、割傷、燒傷自己，甚至對自己拳打腳踢。這種行為被稱作「非自殺性自傷」（non-suicidal Self-injury, NSSI）。有非自殺性自傷行為的人並不想結束自己的生命，而是透過身體的痛苦來讓自己感覺好一些或者獲得平靜。[12]自我傷害是一種逃避策略，也許能夠讓他們從情緒痛苦中抽離出來，分散他們的注意力，然後向他人尋求幫助。無聊看上去極為難受，以至於它讓人們寧願選擇自我傷害。[13]

無聊與不良行為

除了自我傷害之外，人們面對無聊時也會採取其他逃避策略。例如，使用一些會引起精神變化的藥物，因為它們提供了一個逃離的出口，讓人們以為情況會變得更好。無聊是對當下的蔑視，當我們無力改變眼下的局面時，這種蔑視就會放大。服用某些物質可以讓我們逃離當下，從無聊中解脫。

許多人會使用有害物質，如香菸、酒精或毒品，而當他們被問及為什麼這樣做時，會說自己是出於無聊。這個族群比那些不使用有害物質的人，更常感到無聊。[14]一項在二〇〇三年進行的調查發現，十七%的青少年經常覺得無聊。與不常感到無聊的青少年相比，這些孩子吸菸、過量飲酒和使用毒品的機率高達五十%。[15]一些研究追蹤調查了青少年的無聊程度和藥物濫用的情況，並證實無聊狀態早在吸毒、吸菸和飲酒之前就發生了。[16]

在一項由艾琳·夏普(Erin Sharpe)及其同事主導的,針對美國和南非的青少年的研究中,受試者自我報告的無聊程度的小幅增加,與飲酒可能性的小幅上升(十四%)呈現正相關;無聊也增加了吸菸的可能性(二十三%)和吸食大麻的可能性(三十六%)。[17]同樣的,對於成年人的研究顯示,可以透過一個人最近兩週內的無聊感,來預測其飲酒情況。[18]這些研究都表明,無聊狀態是吸毒和飲酒的前兆。有跡象顯示,這種關聯性在較容易感到無聊的族群中會更加強烈,因此,「容易感到無聊」是一個風險因素,會誘使人們服用藥物來逃離這種感覺。[19]無聊並不會直接導致飲酒或吸毒。當我們無法對無聊做出適當的反應時,毒品和酒精就會透過改變我們的精神狀態來填補這個空缺,最終麻痺那種無聊所帶來的負面感受。

與藥物濫用一樣,賭博問題也被歸咎於無聊。表面上看,其中的邏輯似乎和上述的有害藥物並沒有什麼不同。我們感到無聊,心裡很難受,這促使我們尋找發洩的出口,以排解這種不舒服的感覺。賭博,特別是讓人沉迷的老虎機,就符合這個要求。我們知道,喜歡賭博的人經常說他們這麼做是因為無聊;也有少量研究發現,強烈的無聊傾向確實預示著賭癮的可能性。[20]雖然人們普遍覺得無聊會導致賭博，但支持這一說法的研究少之又少。也許賭博和其他惡習一樣可以緩解無聊，但我們目前還不能十分肯定。[21]

正如濫用藥物和賭博一樣，飲食問題也在無聊引起的弊病清單上。當人們被問及他們是否在無聊時吃得更多時，答案響亮而一致：「是的！」[22]而且，當他們被要求描述在自己感到一系列情緒時最有可能採取的四種行為時，「吃」更頻繁地與無聊而非悲傷或焦慮相連結。所以，根據受試者的自我報告，無聊似乎是觸發飲食問題的一個明顯因素。[23]

安德魯．莫尼漢（Andrew Moynihan）與來自愛爾蘭和英國的同事做了一項研究，要求受試者連續寫一週的日記，記錄每天的無聊程度以及吃了什麼。他們發現，在一天中，一個人越無聊，他吃進的脂肪、碳水化合物、蛋白質和總熱量就越多。每天的無聊感受和食物攝入量之間的關聯，與壓力之類的其他負面情緒無關，也與身體質量指數（BMI）以及一般的無聊傾向特質無關。所以，其他研究發現經常感覺無聊的人會有不健康的飲食習慣，而這項研究表明，容易感到無聊的特質與更高的食物攝入量有關。[24]另一項研究也發現了這種關聯性。研究人員透過讓受試者玩一個無趣的拼圖讓他們感到無聊，然後問受試者想吃什麼？是零食還是其他健康的食物。[25]那些傾向於專注在自己的思維和感覺、當下感到無聊的受試者，相較於另一組不覺得無聊的人，想要吃零食的欲望更強烈。

所以，當我們感到無聊的時候，似乎把吃當作一種讓自己有事可做、排解無聊的方法。而且，我們很可能選擇吃一些不太健康的東西。一項研究表明，當人們花了一個小時觀看單調乏味的影片，所吃下的巧克力豆的總熱量達到一百大卡。[26]而當人們看的是一部有趣的影片時，攝入的熱量僅有五十大卡。值得注意的是，這種無聊時吃東西的傾向，在其他的負面情緒中並沒有觀察到。事實證明，無聊與悲傷（讓人們看悲傷的影片時所引起的情緒）是不同的。只有無聊才會導致人們吃不健康的食物。[27]

無聊不僅會把我們推向不健康的飲食選擇，還可能導致我們忽視那些告訴我們已經飽了、不需要更多食物的生理信號。在加州州立大學奇科分校的愛德華·艾布拉姆森（Edward Abramson）和肖恩·斯廷森（Shawn Stinson）主導的一項經典實驗裡，研究人員告知受試者，想吃多少烤牛肉三明治就吃多少，直到吃飽為止。[28]之後，受試者被分為兩組。第一組人被要求重複地寫「cd」這兩個字母，這個任務旨在讓受試者感到無聊。另一組人被要求寫下看到有趣圖片的感想。在這個過程中，兩組人都可以隨心所欲地吃零食。結果第一組人比另一組吃了更多零食，即便他們已經吃了一頓烤牛肉三明治。這是不是聽起來很熟悉？回想一下，在第一章中，住在條件貧乏的籠子裡的水貂，比住在設施豐富的籠子裡的水貂，吃了更多零食，儘管這些水貂在之前已經大飽口福了。[29]

無聊甚至可能導致肥胖。我們已經知道一些遺傳因素與肥胖有關。但背後的機制是怎樣的？顯然，這是個極為複雜的問題，但最近的一項研究提出了一個很有趣的可能性，意味著無聊可能是肥胖的關鍵因素。哥倫比亞大學的理查・吉爾（Richard Gill）及其同事發現，因為無聊而吃東西，以及無法抵抗誘惑，這解釋了遺傳和肥胖之間的部分關係。[30]而其他負面情緒，如焦慮，則被發現與肥胖無關。

當我們感到無聊時，可能會選擇進食，這樣做的原因有很多。也許在無聊的囚籠中，我們覺得自己似乎缺少能量。選擇吃高糖的零食而非健康的食物，看起來恰好支持了這種設想。另一種可能是，我們選擇進食僅僅是為了讓自己從無聊中脫離片刻。把東西塞進嘴裡的行為本身，會讓我們誤以為自己正在做著什麼。最終，無聊使我們更容易受心理衝動的驅使；也就是說，我們看到誘人的食物，就不假思索地抓起來塞進口中，好像是自動駕駛的汽車一樣。和其他與無聊相關的選擇傾向一樣，進食可能反映出一種為了逃避這種感覺而做出的適應不良的（也可能是衝動的）反應。

一些研究已經證實了無聊傾向與衝動行為傾向之間的關聯。前文提過，無聊易感性與感官刺激尋求密切相關，這裡所說的感官刺激尋求並不是尋求新的知識資訊，而是尋求一些新的感覺，以驅趕無聊的枯燥感。從這個角度來看，暴飲暴食、賭博、藥物濫用或酗酒，都可以被認為是為了緩解無聊而做出的一種衝動的嘗試。[31]

這種選擇短期安慰來逃避無聊的傾向，會使我們的行為違背自身利益。在一項研究中，研究人員提供給受試者兩個選項：忍受短暫的等待，或者抄寫有關混凝土的技術資料。這兩個選項都會引起無聊，而這兩種情形的受試者都不約而同地選擇放棄未來的獎賞，以避開更多的無聊任務。也就是說，人們越是感到無聊，就越會選擇那些快速簡單的獎賞（來擺脫無聊），就算這在經濟上並不是最佳解決辦法。[32]在另一項研究中，研究人員要求受試者在玩骰子遊戲前等待五分鐘。五分鐘的等待讓受試者變得無聊，結果是，他們在玩遊戲時會做出更冒險的決定。[33]

目前尚不清楚的是，人們在無聊時做出的冒險選擇，是為了緩解無聊帶來的煩惱，還是因為他們無法控制自己的行為。無聊傾向和自我控制能力低下之間的關聯，顯示出那些時常感到無聊的人無法恰當地抑制自己的衝動。這些人可能會尋求刺激和興奮來驅趕無聊。在一項研究中，那些容易感到無聊的人報告說，他們經常會在平交道與高速駛來的列車比賽，試圖搶先跨過鐵軌，而那些不易感到無聊的人則不太會這樣做。

另一項實驗就沒這麼驚險了。在實驗中，研究人員讓受試者坐在電腦前，螢幕上的一側有東西在閃爍，另一側則沒有。研究人員要求受試者嘗試克服不自覺看向閃爍的那一側的傾向，保持視線盯著螢幕的另一側。這是認知心理學中非常經典的實驗策略：使用閃爍物吸引受試者的注意力，同時告訴受試者盡力忽視它，這個方法能夠測量出衝動控制能力。這項實驗研究的是試圖戒菸的吸菸者，而戒菸顯然需要個人發揮自我控制力。結果發現，要做到忽略閃爍物這件事，對於最近剛開始戒菸的吸菸者（在實驗的幾個小時前才開始戒菸）來說更加困難。這種抵抗環境誘惑的失敗（我們可以把閃爍的刺激和香菸視為類似的東西），正是戒菸如此困難的原因。這項研究中有一個關鍵的發現與無聊有關，也就是：那些報告自己在日常生活中有著較高無聊程度的吸菸者，也是這個實驗中最難忍住不看閃爍物的人。[34]

衝動和適應不良的反應，可以被看作是解決當下不愉快的無聊感覺的嘗試。深入挖掘後，我們可以看到無聊所帶來的特殊痛苦：我們會感到麻木和無助。我們無法制定行動方案，更不能執行這些方案。我們變得無精打采。簡言之，我們覺得自己無足輕重，甚至是多餘的。

無聊就是不能做自己生活的主宰。在這個意義上，無聊是對人格的侮辱。我們被貶低了，如果不採取行動，有些人可能無法忍受這種侮辱。實際上，無聊特別具有威脅性，因為它扼殺了我們自主決定的能力，卻沒有告知我們，造成這個困境的壓迫勢力到底是什麼。沿著這個思路，無聊就變成了「憤怒的蔓延」。[35] 如果我們想要避免陷入絕望，其中一個選擇就是對著這個世界發洩。在一項研究中，研究人員要求十二至十三歲的受試者安靜地坐七分鐘。相較於其他不感到無聊的學生，這些少年報告了更多有關自戀和攻擊衝動的感受。[36]

我們也瞭解到，經常感到無聊的人往往傾向於自戀。[37] 在表面之下，他們對任何暗示了他們可能較差或無力的信號都很敏感。同時，容易感到無聊的人也有更高程度的憤怒、攻擊性和敵意，[38] 也許這是因為他們經常得對抗無聊，以及無聊為自我帶來的輕微自戀。他們可能把攻擊當成一種捍衛自我的方式。類似的心理歷程甚至可能在心理病態者（psychopaths）中發現，雖然它並非造成心理病態的根本原因。一直以來，我們都知道心理病態者特別容易感到無聊，[39] 這也許是因為他們對興奮和刺激有著巨大的需求。而且，心理病態者通常會展現出強烈的自戀特徵，很容易就被環境（如無聊的環境）激怒，因為這些環境挑戰了他們不惜以一切代價所維護的高大宏偉形象。

在極度無聊的時刻，重申我們對行動力的需求，也許比任何特定行動所具有的美德更重要。我們被驅使著採取行動，只是為了證明我們可以。從這個角度來看，故意破壞他人的財產，並不是毫無意義的愚蠢行為，而是一種對行動力受到挑戰的回應，而這種挑戰有時是來自無聊的。[40]我們的觀點是，人們如何回應行動力所受到的威脅，決定了無聊的後果是好還是壞。我們有能力和機會去創造，也有能力和機會去毀壞，這兩者都可以證明我們是有力量的，能夠重設我們眼中的世界。當然，無論對我們還是其他人來說，這些選擇的後果非常不同。

研究人員對一組十歲的孩子進行了為期五年的追蹤調查，發現在某個時間點上的無聊傾向，會增加近期內青少年犯罪的可能性。對於整個樣本來說，這是一條單行道：無聊的傾向會導致日後犯罪情況的增加，而不是反過來。但是，對於一小部分不受約束且追求刺激的人來說，在第一個時間點的犯罪行為，實際上預示著第二個時間點的無聊傾向程度會降低。對於追求刺激的青少年來說，犯罪可能會緩解或緩衝未來的無聊。[41]

在一項實驗性研究中，研究人員讓一群大學生感到無聊，再要求他們閱讀一段描述自己文化群體的成員被另一個文化群體的成員攻擊的文字（或是反過來）。[42]當人們感到無聊時，對屬於自己文化群體的犯罪者判定的刑期更加寬容，而對另一個文化群體的犯罪者判定的刑期則更為嚴厲。

在最嚴重的情況下，如果加上缺乏同理心，無聊會是非常危險的事。「我們很無聊，沒有事情可做，所以我們決定殺一個人。」[43]有三名青少年不帶感情地謀殺了一名出門跑步的年輕人，其中一名作案者說出了前述的理由。同樣的，有許多殺人犯聲稱自己會殺害別人是出於無聊。當然，無聊不會直接導致青少年犯下殺人罪。當無聊來襲時，他們大可以透過其他途徑來獲得快樂，重新掌控自己的生活。

最近，在德國，警方懷疑一名護士謀殺了至少七十九人。[44]他聲稱自己殺人只是為了解悶。他非常享受搶救病人時的快感和得到的稱讚，以至於故意為病人注射了致命的藥物，這樣他就可以拯救他們；這一切都是為了炫耀他的技術，以及擺脫無聊。把病人從死亡的邊緣救回來的欣喜以及失敗時的沮喪，都是權力失控的要素。顯然，無聊自身並不足以促使一個正常人做出如此可怕的行為。無聊所帶來的信號是：我們的心智空閒，我們並非自己生活的主人。這種感覺會導致我們向外發洩，並且尋求極端形式的權力。

要是以犯罪、憤怒、敵意和暴力來回應無聊，可能會發生雙重甚至三重作用。當我們感到無聊時，力量感就會受到威脅，而前述的行為可能增強力量感。當我們發洩的時候，可能並不是一般意義上的「失控」，但發洩的後果是顯而易見的——我們造成了破壞。另外，憤怒和犯罪也許會激發我們從無精打采的狀態中振作起來。無聊和乏味常常讓我們處於低度激發的狀態，如果要從這種能量低谷中調整過來，攻擊行為肯定能讓我們血脈僨張。最後，敵意讓這個世界看起來更有意義，從而在短期內降低了無聊程度。

因無聊而產生的攻擊和敵意，有時是有針對性的。就如前文所述，無聊的人對屬於相同文化群體的人判罰的刑期比較寬容，而對不屬於相同文化群體的人判罰的刑期較為嚴格。研究發現，沙文主義（民族主義的極端形式）會在一個人生活的意義和目標受到威脅的時候出現。[45] 對不認同的人心懷敵意，而對同一族群的人心懷好感，能讓這個世界變得簡單易懂。對外人的攻擊形成了一種自信且強大的感覺，不僅減少了焦慮，還有一種世界變得更簡單、更易於理解且更穩定的錯覺，即使這種世界觀在道德上應該受到譴責。我們會在第七章深入探索無聊和意義之間的關聯。我們的觀點是，某些形式的攻擊可以被視為改正與無聊相關的缺乏意義的嘗試。

無聊與憂鬱

我們需要的以及最終想要的，是能夠感覺到自己與這個世界以一種有意義的方式連結在一起。當我們積極地參與世界，像是運用自己的認知能力、表達想法、掌控周圍的環境，以便讓這個系統運轉起來，我們會做到最好。相反的，無聊意味著一種脫節的狀態，這讓我們更容易遭遇一些問題。[46]研究已經證明了憂鬱和無聊傾向之間的關聯，而這種關聯也許反映了脫節狀態的內在後果。

經常感到無聊的人可能也要對抗憂鬱症。[47]乍看之下，憂鬱和無聊也許有很多相似之處，以至於難以分辨，但這兩者是不同的。憂鬱被定義為悲傷和無法感到愉悅，與消極的自我評價和關注負面的生活事件的傾向有關。相反的，無聊被定義為想要參與外部世界卻又無法滿足這種欲望的難題，它是一種時間被拉長的感覺，伴有注意力集中困難。無聊不同於憂鬱的地方是，它與我們對外部世界的負面評價、情緒意識的缺乏，以及焦躁不安和無精打采的混合情緒有關。很顯然，無聊和憂鬱是兩頭不一樣的野獸。[48]

那麼，「無聊傾向」和「憂鬱」之間的關係該如何解釋呢？有些研究顯示，無聊傾向和憂鬱是一個隨著時間推移而慢慢顯現的惡性循環的一部分。麥可．斯佩思（Michael Spaeth）及其同事[49]對七百多名青少年進行了為期五年的追蹤調查，每一年都會詢問受試者的憂鬱和無聊傾向。結果顯示，憂鬱和無聊傾向每年都會相互強化，但並不清楚誰先誰後。但是，我們的實驗室所進行的為期八週的實驗，並沒有得到任何可以證實「憂鬱能預測無聊傾向」的證據。此外，我們也發現，當人們因開心或悲傷的回憶而產生情緒變化時，這些變化對無聊程度不會有影響。[50]

有研究人員詢問了一些因慢性衰弱性憂鬱症而住院之患者的無聊經驗，從他們的描述中可以明顯看到一種模式。他們報告說，自己對無聊感到害怕。對他們來說，無聊是憂鬱來臨的前兆。無聊時，他們與這個世界的連結被切斷了。他們停止了對於活動和他人的熱情投入，並且轉向內心，開始沉思。他們開始對自己有負面的想法，而且隨著時間推移，這些想法轉化為完全的憂鬱發作。

因此，相關證據顯示，無聊會引起憂鬱，但反過來則不是。無聊可能讓人更容易陷入沉思和消極的自我關注，因為他們持續掙扎著想要投入參與這個世界，但最終只能以屈服於絕望來回應持續的失敗。

另一種可能是，無聊傾向之所以和憂鬱有關，是因為兩者都是由某個因素引起的。這個想法與麥可．斯佩思及其同事的另一項研究發現一致。他們發現，憂鬱和無聊在更大的時間尺度上遵循著相似的發展軌跡，這表示它們也許有共同的發展因素，或許是一個更大症狀的組成部分，而這個症狀隨著時間的推移才會逐漸顯現。這個共同因素也許是「感覺生活沒有意義和目標」。或許，「無法建立及執行有意義的生活計畫」，是憂鬱和無聊傾向背後的驅動力。[51]我們實驗室的研究結果也符合這個可能性。人生意義的減少似乎增加了無聊狀態。[52]雖然憂鬱和無聊傾向可能是由於缺乏意義所引起的，但要證實這種可能性還需要進行更多的研究。

我們並不知道無聊傾向和憂鬱是如何連結在一起的，而人們在評估自己的心理健康時，也經常忽略了無聊。然而，無聊可能在許多心理疾病中具有關鍵作用。[53]一項研究發現，無聊傾向對癌症病人的生活品質所帶來的負面影響，甚至超過了憂鬱症。此外，當這些人開始進行抗憂鬱治療後，雖然他們的心情變好了，但是明顯的無聊傾向並未得到改善。[54]這些驚人的發現進而支持了這個想法：無聊傾向和憂鬱是兩個不同的問題，而且無聊需要不同的干預手段。光是認為無聊和憂鬱症「相關」，是不夠的。

無聊與創造力

雖然無聊本身並不會直接引起任何問題，但反對此論點的理由似乎也很充足。無聊不僅會誘使我們傷害自己和他人，有時也會讓我們變得更衝動、更敏感，更容易受到與世界脫節的壓力之影響。顯然，適當地應對無聊絕非易事。但是，研究人員發現無聊至少有一個好處：刺激我們的創造力。[55]

入選搖滾名人堂的保羅巴特菲爾德藍調樂團（Paul Butterfield Blues Band）中，有一位成員叫麥可・布雷克（Mike Bloomfield），他曾震驚於吉他手吉米・亨德里克斯（Jimi Hendrix）的天才技藝：他用左手彈奏右手款的芬達（Fender）牌電吉他，並且為了配合自己左撇子的彈奏習慣，將琴弦從第一弦到第六弦全部反過來安裝。演出結束後，布雷克把亨德里克斯逼到角落，詢問他：「老兄，你以前都躲在哪裡呢？」亨德里克斯答道：「我一直在奇特林巡迴舞臺（Chitlin' Circuit，註：美國的一種表演場地的總稱，詳見書末的註釋）表演，覺得快無聊死了。我都沒看到其他吉他手有什麼新東西，讓我覺得無聊透頂。」[56]亨德里克斯的回答，暗示了無聊到極點的確可以帶來益處——創造力。

但我們可以從資料中看到什麼？能夠實際證明「無聊可以導致創造力爆發」

的研究少之又少。有一項研究顯示，當我們感到無聊時，創意寫作的能力將會大幅下降。不幸的是，這項研究沒有設置對照組，研究人員沒有誘導受試者感到更無聊或更不無聊。[57]在另一項研究中，研究人員誘導受試者進入各種狀態，包括無聊。當無聊的受試者和開心的受試者分在同一組時，受試者的創造力增強了。[58]但這項研究並沒有區分這兩種非常不同的心理狀態。

最後，英國中央蘭開夏大學（University of Central Lancashire）的桑迪・曼恩（Sandi Mann）和麗貝卡・卡德曼（Rebekah Cadman）所做的一項研究中，透過讓受試者抄寫或閱讀一本電話簿中的電話號碼，來誘導受試者感到無聊。之後，他們讓受試者盡可能想出塑膠杯的各種用途（這是研究創造力的經典實驗）。[59]更多有創意的答案來自那些感到無聊以及那些報告自己會做白日夢的受試者，而非那些沒被電話簿折磨的受試者。然而，就跟先前提到的那項沒有區分無聊和開心的研究一樣，這項研究也無法得知創造力的關鍵是無聊還是白日夢。實際上，當我們在做白日夢時，就已經不無聊，因為我們投入了內心的遐想中。

因此，還沒有明確的證據可以證明無聊會引發創造力。就像無聊不會讓你成為殺手一樣，它也不會讓你變成一個創意天才。這就是關鍵之處。**無聊是一種我們想要驅趕的負面感覺，但是它本身並不能讓我們的行為變好或者變壞**。不過，

「感到無聊的能力，能夠把我們推向創造力和創新」，這種說法是有道理的。不安於現狀的吉米・亨德里克斯永遠地改變了吉他演奏的世界。不過，我們非常懷疑，他在創作〈Foxy Lady〉這首歌時，正處於無聊的煎熬之中。

無聊是想要運用心智卻得不到滿足，是一種不舒服的感覺，並促使我們採取行動。至於要採取什麼樣的行動，都由我們自己決定。我們可以用喝酒或吸毒的方式來應對，或者對這個世界肆意發洩。抑或是像亨德里克斯那樣，拾起吉他，做點美妙的事，然後無聊就不見了。在創作的時候，亨德里克斯並不無聊，因為他深深地投入參與到吉他彈奏和音樂中，與它們產生了深刻的連結。實際上，這種連結是無聊的天敵。當無聊時，我們失去的就是這種連結，我們變成一座孤島，與周圍的世界越來越遠。正如社會學家彼得・康拉德（Peter Conrad）說的那樣：「無聊不在外面，它就在外面和我們之間……（無聊）是與當下的隔絕。」[60]

第6章

極端環境中的無聊

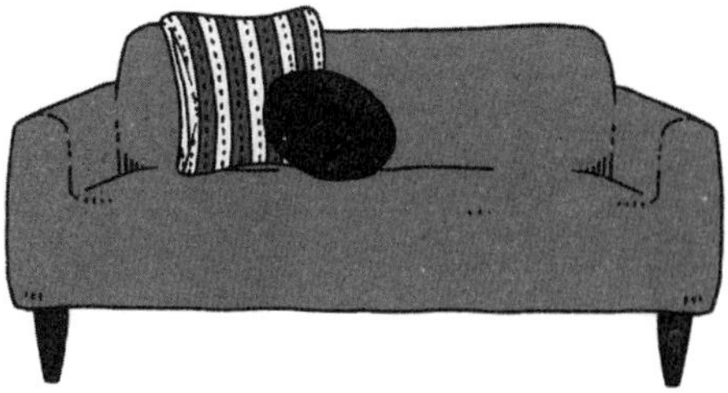

牆壁上空空蕩蕩的，這棟建築彷彿迷宮。這太奇怪了，以至於你都懷疑找到目的地本身就是實驗的內容。

最後，你還是找到 P4040 號房，敲了一下門，心裡不只是有點緊張而已。你的室友上次堅持了三天，但你不確定自己能否搞定。實驗室的管理員來應門，並請你坐下，開始解釋這個實驗。

你會被安排到一個小房間裡，只能在吃飯和上廁所的時候出去。白色的燈光把房間照得很亮，空調一直開著，狹小的屋子裡迴響著機器運作的嗡嗡聲。房間裡只有一張小床，其他什麼都沒有。你必須戴上不透明的眼鏡，雖然可以睜開眼睛，但只能看到純粹的白色。最重要的是，你必須戴上一雙奇怪的手套，這副手套會限制你的活動，還會限制你的觸覺。你甚至沒辦法替自己抓癢。

「我們想要瞭解人類是如何應對單調乏味的環境的。你有什麼問題要問嗎？」

你緊張地搖搖頭，快速地上了廁所，想著要不要在實驗開始之前出去跑個步。

一旦安頓在那個房間裡，你的思緒就開始平靜下來。「這不是很糟」，你想著。

但不久後，你的思緒開始游離。你想著自己的課業任務和週末想去的派對。最終，你沉浸在懷舊的沉思中，回想著一生中的一件件事，比如，小時候哥哥教你騎自行車。你試圖描繪出更多細節。你在床上輾轉反側，無法平靜。在某個時刻，你想到，實驗已經開始多久了？隨後你又陷入神遊，但你發現自己很難專注於一條思路。一個想法打斷另一個想法，總是這樣。

然後，你看見了它。起初只是一團陰影，很快就變成一個人的模樣。高高的，可能穿著一件長風衣，其他細節看不清楚，卻是潛伏在暗處的威脅。「這是真的嗎？這也是實驗的一部分嗎？」你的呼吸變得急促。現在該對實驗喊停了。

§ § § § §

由加拿大麥基爾大學（McGill University）的唐納・赫布（Donald Hebb）、伍德伯恩・赫倫（Woodburn Heron）及其同事主導的感覺剝奪實驗，在一九五〇年代首次發表。這項研究的目的本來是要探索人們面對單調時的行為反應。然而，實驗設計遠遠超出了當初的設想，他們剝奪了受試者的所有感覺。除了單調之外，孤立隔絕（環境上和心理上的）也是無聊的組成部分。[1]

正如第二章所提到的，「單調」的確是無聊的主要驅動力。對於唐納・赫布和伍德伯恩・赫倫來說，為了單調而研究單調，只是個煙霧彈。這些奇怪實驗背後的真相全然不同。加拿大、英國和美國的情報機關，想知道為什麼從朝鮮戰場返回的戰俘會擁護共產主義。朝鮮人為什麼如此擅長洗腦？赫布偶然被邀請出席了一場會議，他覺得也許「感知隔離」（perceptual isolation）能夠達到這個目的。[2]之後，他就設計實驗來驗證這個想法，而實驗結果對於「人類如何應對稀少的感覺刺激」有著深遠影響。

赫布和赫倫的實驗結果顯示，我們具有以自主方式與環境互動的需求。擺脫無聊不僅僅是擺脫單調，也不僅僅是尋找意義（見第七章）。擺脫無聊也在於找到與世界和他人交流的方式。在赫布和赫倫的實驗中，受試者大概是因為實驗的獎勵才留下來的，一待就是好幾天。不管這些人待了多久，大多數人都很早就睡了。對無事可做的受試者來說，睡覺是個可行的選擇。當人一睜開眼，發現自己的世界沒有任何變化，最常見的感受就是焦躁不安。

此外，受試者通常無法形成清晰簡明的思路。空蕩蕩的屋子裡沒有任何感官刺激的引導，思緒飄忽不定，無法成形，要集中精力將發散的想法整理成有意義、有邏輯的思路，是很困難的。我們需要感到與世界的連結，需要與一些能刺激感官的事物接觸。沒有這種連結的話，我們的認知系統無法正常運作。隨著時間的推移，受試者出現各式各樣的幻覺也是很常見的，就像有些負責長途航班的飛行員會說擋風玻璃上出現了大蜘蛛一樣。

起初，赫布和赫倫想知道透過感官剝奪和關於超自然現象的「宣傳」，能否使受試者改變信仰。也許這就是共產黨用來替戰俘洗腦的方法？經歷過這個實驗的受試者，的確更願意相信超自然現象。但這種信仰的改變是否會長期持續？這個方法也能說服戰俘改變意識形態嗎？這些問題的答案都不清楚。

在感官剝奪這種極端情況下，我們和世界是脫節的。與外界隔絕的我們，認知系統變得衰弱，甚至不能從專注的白日夢中獲得解脫。因為心智上無法投入，感官剝奪所留給我們的只有無聊。除了這些研究之外，我們還發現，在其他同樣極端的情況下，孤立隔絕和無聊是一對不快樂的伴侶。這個發現強調了，無聊不僅是對行動的呼喚，也是對人類基本需求的呼喚，那需求就是：與他人連結在一起，並成為自己故事裡的主角。當這些需求無法被滿足，我們就會覺得自己是多餘的，並且最終會感到無聊。

極端環境

人類生來就是探險家。當看到洛磯山脈的奇觀，誰不會懷有攀登的欲望？當看到一望無垠的湖泊和大海，誰不會好奇對岸的風景？無論這種探險的欲望是出於發現新邊界的天生動力，還是不安分的好奇心，想親眼看看山脈背後或者海洋對岸的風景，抑或出於對名利的追求，我們不斷地把自己推向地球的盡頭，甚至更遠的地方。山川湖海之外的世界和銀河宇宙的邊界，向我們發出召喚。[3]

有時，這引導我們去探索地球上最貧瘠、最荒涼的地方：北極和南極。在這些地方，除了極端環境帶來的可怕生理挑戰之外，還有感官刺激的單調以及生存方式的僵化。地圖製作者想像古代地圖的空白區域有怪物存在，但他們沒有預料到，孤立隔絕和無聊的惡魔會折磨那些探索這片土地的人。

想要研究在極端環境（有時被稱作「隔絕受限環境」）中探索和生活，會對人的心理造成什麼影響，面臨了很多困難。[4]這一類的任務很少，而且目標通常不是聚焦在心理學研究上。研究小組的成員通常不多，背景也很多元，所以研究成果很難為大眾所知。這種任務有很大的風險，每一次探險都面臨著會影響小組成員的心理情況且截然不同的挑戰。所以我們必須謹慎看待他們的研究成果。

一八九八年，由挪威建造、比利時委派的「貝爾吉卡號」（Belgica）輪船可能給了我們第一個提示：極端環境的孤立隔絕性和受限性，也許會引起無聊。貝爾吉卡號是第一艘在南極過冬的輪船。對船上的美國醫師弗雷德里克・庫克（Frederick Cook）來說，短缺的物資和壞血的威脅，都沒有單調的生活及緩慢的時間令人印象深刻。他寫道：「我們被囚禁在無盡的冰海中，目之所及盡是乏味單調。我們已經講遍了所有故事，不論是真是假，對我們來說都沒什麼不同。隨著黑暗慢慢湧入，時間對我們來說越來越沉重。」[5]

一位船員受夠了這種與世隔絕的生活，離開這艘被冰困住的船，聲稱自己要走回比利時！在這個故事中，我們看到，有很多因素都是培育無聊的肥沃土壤。首先，由孤立隔絕而產生的單調：既存在於外部環境（無盡的冰海）中，也存在於可供選擇的活動（所有故事都被講遍了）中。其次，時間過得很緩慢，而周圍環境並沒有什麼明顯的改變。庫克醫師並未提及的是，船上所有人都面臨著自主權的徹底消失：這艘船的命運並不是由他們自己決定，而個人的行動也很難對結果產生什麼影響。近期一些到太空或極地的探險活動，也會給組員帶來很大的心理壓力，而針對組員的抱怨所進行的分析，證實了上述這些因素。細數這些迥然不同的環境，對人們最普遍的挑戰，包括了對該情況的自主感或控制感降低、人際交往的矛盾，以及由無聊引起的焦躁不安。[6]

一些人認為，這類處在隔絕受限環境中的任務，具有不同的階段，也會帶來不同的心理特徵。焦慮是最早期階段的特徵，中期則伴隨著憂鬱和無聊，後期則表現為幼稚的行為和勝利就在眼前的狂喜。[7]這些研究都普遍支持一種觀點：當無聊產生時，它被形容為焦躁不安，也就是想要做些什麼卻又被環境所困。與家人和社會隔絕，又被囚禁在如此嚴酷和荒涼的環境中，兩者的結合加劇了這個問題。

除此之外，性格差異也有影響。那些較容易接受新環境的人，往往在孤立隔絕的環境裡也能從容自如。那些具有高度神經質（neuroticism）性格的人，容易感到無聊，因此過得就不太舒坦。[8]有趣的是，對刺激的較低需求，在極端環境下能夠讓人們不會那麼無聊。這暗示了在組員和環境之間找到一個好的平衡點，是一項挑戰。如果你是那種總是想要來點新意或改變的人，那麼沒有歸期的北極苔原探險並不適合你。

需要注意的是，隔絕受限環境裡的一切並不都是壞的。如果你對新體驗的態度是開放的，那麼這種探險還是有益的，能讓你產生對天地廣袤和自身渺小的喟歎。這強調了性格特徵和應對這類極端環境（以及應對無聊）的能力之間的關聯。相較於那些高度神經質以及渴望改變的人，那些擁抱新體驗和對外在刺激的需求較低的人，更不容易感到無聊。有關個人體驗敬畏的能力的研究很少。[9]回想一下你第一次踏入一座宏偉的哥德式教堂或是站在大峽谷邊緣的感覺。文字也許略顯單薄，但是你的感受絕對是敬畏的。對於那些能夠在廣闊卻也單調的環境中感受到敬畏的人來說，無聊可能就不算是什麼挑戰了。這是好事，因為在如此極端環境下的無聊，可能有嚴重的影響。

有一項研究顯示，在太空任務中，注意力和精神運動功能會隨著時間的流逝而下降，然而心算能力和記憶力則不會。[10]由於無聊和注意力不集中的關聯性很強，所以這個發現並不令人意外，但它確實反映出「極端環境下的無聊會有嚴重的後果」。當環境對警惕性的要求很高，但手上的任務卻是例行公事時（單調乏味環境的信號），無聊對成功是不利的（見第五章）。

戰場則是另一種極端環境，但反直覺的是，無聊也許能發揮作用。有句諺語說，戰爭是持續幾個月的無聊，期間有些恐怖的時刻；這表示無聊會出現在這類經驗的不同階段（見後頁的圖4）。[11]維和部隊的情況大致上也是如此。

一項關於一九九〇年代在南斯拉夫執行任務的美國維和部隊之士兵的心理壓力研究，結果顯示了有五種關鍵的心理因素：孤立、模糊、無力、危險或威脅、

圖 4：這幅畫由第一次世界大戰中的加拿大士兵西德尼・岡特（Sidney Gunter）所繪製，顯示即使在不斷的轟炸中，士兵也會感到無聊。

無聊。[12]雖然部隊的任務截然不同，但正如極地和太空探險一樣，有以下這些情況：與家人隔絕的孤獨、失去自主權的感覺、無聊在戰場上無所不在。在這些任務中，無聊更有可能在中期出現，一直延續到後期。無聊與枯燥的工作程序有關，在士兵眼中，這是指沒有意義的「繁忙工作」，也就是為了做事而做事。鋪床、摺制服和擦軍靴，對戰鬥來講並不是真正必要的，但這些事能夠打發時間，儘管它們令人感到無聊。

我們需要採取行動，但隨便某個行動是不夠的。正如我們在第二章裡提到的，自主決定是至關重要的。那種被他人強迫要做的任務，或是並非我們所渴望的活動，都讓我們感到不值得，因此不會投入。要是被沒有意義的任務占用時間，而非我們認為有價值的事情，一定會帶來令人窒息的無聊。

被監禁的時光

單獨監禁則是另一種形式的隔絕，最早在十九世紀的美國所開發出來的一種監獄模式，稱為賓州制（Pennsylvania system），它提倡隔絕所有犯人。這種模式並不只是將犯人與社會隔絕開來，還要將犯人單獨隔離，據稱是為了適用於犯人懺悔的需求（所以監獄又稱 penitentiary，註：此字與 penance〔懺悔〕有相同的字根）。[13] 最高法院於一八九〇年的一項判決強調，這種模式會產生許多有害的影響。然而，這種監獄模式直到今天仍以各種迂迴的方式存在，包括「安全住宅單位」、「行政隔離」、「禁閉室」、「溝通管理單位」等。[14]

單獨監禁不僅會引起無聊，也會讓我們更難以管理思緒和行為，就像唐納・赫布和伍德伯恩・赫倫的感官剝奪實驗中的受試者那樣。這也讓問題變得更加複雜，當自我控制和自我管理的能力變差，無聊會更具挑戰性。試想，一個人一天中有二十三個小時被關在牢房裡，他很難將思路串聯起來，也很難從生活經驗中找到意義。顯然，自主行動的管道很少，甚至沒有。感官剝奪的程度和時間長度，與負面的心理影響有關。[15] 這些影響包括憤怒、壓力和注意力不集中，而它們大多都是無聊的溫床，而且無聊在這種情況下非常明顯。[16]

近期，發生在加拿大的一些案例反映了單獨拘禁最極端的後果。艾須利・史密斯（Ashley Smith）用衣服繞住喉嚨，在獄中自縊身亡，而警衛得到的指令是，在牢房外看著她，只要她還有呼吸就不要干預。她已經被關了二十八個月的禁閉。亞當・卡佩（Adam Capay）是在十九歲時被控一級謀殺罪的原住民男子，曾經被單獨監禁超過四年，獨自關在一間牢房裡，每天二十三個小時都開著燈。

據稱，他時而意識模糊、時而清醒，經常用頭撞牆。這些情況明顯對心理健康無益。[17]

二〇〇四年的資料顯示，美國當年有兩萬五千名罪犯被單獨監禁。當前的資料在八萬到十萬名之間。[18]當社交被嚴格限制，可供消遣的書本和書寫工具短缺時，監獄生活完全由外部環境決定。罪犯每天只能指望吃飯和有限的放風時間。處於隔離中的我們，並不能掌控自己的命運。在隔絕的極端條件下，我們能做的任何動作，並非由自己而是由強加在我們身上的規定來決定。

關於這種依靠外部規範生存的真實描述，可以參考克里斯多福．伯尼（Christopher Burney）的記述，他在二次大戰期間成為戰俘，描述了自己所經歷的五百多天的單獨禁閉生活。伯尼根據送餐時間和照進牢房裡的少許陽光，來規畫自己的一天。他強迫自己保留早上僅有的一點口糧，而當他做不到的時候，情緒就會一落千丈。外部規範是嚴格的，無法自我控制則令人崩潰。伯尼的禁閉生活反映出了對慣例和規律的需求的另一面：對多樣性的渴求。正如他所言：「多樣性並不是生活的調味品，而是生活本身。」[19]

但是，對那些被監禁的人（而非那些被單獨關在一間牢房裡缺少社交的人）來說，他們的無聊情況又是如何呢？這樣的監禁仍然使囚犯與社會隔絕，遠離家人和社交網，並強迫他們遵守嚴格的行為規範，限制了自主權。在一項關於丹麥被監禁的青年的民族誌調查中，對這些人的觀察顯示，無聊滲透進了他們生活的各個方面。[20]這群年輕人自述無聊是最普遍的心理體驗，他們覺得每天發生的事情和任務完全沒有意義，也感到自主權被剝奪。這項研究中的丹麥囚犯，描述了他們如何反抗那些強加的規定，如何進行各種形式的罷工。這些奪回被嚴格限制的自主權的嘗試，是他們對無聊的直接回應。

可悲的是，許多囚犯自述，是無聊以及想要尋求刺激的欲望，讓他們惹上了麻煩。正如先前所述，高程度的無聊傾向與更高程度的冒險和刺激尋求相關。在某些情況下，這會導致犯罪行為。[21]無聊是監獄生活的一部分，這一點在對英國成年囚犯的研究中也有顯著的體現；在這裡，外部對日常生活強加的僵化結構，同樣是造成無聊的部分原因。[22]囚犯無法控制發生在自己身上的事，他們被各種規定可以／不可以做什麼的外部規定壓制著，而且感到自己在監獄中所做的事沒有任何更宏觀層面上的意義可言，所有事情都只是在「消磨時間」。

實際上，對監禁的通俗表述「doing time」（坐牢，字面意思是「做時間」）非常恰當，因為犯人除了用指頭數算出獄時間以外無事可做。一旦沒有具體的奮鬥目標，也無法投入參與有意義的活動，時間就會拉長，無聊成為生活的主導。

時間本身並不是惡魔。相反的，事實上是，在隔絕受限的環境中，我們的行動力（影響日常生活的能力）被剝奪了，以至於時間變成唯一重要的事。

兩種截然不同的太空經驗

我們在本章已經看到，從極地探險、太空飛行到監禁，在孤立隔絕的環境中，無聊會滋生。然而，它不一定是這種環境的必然後果。個人對隔絕環境的反應至關重要。短暫的無聊對我們來說既不是好事也不是壞事，我們對無聊信號的反應，才決定了最終的結果。我們在本章強調的是，各式各樣的隔絕環境限制了我們做出反應的選擇。而當這種情況發生時，無聊就會變得更難克服。有兩名太空人（一名加拿大太空人和一名蘇聯太空人）的經歷，強調了我們如何應對隔絕環境，以及隔絕環境可能導致的無聊的重要性。

一九八〇年代初，蘇聯太空人瓦倫丁·列別傑夫（Valentin Lebedev）寫了一本日記，記錄了他在太空中度過的兩百一十一天，這在當時看來是創紀錄的時間。這項航空任務於一九八二年啟動，列別傑夫的日記中充滿了太空隔絕環境所帶來的焦慮。他非常誠實地評估了他和隊員所面臨的挑戰，他們經常陷入對自己的擔憂和短處的反思之中。正如先前提到的，太空人在執行這類太空任務的初期階段往往十分焦慮，而列別傑夫也很坦誠地寫下了自己的經歷。他自述，他擔心任務不會成功，一直「很緊張」。列別傑夫談到了時間變得漫長的感覺；在執行任務一週後，他寫道：「煩悶的日常工作已經開始了。」就像被監禁的丹麥青年與南斯拉夫的維和部隊士兵一樣，列別傑夫自述，他看起來像在做著「繁忙工作」——「地面控制中心安排了一大堆重要卻又無聊的小事」，而「飛行控制中心（FCC）談論著瑣碎的事情」。[23]

瓦倫丁・列別傑夫的經歷與加拿大太空人克里斯・哈德菲爾德（Chris Hadfield）的經歷形成了鮮明的對比。哈德菲爾德在二〇一三年初擔任國際太空站（International Space Station）指揮官期間，透過推特（Twitter）一舉成名。哈德菲爾德同樣也經歷了許多身體和工作上的挑戰，但並未提及絲毫焦慮感。[24]他描述了在國際太空站的時光，並且指出，即使在最簡單的任務中，他也可以輕而易舉地找到這項任務的目的和意義。對他來說，就連在國際太空站裡修理馬桶管道，也是有價值的。哈德菲爾德保持著從最平凡的事情中找到目標和挑戰的能力，這種技能也許在他擔任太空人之前就有了。

克里斯・哈德菲爾德聲稱自己從來不會感到無聊。他自述，童年時期，他在安大略省南部的一個農場裡耕作，從中得到了極大的滿足感。耕地的進度顯而易見且令人滿意，相較之下，耙地（把土壤耙碎再弄平整）對他來說就不是那麼愉快了，因為當你轉身看向拖拉機後方，會是跟前方一樣的褐色土地，讓人感到沒有進度，更沒有成就感。這凸顯了一個事實，致力於一項任務並不足以抵抗無聊，我們還需要看到並重視行動成果。但哈德菲爾德並沒有讓自己墜入耙地所帶來的無聊狀態中，他給自己設定了一個挑戰：試試看在做這項平凡的工作時，他能憋氣多久。「你的大腦大概有三十%的部分用在主要的任務上，剩下的部分則可以專注在別的事情上。」[25]

顯然，這兩位太空人對單調的反應截然不同。克里斯．哈德菲爾德找到了充分運用時間的方法，而瓦倫丁．列別傑夫則無法從單調的任務中分散注意力。當列別傑夫收到補給船送來的一部攝影機時，他說：「很快的，我們就把攝影機和放影機擺在一起，這裡就不會那麼無聊了。」對列別傑夫來說，孤立隔絕感（本章的主題之一）是普遍存在的。他感嘆自己與家人的分離，寫下了「我的一切都留在地球上」。[26]這種想法反映了一種與有意義的社會交往脫節的感覺。[27]列別傑夫和哈德菲爾德一樣都是卓越的太空人，他獨特而坦誠的見解很可能大大影響了現今太空任務的部署方式。公平地說，列別傑夫也經常讚歎宇宙之壯麗，但在他的敬畏之中，也常常自述沮喪、無聊，乃至憂鬱。[28]在太空中待了五個月後，列別傑夫感嘆道：「我們對工作的興趣正在消退。我甚至不想再往舷窗外看了。」與之相反，哈德菲爾德卻說，望向窗外，是他在國際太空站每一次閒下來時都要做的事。

焦慮、孤立和例行公事，都會使人心力交瘁。此外，列別傑夫頻繁描述了一種沮喪的感覺，這是由於地面控制中心經常要求他們做一些他認為無用的小事。地面控制中心還不停地詢問他的健康狀況，這讓他感到煩悶，覺得自己沒有自主權。這種缺乏自主權的情況，甚至在他所依賴的儀器設備上也有體現，他寫道：「我們不是設備的主人，而是它的奴隸。」[29]

列別傑夫和哈德菲爾德對太空生活的描述的對比，說明了人與環境的契合度。列別傑夫是科學和太空旅行的先驅，但他發現太空中的隔絕環境是非常具有挑戰性的。哈德菲爾德能夠減輕這些挑戰。隔絕狀態或例行公事，在本質上並不會令人無聊或沮喪，重要的是我們對它的反應。在這一切背後潛藏著我們的雙重需求，一是要最大限度地發揮自己的能力，二是要找到心智投入的方式。

如果我們被隔離在一個極端環境中，這些需求很難達到。單獨關押的囚犯是最鮮明的例子，說明了與正常社會交往的隔離如何阻礙了我們鍛鍊技能和表達欲望的能力。在這種最極端的情況下，一個人幾乎沒有任何事情可以做，這種長期隔離對心理健康有極其不利的後果。同樣的，被訓練從事高風險活動的士兵，對於被迫從事那些只是為了填滿時間的單調「繁忙工作」，也不會有很好的反應。

在所有這些情況下，我們想要做的事或是我們知道自己可以做的事，與環境或當前處境允許我們所做的事並不適配。無聊則是這種人與環境契合度不良的一個明顯結果。在這樣的時刻，當我們無法鍛鍊自己的技能和表達自己的欲望、當我們被迫做自己不想做的事情、當我們無法持續投入可做之事中，一種壓抑的無意義感慢慢地、惡狠狠地潛入了我們心中。

第7章
無聊與人生意義

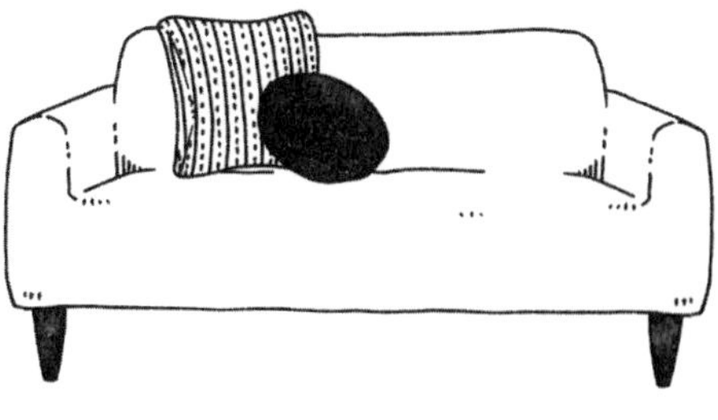

這個講座的題目看起來挺吸引人的，但十五分鐘過去了，你甚至連題目都想不起來，好像與泰晤士河的細菌生態學有關，雖然這跟你的專業領域不是那麼相關，但至少也沾得上邊，值得一聽。或者說你是這麼想的。

講座一開始，你就很專注，也期待著演講者快點開講。講座的介紹本身很吸引人且有意義。但不知怎的，整個講座的重點已經散開了；也許是演講者慢吞吞的節奏惹的禍，也許是這個話題對你來說太過先進了。不管怎樣，現在你發現自己在座位上搖搖晃晃，前一秒還低著頭，後一秒就往前傾，雙手抱著頭。你環顧四周，令人費解的是，有些人似乎陶醉在你認為漫無目的且毫無意義的講座內容中。也有一些人顯得焦躁不安，無法端坐。

這時你發現，你的同事高爾頓博士坐在前面一排右邊的座位上。他正在寫筆記，你的目光越過他的肩膀，小心翼翼地窺視著他的筆記，想知道他從這個冗長乏味的講座中獲得了什麼知識。

然而，高爾頓似乎在勤奮地觀察聽眾，而不是關注演講者。他到底在做什麼？你掃視觀眾，想看看他看到了什麼。

後來，當你碰到高爾頓時，你問他當時在做什麼。

「我想看看聽眾對演講的滿意程度，親愛的。我並不覺得這個講座十分吸引人，你從我的坐姿就能看出來。我意識到我並不孤單。當我們的同事被細緻入微的訊息深深吸引的時候，他們坐得很端正，身體幾乎一動不動。而當這個可憐的傢伙講到泰晤士河邊那條泥濘小徑的土壤成分時，我們的同事開始坐立不安，左右搖晃。」

高爾頓沒有選擇把時間花在演講本身，而是專注於他慣常從中得到樂趣的事情：衡量人類的行為。[1]

§ § § § §

我們生活在一個充滿解釋的世界裡：我們所看到、聞到、聽到、嘗到和觸摸到的一切，都被我們賦予了意義。我們看到規律，也看到目的、價值和意義。我們判斷感覺的好壞。我們耗費資源，浪擲大量的個人時間，在某些情況下還會放棄生命，所有這些都是為了追求意義。消防員冒著生命危險，恐怖組織犯下無數暴行，超級富豪捐出大半資產。也許我們各自的答案不盡相同，但似乎沒有人會放棄為我們的人生體驗賦予意義。無聊是這個核心需求的組成部分。它告訴我們意義的缺乏，並且激勵我們重新找到意義。[2]

挪威的卑爾根大學（University of Bergen）的拉斯・斯文德森（Lars Svendsen）認為，我們「生活在一種無聊的文化中」，其反映的是更廣泛的社會意義危機。他指出：「我們可以把無聊比喻成一種意義的撤退。無聊可以被理解為一種不適，這種不適所傳達的是：意義的需求沒有得到滿足。」[3]

奧地利心理學家維克多・法蘭克（Victor Frankl）對納粹集中營悲慘生活的記述，也許最為深刻地展現了人類所擁有的尋找和發現意義的動機。他所說的「追求意義的意志」（will to meaning），對於一個人熬過慘無人道的境遇而言至關重要。此外，這種追求意義的意志，不僅是生存的關鍵，也是人類繁榮的關鍵。當缺乏意義時，我們的內心只留下虛無和空洞，或者是法蘭克所稱的「存在的真空」（existential vacuum）。根據法蘭克所說，「缺乏意義」是人類許多痛苦和不幸的根源。他認為，無聊是核心問題，「存在的真空主要在無聊的狀態中向我們顯現。」[4]

長期以來，哲學家、神學家和作家一直在挖掘這些主題。例如，萊茵哈德・庫恩（Reinhard Kuhn）在經典著作《正午惡魔：西方文學中的無聊》（*The Demon of Noontide: Ennui in Western Literature*）中，深刻地追溯了歷史上的「無聊」概念，探索它是如何反映和塑造我們的現實。[5]相對而言，科學家的研究要晚一些。那麼，關於對意義的渴求和無聊之間的關係，近期的相關研究可以告訴我們什麼？

失去意義

倫敦大學國王學院的社會心理學家維加納．凡．蒂爾堡，以及他在利默里克大學（University of Limerick）的導師埃里克．伊古，是從實驗的角度研究無聊和意義之間關係的領導人物。在初期研究中，他們要求人們回憶一段無聊的時光，以及感到悲傷、憤怒和沮喪的時刻。在另一項研究中，他們透過讓人們抄寫有關混凝土的書目來引起無聊。在每一個案例中，無聊都與無意義的感覺有著獨特的關聯。[6] 對於凡．蒂爾堡和伊古來說，無聊是由意義的缺乏來定義。

在我們看來，如果一個人感到無聊，便會覺得正在發生的事情毫不重要且沒有意義。這種意義的缺乏，是由於人們當下沒有投入參與到某個他們渴望的活動中。如果你的工作類似於漢弗萊．波特（見第三章）的任務，也就是要在精確的時間按下一個按鈕，過一段時間再按另一個按鈕，可以想見你很難在這種單調的勞動中找到意義。然而，我們認為，一項可以使我們全心投入的活動（因而也不會引起無聊），也可能是缺乏意義的。換句話說，無聊與缺乏情境意義（situational meaning）之間的關聯，是不對稱的。

研究者還探索了更廣泛的人生意義與無聊之間的關聯。為了說明「情境意義」和「人生意義」之間的區別，想像一下那些總是覺得自己的生活有意義也很有目標的人。他們有一套完整的價值觀和信念，使他們的人生經歷有意義，並引導他們的行為。然而，當他們週六早晨在便利商店排隊時，會覺得自己是在浪費時間，做著無意義的事。我們可以說，這些人有充足的人生意義，但覺得排隊缺乏情境意義。

關鍵的區別在於無意義感的參照點。在一種情況下，這個參照點是一個人的全部生活，而在另一種情況下，這個參照點與特定的情境相關。需要說明的是，這兩種情況的明確界限不一定能輕易找到。一種情況可能會滲入另一種，有時不易覺察，有時則比較明顯。設想一下，你要在工作時做一些很瑣碎的事務，比如以十五分鐘為單位記錄當天的活動，以便開立帳單。總體上，你是喜歡自己的工作的，認為它讓你的人生更有意義，但在記錄活動這件具體的事情上，你可能會懷疑自己的信念。無論如何，我們認為這個區分對於理解無聊和意義之間的關係十分重要。

覺得自己的生活缺乏意義的人，也經常感到無聊。[7] 年輕人和老年人都是如此，而且我們可以用直接和間接的方式來定義及衡量生活的意義。在研究中，從事政治活動的人較少報告感到無聊，而那些實現了自己的目標（政治或其他領域）的人，也有較低的無聊程度。[8]

我們實驗室的研究發現是，人們對於人生是否有意義的信念，可以預示他們在未來感到無聊的可能性。[9] 這個發現的重要性在於，它表明了無聊和意義的關聯會隨著時間的推移而顯現，並指出對於人生意義的信念可能會引起無聊。我們的發現得到了其他研究的支持。例如，在臨床案例研究的基礎上，研究者注意到，那些經常感到無聊的人所具有的特點是，他們都沒有找到一個能給自己的生活帶來意義的大型計畫。[10] 這並不是說每個人都需要透過建立一個價值數百萬美元的電腦軟體帝國，或者創建一個慈善組織，來找到人生的意義感，但是一些更廣泛且長期的目標是有幫助的。

杜肯大學（Duquesne University）的理查．巴格迪爾（Richard Bargdill）認為，在重要的人生計畫上做出妥協，是造成長期無聊的關鍵原因。[11] 他深入採訪了那些經常感到無聊的人，發現他們始終對自己曾放棄過的一些重大人生計畫而耿耿於懷。他們聲稱是其他人和人生境遇（如糟糕的老師或疾病）阻礙了他們追求自己的夢想和目標。但在更深的層次，他們也對自己放棄人生計畫而感到憤怒。他們無法全心投入生活中，因為他們沒做自己真正想做的事情。此外，他們對未來生活滿意度的前景也會變得悲觀。最終，隨著時間的推移，他們變得更加消極、防備和畏縮。

這樣的研究提供了一個吸引人的暗示，即缺乏人生意義會引起無聊。然而，兩者之間只有相關性，就像所有初出茅廬的年輕科學家都知道的那樣，相關並不等於有因果關係。我們還不知道人生意義和無聊為何會相互關聯，其答案是否藏在研究人員尚未涉足的一系列其他因素中。

因果關係的問題很難檢驗。若要透過實驗改變一個人生命中有意義的事件，比如婚禮、葬禮和孩子的出生，是不道德也不可能的。然而，研究者可以讓人們思考在過去某個時刻裡感受到的人生意義是高還是低。這樣做會暫時改變他們對人生意義的想法和感受，然後我們可以瞭解這是否會影響他們當下的無聊感受。

我們把受試者帶到實驗室，告訴他們關於人生意義的精細定義。接下來，我們請他們回憶並簡要地寫下生命中特別有意義的一段時光。其他人則被要求回憶並記錄一段毫無意義的時光。然後，在暫時改變了他們對人生意義的感受後，我們測量了他們的無聊程度。正如我們所預料的那樣，與那些被要求重溫一段有意義時光的人相比，被要求回憶一段無意義時光的人顯現出更高的無聊程度。看起來，人生意義感的降低會引起無聊。[12]

當我們感到生活有意義、有目的時，投入這個世界的選項是顯而易見且難以抗拒的。相反的，如果我們缺乏意義和目的，可選擇的行動之價值和意義就會開始消減。當我們沒有理由去做任何事情的時候，就很難找到理由去做一件事而不是另一件事。「意義」會告訴我們要做哪些事情，因為那些事情很重要。如果沒有生活意義，我們就會沒有方向，陷入欲望難題，感到無聊。

我們還採取了另一種實驗方法。我們先讓受試者感到無聊，然後問他們對人生意義的感覺。結果發現，讓人們感到無聊並沒有讓他們覺得自己的生活毫無意義。[13]在學校裡聽了無聊的四個小時的聖誕演奏會，只為了拍到孩子上臺五分鐘的畫面，這並不會讓你覺得養育子女沒有意義、毫無價值。因此，人生意義的減弱可能會引起當下的無聊感，但反過來就不一樣了。乍看之下，這可能與先前所述的「無聊與沒有目的有關」並不一致。但這其實不矛盾，因為我們已經區分了人生意義和情境意義。我們發現，沒有任何證據顯示無聊改變了人們對人生意義的感覺，儘管他們很可能覺得自己所處的環境是無意義的。[14]

那些生活中缺乏意義和目的的人，自述他們經常覺得無聊。缺乏人生意義和目標的確會引起無聊，但無聊並不意味著你一定會感到自己的人生缺少意義。一段時間的無聊，並不會使一個人對生活的想法和感覺發生更普遍意義上的改變。然而，可能存在的一種情況是，長期的無聊會隨著時間的推移，改變了人們對人生意義的看法。

所以，這些研究結果印證並完善了對無聊和意義的早期思考。正如我們在本書所探討的，無聊是一種信號，表示我們心智空閒，陷入了欲望難題；簡言之，我們沒有投入。我們的觀點是，「缺乏投入」比「缺乏意義」更容易引起無聊。[15]那些不能運用我們的心智，並非我們渴望從事的活動，通常不值得做，也沒有價值；而當我們感到無聊時，會覺得當下毫無意義。這種評估可能會促使我們去尋找有意義的東西。

尋找意義

懷舊、慈善行為、極端的政治信仰、對非我族類的族群的敵意，這幾件事情有什麼共通之處？它們都是人們在無聊時用來解悶的東西。乍看之下，這似乎令人難以理解，但它們的關鍵在於意義。長久以來，人們會用這些管道來防禦無意義的威脅。

維加納．凡．蒂爾堡和埃里克．伊古進行了一項研究，想知道如果讓人們在實驗室裡感到無聊，是否會進行這些意義調節行為。他們推斷，假如答案是肯定的，就能證明無聊並不只是與無意義的感覺有關，還可以激發出一種動力，促使人們找回失去的意義，並以多種方式表達出來。

例如，那種尋找意義的動力會把我們推向懷舊的遐想狀態。當人們被要求在做完一項非常無聊的任務後，回想任何想要回憶的事情時，他們會比那些所做任務不那麼無聊的人，有更多的懷舊記憶。「意義」是將無聊和懷舊記憶連結在一起的關鍵。無聊的人會更加熱切地尋找意義，而這種尋找與懷舊記憶的增加有關。在尋找意義的時候，回想那天早餐吃了什麼就沒什麼意思。相反的，你傾向於回憶生命中那些關鍵的時刻，例如你與人生伴侶的初次相遇。這些回憶對你來說具有更強的個人相關性和意義。最後，當回憶起懷舊的記憶時，為了使畫面更完整，我們會看到意義感的增加。[16]

無聊也能讓我們變得更慷慨。研究表明，當人們剛完成一項無聊的任務時，與完成一項令人振奮的有趣任務時相比，他們更願意為慈善機構做出更大的貢獻。此外，如果慈善機構的行動很有成效，無聊的人也樂於給予更多的捐助。相比之下，不無聊的人的捐贈意願並不會受到慈善機構有效性的影響。也許無聊的人會對有效的慈善事業特別感興趣，是因為無聊驅使他們尋求社會行為來重新建立失去的意義感。至少，這表明他們並不是簡單地尋求刺激，也不是試圖用花錢來擺脫無聊的折磨。[17]

一九四九年，米爾頓．伯利（Milton Berle）製作了史上第一次馬拉松式電視節目，連續直播十六個小時，這是很無聊的事，卻為慈善事業募集了數百萬美元。這也許說明，米爾頓．伯利當時覺察到了什麼。然而，不幸的是，追求意義並不總是導致積極的目的；事實上，它可能有明顯的黑暗面。

沙文主義是一種極端的愛國主義，包括對外人採取攻擊性立場，這種觀念是當今世界許多苦難的根源。而無聊可能是這種破壞性社會現象的原因之一。與那些不無聊的人相比，在實驗室裡被逼得很無聊的人，對自己文化的名稱和符號表達了更積極的態度。他們還對自己不認同的人（即來自不同文化背景的人）給予更嚴厲的懲罰，對於相同文化的人給予更寬鬆的懲罰。看來，無聊可以驅使人們重新獲得意義感，進而引起行為的轉變，而這種轉變可以指向強烈的身分象徵。[18]

無聊也可能將我們的政治觀點推向極端。與沒有進行無聊任務的同類人相比，當自認為是左翼（自由派）和右翼（保守派）的大學生，被要求完成一項無聊的任務後，在政治光譜上自評的態度會更極端。無聊本身並不會使人們變得更傾向右翼或左翼，只是強調了人與人之間先前就存在的政治差異。[19]強烈且不容妥協的身分認同感，當然能提供人生的意義和目標，並有助於抑制無聊。我們並不是說，政治世界日益兩極化主要是由無聊這個流行病造成的。但是，無聊和想要在部落認同中找到意義的嘗試，可能是故事的一部分。

企圖確立意義的動力，使得無聊成為部落主義（tribalism）的加速器，至少在政治極端主義和對「他者」的詆毀方面是如此。更糟糕的是，我們知道，經常感到無聊的人也更有可能在尋找意義時崇拜英雄，被英雄所鼓動。[20]

在這個世界上，任何時刻都有許多人感到無聊。他們可能會覺得自己所做的事情沒有任何意義，也急於尋找答案。一個具有強大號召力的領袖，一個將人們分為「我們」和「他們」的領袖，可能會獲得忠實的追隨者，儘管他（這種領袖通常是男性）有明顯的缺點。由此，人們在政治和世界觀上，朝著越來越極端的方向邁出了一小步。領袖為這群人賦予了人生意義，他們不會輕易放棄這種意義。不幸的是，無論是歷史還是當下，都充斥著這樣可怕的情景。神學家奈爾斯・費爾（Nels F. S. Ferre）敏銳地指出：「一個在生活中沒有真正滿足感的人，是不想要和平的。人們追求戰爭，是為了逃避無意義和無聊，為了擺脫恐懼和沮喪。」[21]

事實上，最近的一項社會學分析顯示，「追求和平」是短視的做法。想要最大限度地減少戰爭，我們必須確保人們能夠主導自己的生活並找到意義。否則，無聊就會大行其道，催生對暴力的迷戀和對戰爭的歌頌。顯然，無聊本身並不足以引發戰爭，但它可能為侵略行為創造條件、提供許可。[22]當我們感到無聊時，會四處尋找能讓我們覺得自己的人生有意義的東西，像是為了國王和國家而戰、把各種社會弊端歸咎於移民，或者加入那些詆毀他者的團體，這些都是可行的選項之一。無聊不是法官和陪審團，它無法警告我們，這些方案可能在倫理上站不住腳，可能有災難性的結果。

無聊點燃了我們重建意義的渴望。我們尋找意義的嘗試，是會導致積極的行動或結果（懷舊的遐想、慈善的大手筆），還是將我們推向破壞性的追求（極端的政治觀點、對他人的攻擊），最終取決於我們自己。無論從短期還是長期來看，我們有責任以對社會和自己都有益的方式來應對無聊。

創造意義

至此，我們強調了意義是一種結果，換句話說，我們在特定的情境或生活中失去或找到意義。它可能是我們身為個人而實現的個體意義，也可能是植根於我們身為個體而參與其中的更大社會框架的集體意義。[23]當我們思考無聊與創造意義之間的關聯時，會對無聊有更深入的理解。

雖然「缺乏意義」是個問題，但只擁有意義也是不夠的。隨著時間的推移，曾經新奇而引人注目的東西也會變得平凡無奇。個人信念和人生計畫需要被重新評估、改變或確立。正如親密關係需要不斷培養才能茁壯發展，創造意義也是一個持續性的過程。

即使沒有具體目標，我們也能創造意義。最佳例子（或最常見的）就是看雲。我們在天空中漂浮變形的雲中，看見了臉龐和神話動物。更極端的例子是，如果盯著白色的雜點（比如電視上的「雪花」）看一陣子，大多數人都會「看見」一些不存在的形狀。[24]這表示，我們的大腦是一個創造意義的機器，可以從我們經歷的萬事萬物中尋找意義。

在一九六〇年代的一項研究中，研究人員讓那些感官遭受剝奪一段時間的受試者閱讀諺語。有些諺語是正確的，有些則是胡亂拼湊出來的。結果顯示，受試者在閱讀那些正確的諺語時，無聊程度最高，因為這些已為人知的諺語沒有留下「創造意義」的餘地。相較之下，受試者在閱讀那些拼湊的諺語時則較不感到無聊，因為他們可以對這些亂七八糟的句子做出新的解讀。[25]當我們停止創造意義時，更容易感到無聊。

創造意義正如一枚硬幣。一方面，我們需要一個歡迎且鼓勵我們投入參與的世界，它不能是預設、固定或混亂的。另一方面，我們自己必須要積極地投入參與，而不是被動地接受。

以圖5為例。你在這張圖片中看見了什麼？

你可能曾看過這張圖片，它解釋了我們是如何創造意義的。雖然物理圖像不會改變，但我們可以把畫中的動物看成一隻鴨子（嘴喙朝左），也可以看成一隻兔子（鼻子朝右，耳朵朝左）。與此相對的是公共廁所的男女標識，它們是沒有歧義的，幾乎不需要我們去解釋。

如果一種情形只有唯一的解讀方式，那麼它就是無聊的。就像一個頂部能旋轉的玩具和黏土之間的區別，前者只有一種玩法，而後者則變幻無窮。如果一個情境無法提供多種解讀的空間，那麼我們很快就會感到無聊。換句話說，這個情境或物體的意義，在你到來之前就是固定且預設的，所見即所得，沒有更多可能性。你所看到的也是別人所看到的，你今天看到的，跟在明天、後天、大後天看到的，不會有什麼不同。

可以說，無聊的情境與日本園林設計的隱趣（見え隠れ，直譯為「忽隱忽現」）原則相反。隱趣是一種隱藏與顯露的藝術。日本園林吸引你的方式，就是讓你覺得還有更多東西在等著你。庭園內不存在某個可以讓你將整座花園的景色盡收眼底的有利位置；相反

圖 5：鴨兔錯覺。這幅模糊的圖畫創作於 1892 年。雖然物理圖像不會改變，但我們對它的解釋可以改變。如果你還看不出來，請注意：鴨子的嘴也是兔子的耳朵。

的，觀賞者必須一步步穿過整座花園，才能一點點地發現及揭示全部的景色。正是這種有關發現的希望，讓花園如此誘人，就像一場華麗的歌舞表演會，比直白的脫衣舞更引人入勝。無聊就是失去了可能性的誘惑，感覺被困在沉悶且無休止的現在。時間的流動停止了，不再有任何力量可以把我們帶入一種未知的未來；未來只不過是更多的現在。[26]

一個情境是否提供了預設或固定的意義，只占了故事的一半。想像一下，對物理學一無所知的你，去參加一個關於量子力學的大學講座。一堆亂七八糟的專業詞彙迎面而來，對你來說卻是對牛彈琴、毫無意義，因為你無法理解這些內容。不一會兒，你就會發現自己已經無聊到了極點。因此，除了你能料想到的固定的意義之外，極其複雜的資訊也阻礙了意義的創造。這兩種阻止意義產生的東西，被稱為「冗餘」（redundancy）和「雜訊」（noise）。[27]

一定程度的冗餘沒有問題。如果每個廁所用來區分男女的標誌都大不相同，那麼情況一定會變得非常混亂。但如果我們看的影片不斷地播放同一個畫面，大多數人都會感到無聊。多樣性是生活的調味劑，因為它能吸引我們的注意力，並使我們擴大知識面。但過多的多樣性最終會變成雜訊，以至於「充滿著喧嘩與騷動，卻沒有任何意義」。[28]

量子力學的講座對於專業人士來說還好，但對於外行人來說，實在是遠遠超出了熟悉的範圍。它是〇%的冗餘和一〇〇%的多樣性。它太新奇了，以至於我們無法理解，對我們來說充其量只是雜訊。無論是過多的冗餘，還是過多的雜訊，都會使我們無法有效地創造意義（詳見第八章）。那些沒有吸引力且無法創造意義的情境，是無聊的，而且還會讓我們感到一種無力感。

無聊的情境剝奪了我們成為意義創造者的能力。拉斯・斯文德森形容得很好：「人是一種建造世界的存在，一種積極地構建其自身世界的存在，但如果一切總是預先就被組織完備，那麼這種構建世界的積極性就變成多餘，我們將失去了與世界的爭論。」[29]

「多餘」是這段話中的關鍵字。任何預先組織完備的情況，都會使我們與世界互動的能力變成不必要的。無聊的情境使我們客觀化，剝奪了我們的行動力，並從本質上使我們可以與任何其他人互換身分。我們無法以任何有意義的方式訂做體驗。公共廁所上的男女標識提供了一個很好的例子：我們沒有必要做出解釋，因為不需要我們創造意義。

我們無法參與意義創造過程的事實，使我們不僅感到自己是多餘的，而且還缺乏控制。我們失去了第二章中提到的行動力，成為意義的被動接受者，而不是積極的創造者。我們只能旋轉玩具的頂部，只有這一種玩法，而我們必須接受這種限制。更糟糕的是，我們無法給這個玩具賦予任何其他可能符合我們的需求、欲望或意圖的意義。正如路易斯維爾大學的哲學家安德烈斯・埃爾皮杜魯所說：「在某種意義上，無聊的世界是不符合我們的計畫和欲望的世界。」

身為人類，我們有一種與生俱來的創造意義的能力和需要，而無聊的情境則剝奪了我們行使這種能力的機會，因此使我們變得貧乏。事實上，它使我們變得可有可無。這種體驗可能在一定程度上解釋了當我們感到無聊時的憤慨和蔑視。無聊是對我們人格的侮辱。

不確定的意義

無聊提醒我們意義的缺乏。而當事情進展順利時，無聊的信號會將我們引向這類的活動：它們讓我們充分發揮自己的能力，表達自己的熱情，並最終幫助我們找到人生的意義。但事情並不總是這麼順利。無聊是對意義的一種低效刺激。事實上，「不感到無聊」並不意味著意義一定存在。

有一些抑制無聊的方法並不涉及意義的創造，也有一些活動是永遠存在且令人神往的。技術的發展可能縮短了無聊和意義之間的適應性關係。觀看串流平臺的節目，或是在電動遊戲消消樂上浪費幾個小時，很可能不是創造意義的最佳選擇。當代社會充滿了快速易得的暫緩無聊的東西。但是，我們對這些解脫方法的依戀，是否讓無聊成為一個更緊迫的問題？我們是否真的患上了無聊的流行病？

第8章
正在形成的無聊流行病

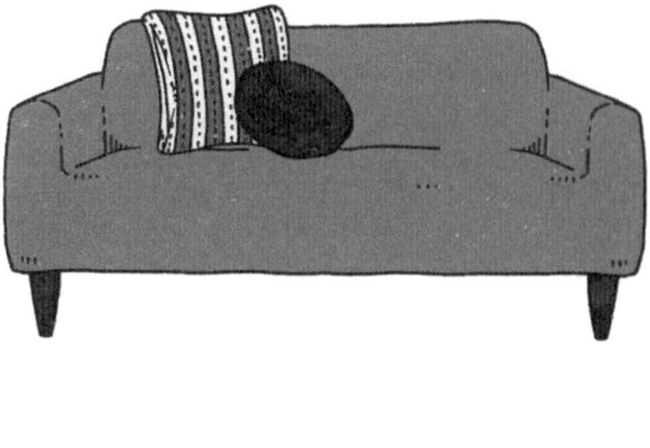

週六早晨，鬧鐘無情地響了起來。你從床上爬起來，下樓去叫七歲的兒子起來動一動。他坐在沙發上，平板電腦的螢光反射在他的臉上，他正在玩電動遊戲「當個創世神」（Minecraft）。

突然間，你在想電視上是否還在播放《太空超人》（*He Man, Masters of the Universe*）這部動畫片，要是重播《波波鹿與飛天鼠》（*Rocky and Bullwinkle*）也不錯。反正你兒子也不會喜歡他們。他喜歡的是那個要命的平板電腦！

「該吃早餐了，小子，我們還得去踢足球。」

他並沒有抬頭，只是嘟囔了幾聲，讓你知道他聽見了。

後來，當你的兒子和一群六、七歲的小孩圍著爭搶足球時，你停下來，看到四周聚集著一群圍觀孩子踢球的父母。他們都拿著手機，時不時地抬起頭來對孩子喊一些鼓勵的話，然後又一頭埋進手機中。他們在玩什麼？糖果消消樂？Snapchat（「閱後即焚」的社群網站）或 Instagram？或者是古老的短訊？對那些真正老派的人來說，可能看的是臉書（Facebook）？手機裡有太多東西可以讓他們的注意力從跑來跑去的孩子身上移開。

我們從未有過如此便捷的娛樂活動，然而有人說，我們的無聊程度達到了前所未有的高度。你可能會想，網路上到處是貓咪做了傻事的搞笑影片，怎麼還會有人抱怨無聊？除非，資訊超載已經成了我們的負擔。或者更糟的是，我們對互聯網的沉迷是個幌子，是對於真正投入的逃避。

§ § § § §

「看報紙、吃早餐或閒聊的時候開著電視或廣播，這種情況並不稀奇。我們會戴著手錶或呼叫器（BB Call），嗶嗶嗶的提示音提醒我們查看新消息。我們還會帶著攜帶式收音機上街，到處播放雜音，或者戴著隨身聽，獨自享受不間斷的娛樂。」[1]奧林·克萊普（Orin Klapp）寫下了一九八六年人們忙碌分心的生活。把過時的「攜帶式收音機」、「隨身聽」和「呼叫器」換成手機，這段話在今天依然成立。

今天的我們被資訊淹沒，而資訊過量到一定程度時就會變成雜訊。當這種情況發生時，我們就會興致大減，無聊隨之而來。或者，事情朝著克萊普描述的情況發展。克萊普是一位社會學家，他寫下上述文字時，正在韋仕敦大學（Western University）工作。

想一想，如果奧林·克萊普關注的是一九八〇年代中期，那個人人留長髮、穿緊身褲聽流行金屬樂的時代中，資訊超載的影響，那麼他對當今世界又會有怎樣的看法呢？二十四小時不停播放的新聞，推特上一百四十字尖銳的辯論和成千上萬次的轉發，世界在這個比信用卡大不了多少的手機上觸手可及。但克萊普並不是唯一一個在他的時代或更早的時候，就懷疑我們正處於無聊流行病的邊緣或中心的人。

資訊超載對我們來說是有問題的，或者具體地說，技術進步是造成這些問題的原因，而人們對此的擔憂由來已久。在柏拉圖的《費德羅篇》（*Phaedrus*）中，蘇格拉底抱怨寫作的出現。他認為寫作「讓學習者遺忘，因為他們不再依賴自身的記憶，而是相信外部的書面文字，而不記得自己」。諷刺的是，如果不是柏拉圖決定將這些寫下來，我們將對蘇格拉底的哲學一無所知。

如前所述，十九世紀的哲學家、心理學巨擘威廉・詹姆斯感嘆道：「一種無可救藥的乏味，即將席捲這個世界。」他認為，這種乏味與資訊數量的增加有關，而非資訊品質的提高。在他發出感嘆後不久，二十世紀初，德國作家、社會學家和文化評論家齊格弗里德・克拉考爾（Siegfried Kracauer）再次提出了資訊超載的問題。克拉考爾認為，這與書面媒體的爆炸有關。他認為，更多的新聞只是混淆了我們區分資訊和雜訊的能力，並不代表更多的資訊，這基本上與奧林・

克萊普多年後的觀點吻合。[2]

幾乎沒有資料顯示我們正處於無聊的爆發期。我們根本無法獲得所需要的那種來自同一個人的長達幾十年的縱貫性資料。但是，如果資訊超載確實是造成無聊的條件，那麼就會出現以下這種可能性：隨著這麼多資訊如此容易獲得，無聊可能比以前的時代更會造成問題。也許這並不是一種流行病，而是一個舊問題的凸顯。無聊意味著需要投入參與，但任何形式的投入參與都可以嗎？我們真的會因為花在 Instagram 上的時間或玩消消樂而得到滿足嗎？我們認為並不會。但在更深入地解決這個問題之前，我們先詳述一下奧林·克萊普的論點。在忽略隨身聽這些不合時宜的細節後，從他在三十多年前對現代社會中無聊情況的描述，我們可以學到很多東西。

在雜訊中分類信號

奧林·克萊普認為，正是資訊的缺乏讓單調的事情顯得無聊。其定義是，單調的環境中幾乎沒有新資訊，而根據這種說法，人類有尋求新資訊的內在需求。這並不等同於追求腎上腺素飆升那類的感官刺激，而是一種由渴求新發現所驅動的好奇心。但如果有太多樣化的東西，該怎麼辦？克萊普認為，我們會無法從雜訊中提取有意義的信號。在螢幕下方有輪播的新聞字幕跑馬燈，螢幕右邊是即時變化的交通狀況和每小時更新一次的天氣預報。我們該怎樣理解這種資訊的轟炸？無聊正是這種日復一日的資訊衝擊的結果之一。正如克萊普所言，無聊「產生於節奏越來越快，變化缺乏意義，行動缺乏終點的時候」。[3]事情不斷發生，但我們難以理解它們。而且，這個時代獲取資訊的便捷性，給人一種事物變化速度在不斷加快的印象。

在這個資訊光譜的兩端（太少或太多），我們都會遭遇意義方面的危機（見第七章）。不論是資訊太少還是變化太少，事情都會變得單調到令人難以承受。如果資訊太多，我們可能會覺得自己被變化裹挾，從上一條推特短文到下一條，從一個有趣的貓咪影片到下一個，從一條所謂的「突發」新聞到下一個，我們從來沒有停下來仔細想想，這些資訊對我們來說意味著什麼。

「無聊是現代社會中資訊超載的作用」的這個論點，認為我們的經驗與發現及創造意義的需求有關，同時以此表達行動力。並非所有的重複都是壞事，熟悉的事物能讓我們的理解更加深刻。當一首歌與我們的期望值吻合時，我們會覺得它很吸引人，具有一種令人驚訝的親切感。同樣的，並非所有的變化都是好的。

荀白克（Schoenberg）的交響樂對於不熟悉無調性音樂的人來說，雜亂無章且難以理解。

極致的冗餘或極致的變化，都會讓我們的才智無法落腳，從而無法感知有意義的新東西。最佳的投入度，有賴於在重複和變化之間找到一個平衡點，即另一種「金髮女孩區」。在這種情況下，無聊是一種信號，調節著重複和變化之間的擺幅。這其實和我們所說的「無聊本身並非壞事」一脈相承。我們回應無聊的那些方式，才會導致積極或消極的結果。這也表明，高度無聊的人生活在資訊光譜的兩端，要不是陷入單調，就是被新奇的事物所淹沒，無論如何都無法找到那個「剛剛好」的狀態。[4]

奧林．克萊普概述了九種可能導致資訊超載和隨之而來的無聊的途徑，[5]但是說到底，與我們息息相關的還是「可獲得的資訊量」。資訊以越來越快的速度向我們湧來，光是睜開眼與世界打交道，就感覺像對著消防栓猛喝水。這實在太多了，心智上的刺激太多，意義卻很少，最終留下的還是無聊。若要理解資訊，在位元和字元之間尋找意義，需要時間和精力。換句話說，意義的創造是緩慢的，然而資訊的累積如此之快，就導致了克萊普所說的「慢性資訊消化不良」。[6]

意義的創造需要綜合不同管道的資訊，並對這些資訊進行闡釋。然而，獲取這些資訊可能是個被動接受的過程。在互聯網時代，當我們被無數資訊轟炸的時候，可能就會採取淺層處理的方式，來應對整合及解釋資訊的挑戰。比如，用瀏覽推特來代替從資訊大洪水中找尋意義的艱苦工作，抑或乾脆不接收任何形式的資訊。無論是哪種方式，我們都會感到無聊。

歸根結柢，數位時代的資訊爆炸，是一種少有人預料到的重量級資訊爆炸，它加劇而不是解決了創造意義的挑戰。如果無聊的環境扼殺了我們參與及創造意義的能力，那麼我們可以預期，這個時代將充斥著無聊的人。換句話說，我們現在這個資訊時代（或者說資訊爆炸的時代），是否已經使創造意義的任務，以及由此而來的避免無聊的任務，變得格外困難了？

值得再次說明的是，沒有什麼資料能夠直接回答這個問題。要衡量無聊隨著時間推移而有什麼變化，我們需要在很長一段時間內向一大群人問同樣的問題，這是一種縱貫性研究，我們要看個人的認知如何隨著時間變化，以及新一代人與上一代人相較起來又是如何。要想知道互聯網、智慧型手機、社群網站或推特宇宙是否就是引起無聊感上升的罪魁禍首，就更具挑戰了。難道要找一個不使用這些東西的群體，來當作實驗的對照組嗎？因為他們免於資訊轟炸，所以我們希望他們不會感到無聊？或許阿米許人（Amish，註：生活在加拿大和美國的群體，因宗教信仰而拒絕現代科技，過著簡樸的隱居生活）是選項之一，但這樣的群體與主流社會的文化差異太大，並不適合參與實驗。所以，我們還沒有必要的資料可以證明「無聊感是否在上升」，以及「這種上升是否為互聯網造成的」。

我們可以做的是尋找其他資料，以幫助我們推斷出隨著時間推移可能發生的變化。像是蓋洛普民意調查（Gallup Polls）這樣的資料可能很有幫助，儘管這類調查所問的問題會隨著尋求資訊者的需求而改變。此外，評估文獻和其他來源中對於「無聊」等詞語的使用頻率，也可以提示我們隨著時間推移而發生的變化。事實上，奧林·克萊普的一篇論文表明了，「無聊」（boredom）、「例行公事」（routine）和「單調」（monotony）這些詞，在一九六一年的平均使用頻率是三十年前（一九三一年）的二·五倍。[7]「無聊」一詞的頻率則增加了十倍。在蓋洛普民意調查的資料中，差不多同一時間（一九六九年），大約有五十%的受訪者聲稱他們的生活是例行公事，甚至相當乏味。無奈的是，這個問題只在那次民意調查中問過，所以我們無法確定任何上升或下降的趨勢。

很遺憾的，我們沒有足夠資料來證明無聊感是否在上升。但是，如果我們能確定資訊的增加和獲取資訊的便利性在上升，就可以開始研究這種資訊的增加與無聊直接相關的後果。

資訊，以及我們對資訊的獲取，在過去一個世紀乃至過去二十年裡急劇增長，這似乎是個不爭的事實。巴克敏斯特．富勒（Buckminster Fuller）這位以創造網格穹頂（geodesic domes）聞名的建築師，提出了「知識倍增曲線」的概念（但我們可能要區分「知識」和「資訊」這兩個概念）。[8]根據這個想法，到了一九〇〇年，人類的知識就能實現每一百年多一倍。到二十世紀中期，這個速度上升到了每二十五年多一倍，現在可能每年就會多一倍。

特定形式的知識累積，可能以不同的速度加快。普遍認為，科學資訊每隔八到九年就會多一倍，但在整個二十世紀，以及進入二十一世紀後，變化的速度是指數級的。[9]獲取資訊的便捷性，也以令人難以置信的速度提高。有些人還記得自己曾在圖書館裡影印期刊上的文章，甚至是閱讀縮微膠片上的資料。[10]在奧林．克萊普撰寫關於無聊的文章時，資訊的傳送速率是每秒二十五萬六千位元（bit），現在則已接近每秒一百個百萬位元組（megabyte）。

用奧林．克萊普的話來說，有鑑於資訊爆炸的情況，無聊感會不可避免地上升。我們必然會退縮到不那麼嘈雜的環境中，或者拚命讓自己的聲音穿透雜訊，這就是他所說的「自我尖叫」（ego-screaming），也就是針對由資訊超載所引起的無聊的反應。有鑑於社群網站的流行，我們很難不把克萊普的理論看成事實。與粉絲分享平凡的日常，努力獲得按讚數，似乎能讓自己的聲音被聽到。再加上推特大戰、影片網站上無處不在的貓咪影片，以及網路吐槽的興起，很明顯的，我們在某些程度上是試圖透過比別人更大聲的喊叫，來回應資訊爆炸。但需要指出的是，上述這些僅僅只是觀點，我們仍然缺乏實證。

引起無聊感上升的，不只是資訊本身，還有媒介本身。正如前文所述，也許是由互聯網、社群網站和智慧型手機所造成的。至少在這個觀點上，我們有證據可循。[11]

互聯網的誘惑

始於一九六〇年代後期的全球資訊網（World Wide Web）有著複雜的起源，涉及美國和歐洲的多個研究小組。第一批公共互聯網服務提供者在一九八〇年代後期開始營運，十年內，我們所知道的互聯網的普及率和使用量已經呈現爆炸性增長。[12] 同時，在一九九〇年代後期，出現了一個充滿爭議的新型精神疾病診斷提議：網路成癮。[13] 而成癮通常用來定義物質濫用疾病（例如酒精或毒品成癮）。每週超過三十八個小時泡在網路上，不上網就感到焦慮，以及因上網而在日常生活中出現問題的人，被認為有網路成癮症。

早期的研究顯示，上網和無聊確實有關，有人認為上網是對無聊的一種反應。[14]比如，在十六到十九歲的年輕人中，網路成癮的普遍性似乎是由「閒暇無聊」（leisure boredom）所驅動（見第四章）。這些年輕人找不到其他滿足投入感的途徑，於是一頭栽進互聯網的兔子洞。根據研究，其中四%到十二%的人努力尋找出路。無聊時，我們會尋求可以補救或消除這種感覺的出口。互聯網極大地擴展了我們可以與之交流的東西，更不用說接觸這些東西的便捷性。

在公眾能廣泛接觸到網路的早期，需要一部電腦才能上網，但現在，電腦顯然已經被無處不在的智慧型手機所取代。研究人員開始定義他們認為的智慧型手機的不當使用。除了簡單的使用頻率上升之外，智慧型手機成癮的症狀，包括無法接觸手機時所產生的焦慮感和敵意，也就是戒斷反應。喬恩・艾萊（Jon Elhai）和托雷多大學（University of Toledo）的同事使用結構方程模型（Structural Equation Modeling），也就是一種研究不同變數之間關係的統計模型，研究結果顯示無聊能預測智慧型手機的不當使用。[15]也就是說，你越是感到無聊，對手機的依賴就可能越不健康。

這是個棘手的結論。它並不像奧林・克萊普所說的「資訊超載引起無聊」那樣簡單。相反的，互聯網和智慧型手機似乎能緩解無聊，最終卻令我們失望，而從長遠來看，它很可能讓事情變得更糟。就像任何成癮行為一樣，上網在當下確實提供快速、有效、輕鬆的解脫。在看 YouTube 網站的影片時，無聊的情緒被暫時抑制住了，但這種短暫的解脫終究無濟於事，也不健康。[16]隨之而來的是一個惡性循環。

如果我們不能運用自己的心智，投入參與事情，互聯網就會成為我們逃避無聊的避難所。而這個避難所最終是沒有意義的，雖然它有大量的資訊，但只能提供淺層的投入感。一旦斷開互聯網，我們又回到了最初面臨的問題。該怎麼做呢？社群網站、智慧型手機和互聯網，在設計之初就是為了吸引及抓住我們的注意力，讓我們從悶悶不樂中暫時解脫，難怪我們會被一個無法克服的惡性循環所俘虜。

上網的預期目標通常是「消磨時間」（passing time）。[17]這與監獄犯人對「打發時間」（killing time）或「做時間」的描述並無二致，也就是一種沒有更好或更有意義的事情可做的感覺。以這種方式打發時間，凸顯了互聯網的一些重要特點，也就是它是避免無聊的虛假方式：我們想做一些事，但它不能是任何事情。我們所定義的無聊，部分是由一種渴望所驅動。我們渴望做一些能夠最大限度地發揮自我才能和天賦的事情，在完成之後，我們能帶著一種滿足感去回味。互聯網，或者更具體地說是社群網站，至少讓我們有事情可做，讓我們的時間被占用。但這充其量是一種忙碌的擬像（simulacrum），[18]永遠不會滿足我們自我決定和創造價值的深層需求。

所以，資訊超載終究是無聊的，而互聯網和智慧型手機所提供的，只是我們渴望投入參與某事的擬像。我們借用佛羅里達大學政治學教授萊斯利・蒂勒（Leslie Thiele）的說法，提供一個關於無聊和科技如何「不謀而合」的推論。[19]這兩者都是出於自己的目的而與對方合謀。無聊把我們推向科技的懷抱，以至於我們把科技當作寶貝，並不斷試圖開發新的、更好的分散注意力的方式。另一方面，科技讓我們最終得不到滿足，保證了無聊的延續。

我們不妨想想，除了提供一種令人神往但最終空洞的投入感之外，科技還做了哪些「祕密交易」，讓我們在無聊的同時尋求它所宣稱提供的解脫。萊斯利・蒂勒認為，科技的關鍵問題之一是它改變了我們思考世界的方式，並因此催生無聊的到來；人們的技術世界觀主要看的是有效功能：這個東西有什麼用處？它的性能如何？而這個看法改變了技術的最終使用者（也就是我們）與時間的關係。我們不是簡單地「停留在時間裡」，[20]而是試圖掌握和管理時間，為的是提高效率和生產力。

時間變成了一個需要解決的問題，而一旦我們做出了這樣的轉變，未被填滿的時間就成為低效率的、無益的，最終是無聊的。填滿任何未被填滿的時間，都會造成另一個惡性循環。時間必須被填滿，但不是被任何東西填滿，科技導致了蒂勒所說的「新奇的例行化」。我們被不斷創新的必要性所驅使，渴望新事物，但又不斷提高新奇有趣的標準。昨天還很吸引人的東西，今天就無法令人滿足了，最終導致了一個永無止境地尋找新奇事物的倉鼠跑輪。從本質上講，我們對已有的東西感到麻木和厭倦。

當今主流的技術世界觀，也可能改變我們對自己的看法，使我們更容易感到無聊。也許最具破壞性的轉變，就是從意義的創造者轉變為被動的體驗者；我們像容器一般被填滿，而不是意義創造的主動來源（見第七章）。如果我們可以被日新月異、引人注目的體驗（或者至少是源源不斷的網路新梗）所滿足，那麼我們也有可能是空的。[21]

我們被推動著走向越來越多的消費，只是為了在無聊面前領先一步。我們越是不把自己看成主動的意義創造者，我們的主動性就越是萎靡。德國社會學家格奧爾格．齊美爾（Georg Simmel）在二十世紀初曾說過，被科技包圍的感覺就像

「身處溪流中……我們並不需要為自己往前游」。[22]不斷被快速流動的溪流推著走，我們忘記了如何為自己往前游。我們不再問什麼才是真正重要的，也失去了與內心渴望的聯繫。換句話說，科技在吸引和抓住我們的注意力方面的能力，是無與倫比的，而我們所擁有的刻意控制注意力的能力，似乎有可能因為使用不足而萎縮。

無連結的連接

雖然我們在上網時確實是「連接」的，但這是一種不太令人滿意的連接方式。在喬恩．艾萊的研究中，重要的是人們使用電子產品的方式，以及當他們無法上網時的感受。最終，當我們與科技的連接代替了真實的社會互動時，問題就會出現。

聖地牙哥州立大學的社會心理學家尚．特溫格（Jean Twenge）表示，與前幾代人相比，今天的青少年（她稱之為「i世代」，以強調他們是出生在完全網路化時代的第一代人）和朋友在一起的時間更少，用手機的時間更多。跟那些花更多時間與朋友相處和運動的青少年相比，那些花更多時間上網、玩遊戲或深度使用社群網站的青少年的幸福感也較低。[23]他們雖然在線上，卻與社會脫節。最近一些關於使用社群網站的研究表明，即使放棄使用臉書短短兩週，也能提高幸福感。[24]

另一個表明互聯網是一種虛幻連接（或者說是「無連結的連接」）的跡象，來自密切觀察人們上線時的行為。一項使用筆記型電腦附設的攝影鏡頭來觀察用戶行為的研究表示，平均每隔十九秒，人們就會改變他們正在做的事！[25]你可能持續做著某件事，但很難想像如果你每分鐘改變三次正在做的事，你能夠完全投入其中。不斷跳出的通知和永無止境的可能吸引注意力的事情，讓我們分心，也讓我們疲憊不堪，以至於無法長時間地與任何一件事產生深入聯繫。當我們無法專注、無法投入手上的任務時，很快就會發現自己已經被無聊俘獲。[26]

也許無連結的連接的終極表現，來自於網路色情，它可以說占用了互聯網頻寬的絕大部分。那些經常看網路色情片的人，可能正遭受著被稱為性無聊的痛苦。[27]性無聊在男性身上比女性更普遍，它與感官刺激尋求的需求有關，也就是尋求刺激，或者只是尋求與任何日常遭遇不同的東西。性無聊與親密關係的不和諧有關，也與無聊特質傾向以及自慰和看網路色情片的高發生率有關。在這裡，不健康的強化循環也在發揮作用。在現實世界無法滿足性慾的你，轉向互聯網，這暫時地滿足了你的需求，但終究無法滿足你對真正的連結的需求。你回到現實世界，但任何無法滿足的情況，都會將你送回網路色情的懷抱，因為它極易獲得，並提供了多樣的刺激。

這個循環再次強調了我們的觀點，也就是：無聊信號本身並不是敵人，而是我們對它的反應導致了不同類型的投入參與，以及隨之而來的問題。沒有意義的連接，沒有深度的感覺，沒有故事的資訊，都不可能完全緩解無聊。

我們對互聯網的迷戀中的一個共同點是「孤立隔絕」。在第六章，我們談到了隔絕受限環境，無論是自願去極端條件的地方（外太空、南極等）探險，還是作為懲罰性法律制度的一部分被強制執行。在這裡，隔絕的類型更為社會性。由於無法滿足與他人互動的欲望，可能會將一些人推向互聯網和社群網站這一虛假的靈丹妙藥。

無疑地，網路具有很多好處，它能讓家庭成員跨越距離交流，讓商業夥伴跨越國界合作，讓資訊跨越專制政府的阻礙而得以快速傳播。網路的這些好處顯然對整個社會和大多數人都是有益的。但對一些人來說，互聯網連接可能是他們唯一的連結。這就是互聯網（或更準確地說是社群網站）可能會造成問題的地方。極有可能的是，它代表了一個舊問題的新形式。我們認為，對一些人來說，互聯網的虛幻連接是對於與世界脫節的一種不良反應，而無聊正是這種脫節的信號。

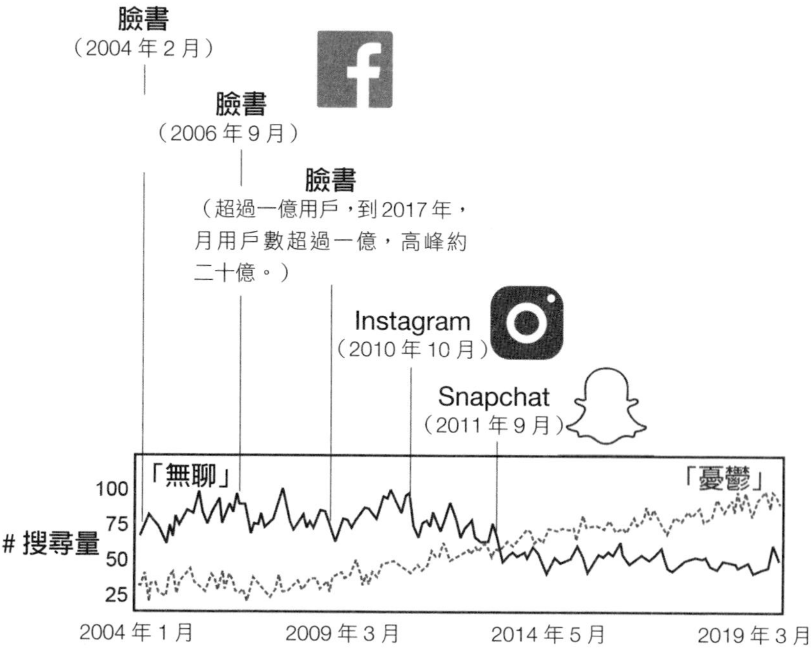

圖 6：這張圖展示了 2004 年以來「無聊」和「憂鬱」這兩個關鍵字在谷歌的搜尋頻率。圖中標注了各個社群網站推出的時間和用戶影響力。

為了瞭解我們提出的虛幻連接假說，我們在谷歌（Google）的資料庫中搜尋了自從二〇〇四年臉書推出以來的一些關鍵字的搜尋頻率。包括「無聊」（boredom）或「厭倦」（bored）等詞在內的搜尋頻率，看起來是在下降的。但對「憂鬱」（depressed）一詞的搜尋量在上升（圖6）。我們可能會覺得有足夠多的東西來占用時間，但它們不足以讓我們得到深度的滿足。

孤獨之心俱樂部

我們認為，互聯網和社群網站特別擅長培養的那種無連結的連接，最終可能會諷刺地導致一些人產生更多的社會孤立。我們可能會覺得比以往任何時候都有更多的人際聯繫，但花在Snapchat上的時間，是從真正的人際交往中奪走的時間。二〇一八年初，當時的英國首相德蕾莎・梅伊（Theresa May）宣布，她的政府正在設立孤獨事務部長。[28]一個研究孤獨的特別委員會表示，大約九百萬英國人（接近人口的十四%）經常或在大部分時間感到孤獨。[29]這位新任命的部長將負責制定政策，以應對孤獨程度上升所代表的公共健康危機。在美國，研究顯示，孤獨確實是無聊的盟友。[30]

雖然媒體對梅伊的聲明（以及隨後深夜電視節目主持人的嬉笑）的關注點，大多集中在老年人身上（孤獨和無聊在老年群體中是相伴而生的），但人們關注的地方更廣泛。正如英國國會議員喬・考克斯（Jo Cox）所言：「孤獨一視同仁。」（在考克斯過世後為其成立的基金會，是英國最早進行孤獨研究的機構。）其實無聊也是一視同仁。對於努力尋找自己位置的青少年、因睡眠不足和新生命而感到困擾的新手父母、因痛苦和損傷而感到孤立的精神疾病患者、因需要更多照顧而感到負擔沉重的老年人及其照顧者等等，孤獨以及隨之而來的無聊、焦慮和憂鬱，隨時都可能會襲擊任何人。

孤獨和無聊有一個關鍵的關聯，即兩者都代表了一種脫離世界的形式。我們在前文說過，無聊狀態是一個信號，告訴我們需要運用自己的心智，從事一些能夠發揮才能和天賦的活動。一個常見的滿足心智投入參與之需求的方法，是與同伴進行社會互動。事實上，最近一項使用經驗抽樣的研究顯示，當人們投入參與面對面的活動時，無聊感最低。[31]對一些人來說，對無聊和孤立隔絕的回應，是進入社群網站的兔子洞，虛幻的連接在短期內緩解了無聊的不適，但最終他們未能與他人建立有意義的關係。更糟糕的是，這種做法在不能深入滿足社交需求之外，甚至可能會長期地延續無聊的狀態。

我們在本章之初提出的概念是，無聊可能源自於變化太多，因為我們無法從周圍的雜訊中提取信號。我們注意到，人們正在遭受越來越多的資訊衝擊。我們提出了互聯網、智慧型手機、社群網站，以及科技可能引起無聊和孤獨的方式。我們概述了無聊和科技如何合謀讓人們陷入惡性循環。需要注意的是，這些想法仍然是推測性的。目前還沒有關鍵性的研究成果可以證實這些說法。但是，當我們轉向這些簡單的方法來緩解無聊帶來的不適時，可能會在無意中使我們更難找到真正需要的連結。

說無聊是件好事，未免太誇張了。但我們希望，這本書能夠讓你相信，至少保留無聊的可能性並學會如何以有效的方式應對無聊，是一件好事。

無聊既不好也不壞。它不會幫我們決定應該做什麼來緩解不適感。但是，如果沒有能力意識到自己的無聊，我們就有可能持續處於一種不適應的心智空閒狀態，或者當我們越來越沉溺於網路時，會自欺欺人地認為自己很好。面對不斷分散的注意力，我們面臨的一個關鍵挑戰，是抵制快速又簡單的心智投入方式的誘惑，或者說心智的垃圾食品，它們無法滿足我們，並將使我們再次循環到無聊的狀態。相反的，我們需要尋找真正的解藥，以滿足對心智投入參與的需求。

第9章
順著心流而行

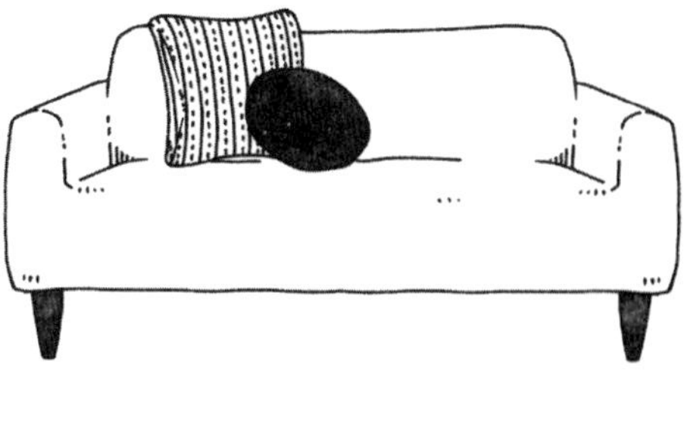

建成之後，它們將成為世界上最高的建築——在這個永遠試圖觸及天空的城市裡，世貿中心雙子塔將俯瞰所有建築物。自從法國人菲利普・珀蒂（Philippe Petit）在一本雜誌上讀到雙子塔落成的消息之後，他心中就有了一個夢想：他要在兩座高樓之間架設一條鋼索，然後在上面行走，為地面上的群眾表演，以這種方式閃亮登場。

菲利普・珀蒂花了六年的時間規畫這項壯舉。他遊走於未完工的塔樓，注意保全的動向，同時獲取高空拍攝的照片，尋找固定鎖鏈的錨點，也曾祕密前往塔頂查看每一個細節。為了預判任何潛在的問題，他甚至不惜代價建造了一個迷你版的雙子塔。珀蒂日復一日地在離地面只有幾公尺高的地方練習，準備在紐約繁忙的街道上方四百公尺處重演這場表演。

珀蒂的表演將持續四十五分鐘，而且不只是單向走鋼索，他打算在長達六十一公尺的鋼索上來回行走八次。他將拿著二十六公尺長的平衡桿，雙腳輪流踩在鋼索上，然後躺在鋼索上向聚集的群眾揮手。

他是在尋死嗎？還是在尋找刺激？恰恰相反，珀蒂在很多場合都宣稱，走鋼索對他來說並不恐怖。雖然他承認走鋼索是藐視死亡的行為，但他追求的是生，而非死。那麼如果他並非尋死，走鋼索也沒有真的嚇到他，他為什麼要做這麼大膽的事情呢？也許是為了藝術，抑或是為了體驗極致的心流，這是一種超乎尋常的專注，對其他一切干擾不為所動（珀蒂曾聲稱，當他在走鋼索時，即使你用一塊木板砸他的頭，他也不會動！），以及他的行為與世界融為一體的感覺。

§ § § § §

艾力克斯・霍諾德（Alex Honnold）是一位傑出的登山家，擅長「徒手攀岩」，也就是在不借助任何繩索的情況下，攀登優勝美地國家公園的酋長岩這樣的山峰，那是高達三千英尺（約九百一十五公尺）的純花崗岩。[1] 就像菲利普・珀蒂走鋼索一樣，霍諾德的徒手攀岩在人們眼中看來太瘋狂了，甚至像是一心尋死。但他們並不是這樣描述自己的經歷的。在他們看來，這計畫是最重要的事，恐懼並不存在，更不是要尋死，走鋼索或攀岩讓他們感受到前所未有的活力。從某種意義上說，霍諾德或珀蒂若想要成功做到自己想做的事，就必須達到深度投入的狀態。

我們將無聊描述為「因無法投入參與而產生的焦躁不安」，也許霍諾德所追求的狀態，代表了無聊的反面。但是，深度投入，一種高度集中注意力的狀態，是無聊僅有的反義詞嗎？透過研究那些代表無聊的心理狀態和感受，我們可以加深對無聊的理解，並最終在無聊信號出現時對其做出更好的有效反應。

至於什麼是無聊的反義詞，可能性太多了。也許是「興奮」：坐雲霄飛車的快感，對喜歡的球隊即將取得季後賽勝利的滿心期待，上臺表演前的那一刻。條件再放寬一點，也許「興趣」就是無聊的反義詞：專注讀一本小說，專心看一部情節複雜的電影，甚至思考如何完成一幅一千片的拼圖。或許「愉悅」也是無聊的反義詞：一份五菜一湯的精緻套餐，一場動人心弦的音樂會，一夜激情的繾綣纏綿？若愉悅不算是，或許「放鬆」是無聊的反義詞：在泳池邊小憩，在春日午後的公園裡散步，結束一天辛苦的工作後在電視機前放鬆？這些是否都是無聊的反面？當然。

無論是興奮、愉悅、興趣、好奇，甚至是放鬆，當我們體會到這些感覺時，我們的心智被運用了，我們想要繼續做正在做的事情，滿意地投入參與這個世界。以下我們將從「投入度」的角度，探討這些無聊的反義詞，也許從那個最突出的體驗說起，也就是當我們猜測霍諾德和珀蒂是否恐懼時，他們很可能沉浸於其中的狀態——心流。

何謂心流

大約五十年前，米哈里・契克森米哈伊（Mihaly Csikszentmihalyi）著手發展一種新穎的理論和方法，來解決人類幸福的「如何」問題。[2]就像無聊一樣，讓我們感到快樂的東西也因人而異。收藏家可以在他們所熱衷的物件上沉浸數小時，滿足於探索別人無法欣賞甚至不屑去想的細枝末節。我們到底做什麼事並不重要，重要的是我們如何投入其中，這是契克森米哈伊的見解。他提出的方法論被稱為「經驗採樣」。契克森米哈伊使用日記（在今天可以用智慧型手機）、訪談，或者直接打斷採訪對象手上工作的方法，簡單地詢問人們對日常工作的主觀體驗。[3]從像艾力克斯・霍諾德這樣的攀岩者，到工廠工人、外科醫師，再到表演藝術家，他們所傳達的訊息都很明確：當心神非常投入，以至於世界的其他部分似乎都消失了的時候，他們的內心最有成就感。契克森米哈伊的採訪對象經常把這種現象稱為「心流」。[4]

雖然他們並不總是用完全相同的方式來描述心流，但研究者一致認為心流有以下的必要特徵：

- 我們的技能和能力必須能夠應對挑戰。
- 我們需要一種高度的控制感。
- 我們需要明確的目標和清晰的回饋。
- 我們的注意力必須高度集中。
- 我們的意識必須與正在做的事情緊密相連，以至於會忽略自己的存在。
- 無論我們在做什麼，都必須感覺毫不費力。
- 我們所做的一切，都是為了它本身，也就是我們具有內在的動力。
- 我們的時間感變得扭曲了。

其中一些特徵可以說是心流的先決條件，而另一些特徵則是達到心流狀態後的結果。[5] 無論如何，它們都是心流體驗的重要組成部分，會保護我們免受無聊的侵襲。

心流的一個關鍵前提是，在當下任務對我們的要求，以及我們能否熟練運用自身能力達到要求之間，取得平衡（就像先前提過的「剛剛好」原則）。根據契克森米哈伊的觀點，心流總是在我們達到這個最佳狀態時發生，也就是當我們與環境和諧一致時。如果天平兩端的任何一端失控，即能力達不到或者超出了任務的要求，我們就容易感到焦慮或無聊。無聊推動我們去尋找更大的挑戰，而焦慮提醒我們去磨練自己的技能。這兩者的結合，為我們指明了心流的方向。

每個人或許都能在本地健身房裡嘗試攀岩，比如五．四級的攀岩難度（註：攀岩的難度以「五．X」來表示，X為阿拉伯數字，從零開始，數字越大則難度越高）。對於像艾力克斯．霍諾德這樣擁有嫻熟技能的人來說，五．四級像是兒戲，甚至連熱身的效果都沒有。他的起點可能是五．九或五．一〇（對新手來說頗有挑戰）。換個角度思考一下，對攀岩新手來說，五．九級的難度堪稱不可翻越的大山。不論是哪種情況，都意味著個人技能和任務要求之間有著明顯的不適配。我們追求的是剛剛好的狀態，即挑戰難度和技能水準適配，如此才有可能提升我們的極限，將我們帶入心流而非無聊的狀態。

還記得我們在第二章提到的那個平衡挑戰和技能來避免無聊的實驗嗎？如果我們人為地讓人們一直在石頭剪刀布的遊戲中獲勝，那麼這個任務不具備任何挑戰。人們沒有進入心流狀態，會覺得這個遊戲無聊至極。然而，正如我們所解釋的那樣，這並不是故事的全部。在與電腦較量時一直輸掉的人們，首先感到挫敗，然後也會感到無聊。[6]

在第二章提到的另一項研究中，我們讓兩組受試者分別觀看兩個二十分鐘的影片。在其中一個影片裡，滑稽的默劇演員慢吞吞地教著初級英文單字，在另外一個影片裡，數學家運用無比複雜的數學公式教授高級電腦圖形學。無論是哪個影片，人們到最後都想把眼睛挖出來。挑戰不足或挑戰過度，都會使人感到無聊。[7]與契克森米哈伊的心流模型相反，無聊不僅會發生在挑戰不足時，而是發生在挑戰／技能天平出現傾斜時，也就是事情太容易或太困難時。教育界已經發現了這個現象。德國慕尼黑大學的研究員賴因哈德．佩克隆（Reinhard Pekrun）指出，當學校的任務遠遠超過學生的能力時，他們就無法專注其中，並且感到無聊，因為這些任務並不能吸引學生的注意力。[8]

心流的第二個條件是我們處於自己的控制之中。要是我們再想像一下艾力克斯．霍諾德的徒手攀岩，也許會覺得太嚇人了，但這種意料之中的恐懼，源自我們的自我意識，也就是我們自己在這種情況下可能被嚇得靈魂出竅。但對霍諾德來說，情況正好相反。可以肯定的是，當他利用指尖的力量支撐自己懸空在離地幾百公尺高的地方時，有一定的機率會粉身碎骨。但他在攀登的過程中，並沒有感受到那種迫在眉睫的危險。相反的，他感到每一次移動都在計畫之中，每一步行動都在控制之中。對他來說，這才是攀岩令人無法抗拒的魅力。

在心流狀態下，我們會產生一種感覺，即任何可能發生的情況都能被妥善處理，每時每刻都由我們自己決定下一刻會發生什麼。換句話說，我們體會到一種深刻的行動力，這是讓心流成為一種巔峰體驗的關鍵因素。

相反的，無聊會挫傷我們的行動力。當我們感到無聊的時候，控制感就會減弱。任由世界對我們做什麼，我們卻無法改變它。正如第二章提到的，無聊在我們還沒有開始做什麼之前就把我們打倒了，它使我們無法說出自己想做什麼，卻又強加給我們一種需要做些什麼的感覺。如果說心流的特點是行動力達到巔峰，那麼無聊就是行動力的谷底。

在石頭剪刀布實驗的後續研究中，我們用不同的方式欺騙受試者。這一次，我們讓受試者與電腦進行遊戲，每個選項出現的機率都相同，這意味著你只能在三十三％的次數內獲勝。我們把真相告訴其中一組受試者：你的對手是隨機出拳，所以你獲勝的次數不可能超過三十三％。對於這組人來說，他們沒有辦法掌控遊戲，因此持續的遊戲變得單調而無聊。我們對第二組受試者撒了謊，告訴他們，對手採用了一種可利用的策略，如果他們能將這種策略弄清楚，就會贏得更多次。這組人一點也不感到無聊，儘管他們獲勝的次數沒有超過三十三％。僅僅是獲得控制權的可能性（即使控制權從未真正實現），就足以抵抗無聊。

我們已經說過，艾力克斯．霍諾德若要成功徒手攀岩，就必須精心策畫，不放過任何細節，就像菲利普．珀蒂針對在雙子塔走鋼索花了多年時間策畫一樣。攀岩的難度必須要能挑戰他的極限，但同時也需要完備的計畫，讓每個動作都是經過排練、預料之中的。他的動作必須恰到好處，甚至不需要想，就能感覺到身體和岩石的互動，並為下一個動作做準備。要想達到心流狀態，任務的要求必須是可預測的，才能讓成功就在指尖。它必須是一個可及的目標，否則技術和挑戰之間那種難以捉摸的適配度就會消失。輕鬆至極的攀岩不會讓霍諾德在攀登過程中進入心流狀態。正如我們石頭剪刀布的研究顯示，完全控制是很無聊的。對結果有百分之百的把握，會剝奪我們讓不可能成為可能的機會。

無聊和心流代表著控制光譜的兩端，並受到行動力程度的影響。行動力的提高，會導致更少的無聊和更多的心流。然而，當預測總是準確，對結果總是有把握，讓我們覺得無關緊要的話，我們就會分心。

我們需要清晰的目標和明確的回饋，才能達到心流狀態。如果我們不確定自己想要達到什麼目標，或者無法衡量自己離目標有多遠，心流就不會發生。為了避免無聊，我們必須能夠有效地表述自己的目標，或者至少從已有的選項中選擇想要追求的目標。

拖延也許是難以決定目標的最明顯的症狀，可能會導致我們產生無聊時會出現的那種「卡住」的感覺。事實上，容易感到無聊的人也更容易拖延。極其容易感到無聊的人，經常發生一種特殊的拖延形式，對其最好的描述是「猶豫著猶豫著就不想做了」，也就是在決定是否開始做某事時的一種猶豫不決。[9]「渴望投入其中，但又不想開始」才是無聊的核心所在。

伴隨心流的是明確劃分的目標，但這個事實不能解釋如何成功地設定目標，也不能解釋為什麼當我們感到無聊的時候會出問題。然而，我們不一定非要從事有明確回饋的目標導向性的活動，才能避免無聊。做白日夢就是一個例子。可以說，雖然沒有明確的目標，也缺乏任何形式的回饋，白日夢仍然吸引人。

當我們向分心屈服時，心流就隨之瓦解。對於艾力克斯·霍諾德或菲利普·珀蒂來說，任何注意力的鬆懈都將是災難性的。多項研究都顯示，無聊伴隨著注意力的鬆懈，無論是日常事務中的失誤（例如把柳橙汁倒在麥片上），還是實驗室任務中的不良表現。[10]

但是，有沒有一些狀態是不需要集中注意力但又可以避免無聊的呢？換句話說，你是否一定需要集中精力才能避免無聊？躺在海灘上放鬆似乎不需要什麼注意力，而大多數人都不會覺得這很無聊。同樣的，我們也能回憶起有時自己躺在陽光下的沙灘上，努力想要放鬆，卻坐立不安，想做點別的事情。這時，放鬆已經變成了無聊。因此，雖然注意力對心流是至關重要的，而注意力的鬆懈是常見的無聊體驗，但這並不意味著注意力缺失就一定會引起無聊。我們的心智必須被運用，但不需要為了避開無聊而強烈地集中注意力，讓每一次行動都無懈可擊。

在心流狀態下，對自我的所有意識都會消散。因此，心流近似於焦慮的反面。焦慮顯然代表著我們面對真實或猜想的威脅時對自我的憂慮。[11]當我們全神貫注於某項活動，以至於注意力無法分散時，對日常的恐懼和擔憂就會消失得無影無蹤。攀岩家又是一個很好的例子。攀岩運動員並非找刺激或尋死，他們之所以一次又一次地投入在許多人看起來驚心動魄的挑戰中，是因為他們在攀登中能獲得完全的平靜。事實上，契克森米哈伊的許多受訪者都強調，他們追求的是心流的感覺，一旦身處其中，就不會感到恐懼或焦慮。艾力克斯・霍諾德曾提到：「我都是在沒有恐懼的情況下攀登困難的路線。」[12]

相較之下，無聊與自我意識密切相關。無聊的人痛苦地意識到，他們一直無法在活動中拋開自我。在自我專注方面，無聊確實是心流的對立面。經常感到無聊的人也有類似的感觸，無聊與自我專注、焦慮和神經質都有強烈的關聯。[13]從這個角度看，無聊和心流代表了對自我關注的兩個極端。

契克森米哈伊在大量採訪那些從事攀岩等極限運動的人之後，所提出的論點是，若要進入心流狀態，我們從事的活動必須讓我們感到毫不費力。這並不意味著我們必須去做那些不需要複雜的身體或心理技巧的活動，而是說，這些活動應該可以使我們遊刃有餘地運用這些技巧。任何看到艾力克斯．霍諾德完成徒手攀登酋長岩的人，都不會懷疑做這件事需要大量的身體和心理技巧。[14] 霍諾德自己也指出：「我在攀登時什麼都不想，這也是攀岩具有吸引力的一個原因。」[15] 顯然，要讓他的手和腳放在精確的位置，需要大量的準備、技巧和練習；但在執行時，卻要感覺毫不費力。

對於艾力克斯．霍諾德來說，攀岩本身就是獎勵。成為攀岩界的明星無疑有其他的好處，但我們認為，前文所述才是他攀岩的出發點。那些有幸體驗心流狀態的人，都找到了對他們來說活動本身就是獎勵的事。追求這種活動，純粹是為了獲得完全沉浸其中及受到最佳挑戰所帶來的愉悅和回報。在這個層面上，心流也是無聊的反面。當無聊的時候，我們找不到任何想做的事情，更不用說僅僅為了做而做的事情了。那種活動本身就是回報的事，很容易吸引人並讓人維持注意力，我們從來不需要強迫自己去做這些事。這些事與無聊之間的關係，就像油和水一樣，根本無法相融。

心流的最後一個核心要素是「時間的扭曲」。契克森米哈伊指出，雖然這通常是指時間的壓縮，也就是感覺時間在幾分鐘內就過去了，但情況並非總是如此。對細節的強烈關注，對此時此刻的體驗的專注，也會讓人感到時間彷彿靜止了。

無論在哪種情況下，處於心流狀態的人都會感到自己從時間中解放了出來。與心流相關的時間扭曲（無論是壓縮還是延伸），都與專注的強度有關，而專注是享受這種狀態的關鍵。

這與無聊形成了鮮明的對比，在無聊狀態下，時間會被拖長。[16]我們常說的例子是在監理所等待叫號，除了靜待時間過去以外就無事可做。時間以冰河般的速度移動，這是無聊的一個組成部分，在長期經歷無聊的人身上表現尤其突出。當我們感到無聊時，時間緩慢拖行，因為我們的心智沒有投入參與。[17]時間的緩慢行進，是我們覺得無聊的核心原因之一。

從表1中，我們可以看到，無聊和心流在許多方面似乎是兩個極端。但說心流是無聊的反面，並不等於只有進入心流狀態才能避免無聊。心流代表了一種高強度的投入，而這種強度未必是避免無聊的必要條件。心流作為無聊的反面，關鍵不在於其強度，而是它代表著我們與世界成功互動，我們的技能和才能得到了成功的部署。

如果心流不是擺脫無聊的唯一途徑，那麼還有什麼方法可以呢？

心流之外的興趣與好奇心

根據定義，對某事感興趣的特徵就是投入度增強了，明顯的表現是堅持和專注；因此，「興趣」似乎是無聊的另一個合理的反面。[18] 顯然，如果我們在做某件事時覺得有趣，就不能說我們是無聊的了。我們曾提到，如果某件事不符合我們的期待，不能運用我們的心智，那麼它就是無聊的。但什麼東西才是有趣的呢？是某些物件或活動天生就有趣嗎？探討這些問題，可以釐清「興趣」是（或不是）無聊的反面。

表 1：心流與無聊的對比

	心流	無聊
技能／挑戰的平衡	「剛剛好」	太容易／太難
控制感	最佳點	太多／太少
目標設置	目標清晰	無法啟動
專注力	高度專注	注意力鬆懈
自我意識	「無我」	專注於自我
付出	毫不費力	費勁
動力	內在動力	不起作用
時間	扭曲（壓縮或延伸）	緩慢行進

哲學家丹尼爾・丹尼特（Daniel Dennett）在他所說的達爾文的「奇怪邏輯倒轉」中強調了這個問題：是什麼使某事變得有趣。[19] 他提出了一個反直覺的主張，重構了我們對興趣和投入的思考方式。蜂蜜提供了一個很好的例子。丹尼特的主張是：與常識所暗示的相反，我們並不是因為蜂蜜甜美而喜歡它；相反的，正是因為我們喜歡它，蜂蜜才是甜的。

其中的邏輯是這樣的：葡萄糖含量讓蜂蜜變得重要，正如丹尼特指出的那樣，再怎麼檢查葡萄糖分子，你也不會得知為什麼它是甜的。然而，進化的歷史已經證明，找到能提供葡萄糖的食物來源，對人類祖先來說非常重要。那麼，當我們找到了一個好的來源時，就會把這個來源的味道和快樂結合起來，以此強化它的重要功能，也就是讓人類存活。最終，這種「蜂蜜似的味道」轉化為對甜味的偏好。因此，進化的力量推動我們感受到甜味帶來的快感，享受葡萄糖分子在舌尖的感覺，以此來保證只要我們找到蜂蜜，就能享用它。

同樣的邏輯倒轉也可以用來解釋可愛、性感和有趣的事物。嬰兒本質上並非可愛，而是因為他們適應人類對幼崽的喜好。某些體型被認為是性感的，是因為這種體型適應人類繁衍。冷笑話之所以搞笑，也是因為它符合人們有效且有邏輯地解決問題的習慣，丹尼特稱之為「調試（試驗與調整）的樂趣」。換句話說，捕捉到推理謬誤是有啟發性的，我們將其感受為有趣，以確保將來也會這麼做。[20]這些理想的特質（如甜、可愛、有趣），並不是事物本身所固有的，而是進化過程的結果，並且隨著時間推移而塑造了我們的欲望。這種邏輯倒轉在乍看之下似乎很奇怪，但談到人們對高熱量食物的近乎普遍的欲望時，它還是有道理的。但是，達爾文的邏輯倒轉如何能解釋一個人對交通錐的長久熱情呢？

大衛・摩根（David Morgan）是著名的「英國呆子」，也是世界上最大的交通錐收藏品的主人。[21]值得注意的是（對於那些瞭解情況的人來說），他的收藏中包括了一九五六年來自蘇格蘭的價值極高的林維爾（Lynvale）橡膠錐。大衛熱情地描述了他對這些收藏品的熱愛。「有這麼多不同的形狀、大小和顏色，而且模型總是在變化。」

以推崇「普通、日常的東西」而著稱的呆子俱樂部（Dull Men's Club）對大衛的興趣表示讚賞，將他列入了該俱樂部二〇一五年的年度日曆中。跟大衛一起放在日曆上的夥伴，包括了英國的圓環路口鑑賞協會（Roundabouts Appreciation Society）的主席凱文・貝爾斯福德（Kevin Beresford），他們的興趣是那麼令人驚訝，又奇怪得迷人。他們奇特的興趣，使人們明白事物並非天生有趣。興趣，就像愛情一樣，在你我的眼神裡。

但是，為什麼一個人可以從收集交通錐中獲得樂趣，而另一個人卻必須走過紐約雙子塔之間的鋼索，還有一個人必須在沒有繩索的情況下爬上三千英尺（約九百一十五公尺）的懸崖峭壁，才能獲得樂趣？[22] 企圖透過進化的程式來解釋人類興趣的廣泛性，實在太難了，因為人們的興趣就是這麼有個性。

然而，要是把達爾文的邏輯倒轉應用到交通錐達人大衛·摩根身上，我們不會說，他是因為交通錐有趣而對其感興趣，我們會說，交通錐之所以有趣，是因為大衛對它們感興趣。在這種思維方式下，興趣是一種結果，而非原因。大衛大概跟我們其他人一樣，天生就渴望嘗到甜的食物（如蜂蜜）。我們嚴肅地懷疑他對交通錐的興趣是否同樣是天生的。[23] 如果進化過程沒有直接形成他那不同尋常的愛好，那是什麼讓他變成這樣呢？我們認為可能是無聊。

生物學對人類的塑造是，我們喜歡心智上的投入，這讓我們感覺很好，反之則感覺不好。投入所帶來的愉悅，源自於一個事實，也就是我們能夠與世界互動，獲得技能的掌握及發展。這種對於心智投入的渴望，激勵了我們去參與、去投入。一旦我們投入參與某事當中，神奇的事就發生了：我們對這件事的關注，使它變得有趣了。

日本聖泉大學的布井雅人和京都大學的吉川左紀子證明，那些我們深入關注的事物，比起不太關注的事物，更受到我們青睞。[24]他們在實驗中向受試者展示各種抽象的形狀，並要求他們做兩件事的其中一件：報告形狀在螢幕上的位置，或者告訴實驗者，他們是否能夠與形狀產生某種關聯。例如，他們可能會說，這個形狀像一條狗（這個實驗很像是在識別雲朵的形狀）。對於某些形狀，人們完成一次便能勝任，有些則需要多達五次。後來，他們再次向受試者展示了那些抽象的形狀，包括受試者從未見過的新形狀，並簡單要求他們評價對這些形狀的喜愛程度。你可能會覺得，新形狀會勝出。但事實並非如此，人們最喜歡的形狀，是那些他們見過多次且能產生多次聯想的形狀。

全神貫注的力量能使某件事情變得有趣，這在很多方面都類似於一個較早期的研究發現，即所謂的「單純曝光效應」（mere exposure effect，又稱重複曝光效應），它來自羅伯特．扎榮茨（Robert Zajonc）始於一九六〇年代的開創性工作。本質上，單純曝光效應表明，人們更喜歡他們熟悉的事物。即使你在第一次聽一首歌時對它的評價很糟糕，但在第二次聽時，你對它的評價會比第一次聽到時更高。[25]我們似乎天生就喜歡熟悉的事物。有人引用羅伯特．扎榮茨的話，從進化的角度來解釋：「你熟悉它，意味著至少你不會被它吃掉！」[26]

最關鍵的是，這種對熟悉事物的偏愛真的很強烈，在布井雅人和吉川左紀子的研究中，他們在受試者第一次看到抽象形狀的六週後再次進行測試，人們仍然更喜歡曾經深入關注和探索過的東西。我們很難刻意關注像交通錐這樣在生物學上並不會驅動我們去關注的事物。但如果我們能迎接挑戰，全心投入對它們的關注中，它們最終也會變得有趣。

無聊不會把我們推向交通錐，或者其他類似的任何事情。無聊讓我們想遠離這種心智空閒的不適感。如果此時交通錐恰好在我們面前，我們可能會像大衛・摩根那樣，對它們產生終生的熱情。從這個意義上說，無聊是一種先於興趣的機制，促使我們產生心智投入。一旦投入參與任何事中，興趣就會產生，進而加深並維持我們的投入度。[27]

這個故事的寓意是，如果你給一些平凡無奇的事物足夠的注意力，如果無聊的推動力讓你想要投入，你也可以有自己奇特的（也許對別人來說是無聊的）興趣。我們認為，無聊是一種推動我們與環境接觸的先於興趣的機制，因此，無聊和興趣在功能上是不同的。

但無聊的感覺與興趣的感覺呢？它們是對立的嗎？我們認為不是。無聊指的是我們的心智狀態，即我們沒有心智上的投入。興趣則是一些更特別的東西，像是釣魚、古典音樂，甚至是交通錐，我們投入參與其中。無聊是一種無內容、無對象的渴望。雖然興趣和無聊不是嚴格的對立關係，但它們從來不會共存。如果我們此刻興趣盎然，就不會同時感到無聊。更準確地說，無聊不僅僅是缺乏興趣。無聊除了感覺到手上的事情不夠有趣，無法滿足之外，還包括一種焦躁不安的投入欲望。

興趣也不等於心流。對某件事情感興趣，不一定會導致心流狀態。首先，我們可以對客觀上令人不悅的事物感興趣，像是恐怖電影。而根據定義，心流是愉悅的。所以，你可以對一部恐怖片感興趣，但當下的驚嚇很難說是愉悅的。而對心流至關重要的控制感或行動力呢？想想早期恐怖電影中幾乎無所不在的場景：一隻貓突然從窗簾後面跳出來。我們也許早有預感會被嚇到，但我們的心還是猛跳了一下。在聲音和音樂藝術的擺布下，即使我們知道這很可能是個騙局，也會不自覺地嚇一跳。所以，看恐怖片時，不需要嚴格意義上的愉悅，也不需要我們去感受心流，就能讓人覺得有趣和投入。正是這種投入感，讓我們能夠有效地與這個世界連結並抵抗無聊。

如果我們繼續追問無聊的反義詞，來尋找解決無聊所帶來的不適感的最佳辦法，我們不能只考慮「興趣」，還要考慮「好奇心」。有句話是這樣說的：「無聊的解藥是好奇心，而好奇心無藥可解。」[28]也許好奇心是無聊的反面，而培養好奇心也許是抑制無聊的好辦法。正如我們在第六章所暗示的，人類一直以來就對周圍的世界感到好奇，這種好奇心足以推動我們探索世界的荒涼之地，從極地冰蓋到外太空。就跟「興趣」一樣，好奇心也與被環境中的某些東西吸引而產生的感覺有關。我們想要知道下一個轉角處藏著什麼。同樣的，如果說我們對同一件事既好奇又厭倦，也是不恰當的。但是，好奇心和無聊確實又有著相似的功能，同樣都表明了想要探索的動機。

好奇心會激發我們對某件事情展開探索，無聊會促使我們解決更普遍的心智空閒所帶來的不適感，而興趣則有助於讓我們持續投入。探索本身有很多作用：尋找資源（如食物、住所、伴侶），尋求資訊以填補知識的空白（比如，為什麼山谷這邊的葡萄更多？），學習世界是如何運作的（比如，為什麼嬰兒一直從嬰兒椅上丟東西），等等。[29]在好奇心的刺激下，探索性的行為能將行為經濟學家所說的機會成本降到最低。也就是說，如果我們決定滿足於自己在這個世界上的命運，而從不去探索周遭，不去發現新事物，我們就有可能錯過更豐富的資源或機會。山谷裡的莓果也許現在很好吃，也很充足，但如果轉角處的莓果更大、更多汁、更豐富呢？要是不去探索，我們永遠不會知道答案。[30]

一般認為，好奇心包括兩種類型：資訊尋求和刺激尋求。[31]「資訊尋求」的目的是解決知識的空白。當我們對世界的認識存在漏洞時，就會尋求更多的資訊。「刺激尋求」與對不同體驗的需求有關，不是尋求刺激本身，而是尋求新的感覺和體驗的欲望。這兩種類型顯然是相關的。任何尋求新的感官體驗的行為，都可能凸顯出我們對這個世界不瞭解但又想瞭解的東西：為什麼我們第一次遇到的某些事物的味道、感覺或外觀是這樣的？

研究者還沒有詳細探討好奇心和無聊的關係，但有一些跡象顯示兩者是負相關的。[32]在學術環境中，好奇心和無聊不僅處於投入度的兩端，還與學習以及我們賦予手上任務的價值，有著不同的關係。這可能是顯而易見的。與讓我們感到無聊的事物相比，我們當然更看重讓自己好奇或感興趣的事物。好奇心和無聊對學習策略的影響也不同。興致勃勃的時候，我們往往會採取最佳的學習策略，投入對所學知識的複習和批判性思考中，並且利用策略來豐富或拓展學習材料所涵蓋的知識。這些學習策略都與無聊負相關。感到無聊時，我們難以採取有效的學習態度，這種態度往往是透過好奇心培養起來的。

好奇心和興趣代表著我們的心智被運用了，也表明我們不一定要達到心流狀態才能投入。然而，心流、好奇心和興趣，都與無聊迥然相異，因為它們都涉及了對目標的有效追求。我們對實現某件事情的渴望，是否會導致一種強烈的遠離喧囂世界的感覺，是否會讓我們注意力高度集中以至於數小時的時光倏然而逝，這些都不是那麼重要。最重要的無聊解藥是，有一個可執行的目標，讓我們的心智投入其中，讓我們能夠發揮技能、表達欲望。

但是，有沒有其他方法能避免無聊，同時又不需要一個具體的目標呢？

悠閒但不無聊

試著回想一下，你上一次深度的真正放鬆是在什麼時候。也許是在鄉村別墅裡，或者是在海灘上，手上捧著尤．奈斯博（Jo Nesbø）最新的驚悚小說，甚至只是躺在沙發上，看著午後的光線在地板上緩緩移動。無論在哪裡，你的心智都是清晰的，關於工作的念頭無處可尋，煩惱和緊張絲毫不存在。什麼都不需要改變，你也什麼都不想。這就是放鬆的關鍵，顯然沒有什麼焦躁不安的衝動，不需要做什麼。沒有特別的目標，沒有迫切的追求，有的只是時間。

放鬆是一種低活力卻愉悅的感覺。無聊在一定程度上是想要有事可做的一種焦躁不安的渴望。處於這種渴望中的我們無法放鬆。無聊總是不愉快的，而放鬆自然地使人愉悅。但我們可以更深入地探討這種對比嗎？本質上說，放鬆是缺乏

「未被滿足的欲望」。正是缺乏這種渴望，才使「放鬆」更深刻地具備了成為無聊的反義詞和解藥的資格。無聊的基礎是一種「想要心智投入的渴望未能得到滿足」的強烈感覺。當我們放鬆的時候，我們是自由的，沒有未滿足的欲望的負擔。[33]事實上，光是告訴極易感到無聊的人「放輕鬆」，就能減少他們當下的無聊感。[34]

乍看之下，無聊和放鬆似乎有一些共同點：心智未得到充分的運用。但它們顯然不是同一回事。放鬆的時候，那些以目標為導向的欲望不會讓我們感到有負擔，這與無聊的前提條件「心智空閒」是不一樣的。即使是在放鬆的狀態下，我們的心智也會被運用。也許我們正沉浸在白日夢中，為未來做打算，或者在花園裡閒逛。我們的心智是投入的，儘管是以一種不太專注的方式。我們甚至可能沒有刻意安排自己應該想些什麼，而是讓想法隨心所欲地飄來飄去。儘管如此，我們的心智還是被運用了，但無聊時卻不是這樣。

最近，森林浴活動在日本大受歡迎。[35]簡單來說，就是在大自然中度過一段時間，休養生息。將在森林裡的時間與在城市環境中的時間進行比較，結果顯示，當人們在森林裡時，敵意和憂鬱情緒明顯減少，無聊也會減少。也許在大自然中有一些特別重要的東西；或者它只是一個生活需求縮減的地方，在那裡，我們更容易放鬆下來。事實上，很多人都覺得在日常生活中很難放鬆。如果沒有持續不斷的活動，沒有朝著成就奮鬥，沒有尋找抓住我們注意力的事物，我們常常會陷入無聊，很快就會發現自己在尋求刺激。放鬆需要有能閒下來但不感到無聊的能力。

要避免無聊，不一定要處於心流、興趣、好奇或放鬆的狀態。但是，這些狀態在某種程度上都與無聊相反，而且都釐清並加深了我們對無聊的理解。無聊的時候，我們心智空閒，卻因為想要投入的渴望沒有起作用，無法補救這種情況，於是困在沒有解決方案出現的當下。我們陷入了無聊的欲望難題。而無聊的對立面則以滿足的欲望、心智投入和強烈的行動力為特徵。

回到徒手攀岩者艾力克斯．霍諾德身上，我們可以推測，他對這項運動的熱愛涵蓋了無聊的所有對立面：他會處於心流的狀態，對磨練技術感興趣，對新的登山夥伴、新的攀登旅程感到好奇，在攀登成功之後他會得到強烈的滿足感，隨之而來的可能是片刻的放鬆。我們不知道這是否意味著他從未經歷過無聊。但攀岩或其他全身心投入的運動，可能會滿足我們對行動力的需求，減少無聊所帶來的損害。

可以肯定的是，如果這些不同的投入形式確實都是無聊的對立面，那麼，也許在追求它們的過程中，我們可以防止無聊的發生。但這仍然留給我們一個問題，那就是當無聊感真的來襲時，我們應該如何應對。

結語

當你凝視著前院時，有一個想法突然冒了出來：要是當初拍攝一部縮時攝影的影片就好了，一定會很酷。不是為了記錄季節的變化，而是為了記錄自己這幾年親手耕耘所帶來的變化。

你的前院曾經只是一塊草地，上面有各種高矮不一的雜草，而現在已經非常整齊了。十幾種不同顏色的鬱金香預示著春天的開始。院子右邊，你種了一棵三色山毛櫸，它的葉子是深紫色的，鑲著淡粉色的邊。院子左邊是菜園，有光禿禿的甘藍藤和殘留的豆藤，這些都是去年採收後留下來的。一條寬窄不一的小路從中蜿蜒穿過，小路的前方是一叢枝條下垂的桑樹，周圍長滿了百里香。你花了好幾年來布置這片景色。

這樣的景致需要不停地除草。一次又一次。

每次開始除草時，你都會想，是否只是為自己平添這些無休止的工作。

是這樣沒錯，但你喜歡這些工作。當你在院子裡走來走去，清除不屬於這片天地的雜草時，你感到自己在進步。你眼前有個目標，當達到目標時，一切看起來都很棒，你知道這來自雙手的勞動。這也許不值得什麼獎品或讚美，但無疑是你的成功。

無論從哪個角度看，除草都應該是無聊的事。它單調，也不是什麼嚴格的挑戰，對你生活的意義或價值不值得一提。那為什麼人們喜歡除草呢？某種程度上，它讓你能投入其中。當你除草的時候，明確知道現在要做什麼，接下來要做什麼。當你除完草之後，會有一種成就感。你的行動帶來了直接且令人滿意的變化。

§　§　§　§　§

無聊是對行動的號召。我們可以用各種方式回應這個號召。我們可以試圖掩飾無聊來逃避它。一頭鑽進互聯網或社群網站的兔子洞，當然能消磨時間，但某些時候我們會意識到，自己一直在做的這些事其實沒什麼價值。尋求刺激或新奇事物，也好不到哪裡去；這個策略說好聽一點是一種冒險，但根本不具持續性。

相信著我們有資格也有能力創造不斷變化、永遠刺激和新奇的體驗，就注定了我們要與無聊做持久的對抗。無聊的信號表明了我們需要行動，需要改變我們正在做的事情，需要讓我們運用心智。但是，如果把這種信號轉化成一種需要永遠保持興奮的信號，那麼這種欲望就不可能得到滿足。

我們不應該掩飾或逃避無聊。事實上，對無聊做出良好的反應，會賦予它價值。接受不適感，能夠讓我們免於停滯不前，因為不適感會激勵我們採取行動。從這個意義上講，無聊不好也不壞。解開無聊的詛咒，避免無聊的禍害，關鍵在於我們如何反應。

但應對無聊並非易事。無聊的人其實想做一些事，同時心裡又沒什麼特別想做的事，這是一個難解的問題，如同戈耳狄俄斯之結（Gordian knot，註：這是一沒有露出繩頭的繩結，詳見書末的註釋說明）。[1]當我們苦於無聊的煩悶時，會想像著「解藥之一是興奮」，但這正是無聊這一信號的神祕之處。越是顯而易見的解決方法，可能越容易使問題複雜化。更多時候，陷入無聊的痛苦中的我們，期待世界能幫我們解決這個難題。我們也許會一股腦兒地嘗試許多不同的方法，看看什麼能讓我們滿意。或者，像孩子央求父母幫他們解悶一樣，我們會要求他人為我們解決這個問題。正如戈耳狄俄斯之結的解法並非一目了然，無聊的解藥並非就擺在我們面前。相反的，它源自我們的內心。

我們有一股「成為自己生活的主人」的驅動力，而當我們感到無聊時，就失去了行動力，而行動力是一種一切都在掌控中的感覺。我們在第二章提到了漁夫和軟木塞的故事。漫無目的地漂浮在汪洋大海上的軟木塞沒有行動力，任憑大自然擺布。相反的，漁夫可以選擇何時何地拋下錨，也可以在暴風雨來臨前收拾東西，上岸躲避。[2]

無聊告訴我們要重新發揮行動力，同時也提醒我們，行動力是有限的。我們不是上帝，無法強迫世界屈服於我們的意志；但我們也不是被動的容器，無力地等待著被填滿。我們處於兩者之間一個令人難以接受的尷尬地帶。當無聊的信使到來，我們最好採取行動以實現行動力，儘管它可能是有限的。但很多時候我們做了完全相反的事，採取了抑制行動力的行動，長期下來，這只會讓我們與無聊對抗的情勢變得更糟。

伯特蘭．羅素（Bertrand Russell）在二十世紀上半葉寫就的作品中聲稱，無聊正變得不那麼普遍，但更具威脅性。[3]根據羅素的說法，這種威脅性與我們對無聊的恐懼有關。我們到底在害怕什麼？我們只因為「無聊令人苦惱」就害怕它嗎？引起這種恐懼的至少還有另外兩個因素：其一是對自身不足的恐懼，其二是對失敗的恐懼。這兩者都是對行動力的挑戰。

乍看之下，我們因為恐懼而對無聊做出適得其反的反應，似乎是件奇怪的事。其實沒什麼好奇怪的。當我們面對任何令人苦惱的情形時，都會尋求解脫。越是痛苦，我們越會專注地尋找當下的解脫。長期的後果顯得不那麼重要，我們更關注於即時的解脫。

由於害怕無聊，我們拚命地尋找那些能輕易獲得的活動，以便盡快將我們從無聊中解救出來。這樣的活動在設計之初就是為了控制我們的注意力，本質上是將我們困在不用動腦的操作中。網頁上的那些點擊按鈕，讓我們陷入廣告商的控制範圍；遊戲裡精心設計的關卡，讓我們順利闖進下一關；發牌機上的鈴聲和哨聲，刺激著我們再來一局，即使我們已經輸掉了畢生積蓄。[4]這些東西吸引著我們的注意力，但它們只是把我們當作達成目的的工具，繞過了我們對投入的需求。這些吸引目光的手段在短期內都很有效。事實上，急切地想要擺脫無聊的我們，根本抵抗不了這些活動的誘惑。

長期來看，我們越是依賴這些外在的東西來解決無聊問題，行動力就越是萎縮。一旦萎縮，我們就更容易受到無聊的影響。這個不斷加速的惡性循環只會變得越來越難停下來。對無聊的恐懼則加劇了這個循環，確保我們會被無聊持續困擾。實際上，我們並不需要害怕；包括無聊在內的任何負面情緒本身並不危險，反而指出了需要解決的危險。無聊的關鍵訊息是我們的行動力消失了，而我們需要做些什麼。

殺死信使無濟於事，只會讓我們忽視這個事實：我們真正的需求未被滿足。滿足指的並非僅僅是運用我們的心智，而是挑戰心智，在與世界互動的過程中施展行動力；滿足指的是成為漁夫，而不是軟木塞。

對無聊的適應性反應是怎樣的呢？正如我們在上一章所講的，尋求一種心流狀態，培養好奇心，抑或只是放鬆，這些都是有效的行動。除了這些，還有一種選擇，就是置身當下。這種回應無聊的方式，能讓我們拋開尋找解脫的想法，並專注在此時此刻。向內凝視，讓我們能更仔細地審視內心的原動力。對此加以練習，我們會變得專注於當下和自己。換句話說，我們會變得心無旁騖。

正念（Mindfulness）是冥想的一種形式，所培養的是不做判斷地專注於思考和感受的能力。它與較低程度的無聊相關。有著較強正念技巧的人所報告的無聊程度也較低。[5] 即使單純從定義上來看，無聊和正念都是不相容的。我們越是無聊，越不會進入正念狀態。[6] 部分原因在於，正念透過減少我們對無聊處境的情緒反應，來避免無聊。正如其他令人苦惱的感受一樣，我們越是害怕無聊，越是想要從無聊中解脫，它就越會令我們痛苦。[7]正念也許能幫助我們打破用更多的負面情緒來回應負面情緒的循環，防止我們用恐懼和敵意來應對無聊。[8]

在嘗試逃避無聊的時候，其實我們也剝奪了學會如何置身於當下，以積極的方式重整自我能量的機會。為了發現內心深處最想做的事，我們需要忍受一段時間的低落，在此期間我們的思考和行為不受外界所引導。透過接受感到無聊的風險，我們獲得了找到解藥的機會。與其對抗無聊，不如接受無聊的處境給了我們日後擺脫它的可能性，也就是我們有機會認識自己的欲望和目標，進而可以用自己的方式投入並致力於一個有目標的行動。

與其說無聊是件好事，不如說偶爾不被世界刺激是好事。正如安迪・沃荷（Andy Warhol）所言：「你得讓那些平常會讓你無聊的小事，突然讓你興奮起來。」[9]接受更少的刺激，抵抗那種讓外在的事物來驅動及控制我們的行為的衝動，是一件好事。換句話說，我們可以有意識地選擇在生活中做些什麼，以及做這些事的節奏。[10]

如果允許那些在設計之初就是為了吸引和抓住我們目光的外部力量，來決定我們投入參與世界的方式，那我們便會與自我疏遠了。相反的，當這些力量退去之後，我們還有再次找到自己的可能性；也就是發現自我。[11]一方面，這是一種幸運，是迎接我們的行動力以及根除無聊的先決條件。另一方面，好好地審視自我並不總是令人愉快。俄裔美籍詩人、散文家約瑟夫・布羅茨基（Joseph Brodsky）在達特茅斯學院（Dartmouth College）的畢業典禮上，發表了令眾人困惑的演講。他盛讚了無聊的美德，稱它「以自己的視角打量你的存在，其最終結果是精確和謙遜。你是渺小的，因為你是有限的」。[12]

當「欲望—行動—新欲望」這個循環停止時，當我們感到無聊時，我們便會瞥見到，在時間的無限性面前，我們的行動終將是徒勞。如前所述，無聊提醒我們，我們的行動力是有限的，我們既不是神，也不是空空的、等待被填滿的容器。我們需要做的是接受自己的平凡。我們必須願意在時間裡駐足，勇敢面對自我的平凡，在做到這些的同時不向無聊屈服。[13]有效地回應無聊，需要你接受自己的局限性。

無聊提醒著你，你是有限的，你的行動最終無足輕重，然而它也要求你做出選擇，投入活動。在約瑟夫・布羅茨基看來，這就是無聊給我們上的重要且鼓舞人心的一課。雖然你的行動微不足道，但你必須採取行動。這不是什麼悲觀的困境。相反的，這就是生活本身：「然而，事物越是渺小，越是充盈著生機、情感、喜悅、恐懼、悲憫……熱情是渺小的人的特權。」[14]

因為你是有限的，並且受制於永遠存在的各式各樣的無聊，所以你能夠體會到熱情。尼采（Nietzsche）有句話說得很好，他曾經惡作劇般地沉思道：「上帝在創世第七天時的無聊，可以成為一名偉大詩人的創作主題。」[15]全能和永生意味著一切皆有可能，這就很難讓你特別重視某件事。另一方面，熱情的投入發端於對時間之短暫的認識，源自人類的行動力，是一劑治癒無聊的萬全解藥，也是你的最佳狀態。

當無聊的信使到來時，明智的做法是深吸一口氣，拋掉任何可能控制你的注意力的東西，接受自我的局限性，然後追求能夠實現行動力的行動。沒有簡單的、一刀切的一套行為準則可以替你做到這一點。無聊不會告訴你應該做些什麼；我們也不能。

我們提出以下原則來代替簡單的答案。尋找能夠明確而不是模糊你的欲望和目標的活動。追求能夠實現你的價值的目標，也就是對你來說重要的目標。為了某事本身而做這件事，而不是為了逃避其他事。選擇能讓你的周遭充滿魔力的活動，這樣你就會進入更深的連結之中（想像大衛・摩根對交通錐細微差別的著迷！）。採取行動來表達並拓展你的效能。找到能夠讓你作為一個獨立個體投入其中並表達自我的活動。

無聊讓我們面臨一個簡單但又深刻的問題：你要做什麼？這個問題需要回答。很少有比它更重要的問題了。

註釋

第1章　無聊的別名

1. 《牛津英文字典》稱「無聊」一詞首次出現在查理斯・狄更斯的《荒涼山莊》中，初版於一八五二至一八五三年（Dickens, 2003）。然而，本書中的這段對話來自英國廣播公司（BBC）二〇〇五年對這部小說的改編。最接近書中的引文是：「戴洛克夫人說她已經『厭煩到死』了」，而「無聊」是在以下這句首次出現：「就在上週日，夫人在無聊的惆悵和絕望的夾縫中，因為自己的女僕精神煥發而幾乎恨透了她。」

2. 拜倫勳爵撰寫了諷刺史詩《唐璜》（*Don Juan*），並在其中使用了bored這個形容詞。「社會現在是一個經過雕琢的部落／由兩大族群組成，令人厭煩的人（the Bores）和感到厭煩的人（the Bored）。」（Byron, 1824 [2005], Canto 13, Verse 95, lines 7–8.）

3. 拉爾夫‧瓦爾多‧愛默生（Ralph Waldo Emerson）在一八四一年寫到法國人的無聊：「這個在我們撒克遜人中沒有名字的法文『Ennui』（無聊），有著可怕的含義。它縮短了生命，剝奪了白天的光明。」（愛默生，一九七一；見 Paliwoda 中的討論，二〇一〇，十六頁。）

4. 我們稱之為無聊的體驗起源於乏味、倦怠和厭世，這是罪惡的懶惰，或是對履行上帝的責任漠不關心。因此，無聊並不是在工業革命時期（賦予戴洛克夫人大量空閒時間的時期）首次出現的。

5. Ferrell (2004); Frolova-Walker (2004); Raposa (1999); Spacks (1995); Svendsen (2005); Toohey (2011); Wardley (2012); Winokur (2005).

6. Toohey (2011).

7. 彼得‧圖希的翻譯。參見 Martin et al.(2006) 對無聊在古代的定義的進一步討論。

8. 《傳道書》（*Ecclesiastes*），一：九（新國際版）。雖然這一描述類似於塞內卡對單調的抱怨，但更準確的解讀是：尋求物質滿足最終是沒有意義的。後來，作者聲稱，在最終的死亡面前，即使獲得智慧也毫無意義，以及他「憎恨生命」。也許這段話代表了一種精神聯繫的缺乏，甚至是憂鬱症。

9. 這位官員是如何消除無聊的，這點不得而知，但他做到了，這是肯定的。

10. 萊茵哈德‧庫恩（1976）。埃瓦格里烏斯‧龐帝古斯（Evagrius of Pontus, 345-399）

是一位基督教僧侶或沙漠教父，據說他提出了第一個關於acedia（厭世）的學說，並提供了以下描述：「患有此症的人的眼睛一直盯著門看，他的智力想像著有人來拜訪。一聽到門吱吱作響，他就跳了起來；一聽到聲音，他就靠向窗外，坐在那裡直到全身僵硬都不離開……他揉揉眼睛，伸伸手臂，把目光從書上移開，盯著牆看，又繼續讀了一會兒書，翻動著書頁，他好奇地翻到書的結尾，一邊數著頁數，一邊計算著聚會的次數。」（cited in Nault, 2015, p. 29）

11. 直到文藝復興時期，「正午惡魔」才被用來指稱憂鬱症，而不是更接近無聊或厭世的症狀。僧侶所經歷的憂鬱症，甚至更確定地是與他們在研修中過於單一地關注數學和科學有關！（Solomon , 2001）。

12. 西奧多・魏茨於一八四九年出版了《作為自然科學的心理學教科書》（*Lehrbuch der Psychologie als Naturwissenschaft*），對感覺的心理學研究做出了重大貢獻（Romand, 2015; Teo, 2007）。

13. 根據魏茨的說法，只有當我們所期待的思緒流動被抑制時，我們才會意識到無聊這樣的情緒。

14. 西奧多・利普斯（1906），引自奧托・費尼謝爾（Otto Fenichel, 1951, p.349）。利普斯受到魏茨的影響，繼而影響了西格蒙德・佛洛伊德（Sigmund Freud）。

15. Galton (1885); James (1900); Waitz (1849).

16. 根據許多存在主義者的觀點，缺乏意義是人類痛苦（包括無聊）的核心（Maddi, 1967, 1970）。維克多・法蘭克的觀點非常著名，他認為尋找和滿足生命意義是人類的基本需求（Frankl, 1978）。當人們不能滿足這種需求時，就會被「存在的真空」所吞噬。這樣的人「意識不到一種值得為之存活的意義。他們被內心的空洞虛無所困擾」（Frankl, 1959, p.128）。法蘭克斷言，這種真空「主要表現為無聊的狀態」（p.129）。

17. 「人的本性是這樣的，他的意志在努力，得到滿足後又重新努力，如此循環往復直到永遠。事實上，他的幸福和快樂僅僅在於從欲望到滿足，從滿足到新欲望的快速轉換。因為沒有滿足就是痛苦，而對新欲望的空洞渴望是倦怠，是無聊。」（Schopenhauer, 1995, p.167。）事實上，叔本華也曾說：「人類幸福的兩個敵人是痛苦和無聊。」（p.198）

18. 正如大衛・坎加斯（David Kangas, 2008, p.389）對此觀點的闡述，無聊「是一種無法逃向一個物件（興趣）的體驗，因而是一種『困在』自己身上的體驗。無聊的時候，自我是不存在的。它被迫在沒有『意義』的支持下，與自己發生關係」。

19. 索倫・克爾凱郭爾（1992, p.232）。克爾凱郭爾在作品中使用了大量化名。所以要對他的作品進行清晰的解讀，或者確認他對無聊的看法是很困難的。閱讀《非此即彼》的一種方式，是看到克爾凱郭爾為我們提出了存在主義的難題讓我們去克服，但他並不試圖去解決這個難題。在第七章「引誘者的日記」中，敘述者約翰內斯・克利馬庫斯（Johannes Climacus）把時間花在追求女人上，對他來說，追逐、勾引才是最刺激的。一旦到手，一段關係就會變得無聊。

20. 完整的引文是：「世界的倒行，邪惡的增多，有什麼奇怪的。無聊越來越多，而無聊正是一切邪惡的根源。我們可以從世界創造之處追溯到這一點。眾神感到無聊，所以他們創造了人。亞當因為孤獨而感到無聊，所以創造了夏娃。從那時起，無聊降臨這個世界，並與人口的增長成正比。亞當一個人很無聊，亞當和夏娃在一起很無聊，亞當和夏娃以及該隱和亞伯在家中很無聊。然後人口增加，所有人都很無聊。為了轉移注意力，人們想到了建造一座高聳入雲的塔。這個想法和塔的高度一樣無聊，也是無聊占領上風的一個可怕證據。然後各個國家散布在地球上，就像現在人們出國旅行一樣，但他們繼續感到無聊。想想這種無聊的後果吧！」（Kierkegaard, 1992, pp.227—228）

21. 存在主義思想的一個共同主題是，無聊是一個障礙，但對於心智強大的人來說，也是一種幫助（McDonald, 2009）。

22. Ciocan (2010).

23. 我們的研究顯示，對於極易感到無聊的人來說，時間會變慢（Danckert & Allman, 2005）。

24. 如果世界不是這樣，如果一切都很新奇，充滿意義，會是怎樣呢？我們會不會同樣麻木，無法在一個不斷變化的世界中有所行動？

25. 長期以來，精神分析一直關注本能的欲望。由於我們知道這種欲望在社會上是不能被接受的，因此加以壓制。從這個角度看，無聊是這種壓抑機制的結果。事實上，拉爾夫・格林森（1953）的文章表明，極易產生無聊感的人有強烈的口腔固著（oral fixation）。

26. Greenson (1953).

27. Greenson (1953), pp. 19–20.

28. Lewinsky (1943); Wangh (1975).

29. 赫斯凱・伯恩斯坦（Haskell E. Bernstein, 1975）這樣寫道：「無法直接和強烈地體驗自己的感受，是長期無聊的根源。」（p.518）

30. Phillips (1994).

31. Tolstoy (1899, part 5, chapter 8).

32. 埃里希・佛洛姆（1955）。全文引用如下：「人是唯一會感到無聊的動物，會感到被逐出天堂。人是唯一發現『自己的存在是一個他必須解決且無法逃避的問題』的動物。」（p.24）佛洛姆還寫道：「我深信無聊是最痛苦的折磨之一。我想像中的地獄是一個你持續感到無聊的地方。」（Fromm, 1963）

33. 艾琳・夏普（2011）研究了貓鼬幼崽，以確定玩耍能帶來什麼好處。「練習」理論（即動物透過玩耍來練習捕食或攻擊性行為）並未得到證實。（同樣的結果也出現在許多會戰鬥的物種中。）更多的玩耍也沒有減少攻擊性（社會聯繫理論）。玩耍確實在成功繁殖和降低死亡率方面帶來好處，但我們不確定這背後的機制是什麼（Bradshaw et al., 2015; Lewis, 2000）。

34. 拋擲海豹可能首先是為了制服獵物和／或在進食前放鬆皮膚，但這也可能是虎鯨版本的玩食物。

35. Pellis & Pellis (2009); Potegal & Einon (1989).

36. 朗索瓦・威梅爾斯菲爾德（1993）。他是動物福利科學家，提倡一種獨特的動物精神生活觀點。不同於行為主義者（即完全透過「刺激－反應」關係來解釋動物行為的流派），威梅爾斯菲爾德認為，一些行為及其中的無聊代表著痛苦，而不僅僅是對貧乏環境的適應性反應。支持這一點的證據是，被安置在貧乏環境中的動物，表現出探索和互動減少；睡眠時間延長、踱步等刻板行為也很常見。長期暴露在貧乏的環境中，會導致更多的極端行為，比如，靈長類動物會過度手淫、吃糞便和反芻糞便，馬會咬人，鳥類則會自殘（拔掉羽毛）。

37. Bolhuis et al. (2006); Carlstead (1996); Stevenson (1983)。唐納・赫布是加拿大科學家，被認為是首次發現在豐富的環境中飼養的大鼠表現出學習能力的人（Hebb,

1980）。

38. Burn (2017); Wemelsfelder (1985, 1990, 1993, 2005).

39. Meagher & Mason (2012); Meagher et al. (2017).

40. Rizvi et al. (2016).

41. 關於當前人類方面的理論，見 Hunt & Hayden (2017)。關於人類和非人靈長類動物的研究綜述，見 Sirigu & Duhamel (2016)。

42. Dal Mas & Wittmann (2017); Danckert & Merrifield (2018); Danckert & Isacescu (2017); Jiang et al. (2009); Mathiak et al. (2013); Tabatabaie et al. (2014); Ulrich et al. (2015, 2016); see Rafaelli et al. (2018) for review.

43. Craig (2009); Uddin (2015).

44. BBench & Lench (2013); Elpidorou (2014); Goetz et al. (2014); van Tilburg & Igou (2011); Westgate & Wilson (2018).

45. Eastwood et al. (2012); Fahlman et al. (2013).

46. 尼科・弗里達（Nico H. Frijda, 2005）指出，感覺產生於「一個人的資訊處理歷程的運作」中（p.483），而「快樂和痛苦……源於思考歷程進行得順不順利」（p.481）。

47. 尚・漢米爾頓等人（1984）。「內在的興趣和無聊都是與注意力相關的『影響』。事實上，有趣與無聊這兩端劃定了一個情感—體驗的光譜，它伴隨著注意力中的認

知、資訊處理機制。」（p.184）

48. 見克勞斯・薛勒（Klaus R. Scherer, 2005）針對如何區分情緒和相似的情感現象的討論。有很多方法可以對無聊進行分類，無論是將其當作一種情緒、一種心情，甚至是一種驅動力。我們把無聊定義為一種思考的感覺（Eastwood & Gorelik, 2019），同時認為其他定義方式也是恰當有用的。

49. 我們不贊成「無聊是單調或刺激不足的體驗」這樣的說法。相反的，我們認為無聊只有一種，但有多種原因。我們將無聊定義為一種感覺以及支撐它的心理機制。

50. 研究人員已經利用各種生理指標來即時測量投入程度。有了「投入指數」，就有可能建立一個反饋迴路，當投入程度減弱時，任務就會變得更難；當投入程度達到最大時，任務就會變得更容易。這樣的自動適應系統能使投入程度達到最佳狀態並提高表現。重要的是，用於確定投入程度的腦電信號和無聊相關的信號有重合之處。（Freeman et al., 2004; Raffaeli et al., 2018.）

51. Fiske & Taylor (1984); Stanovich (2011).

52. 將無聊定義為一種由欲望難題和心智空閒而產生的思考之感覺的優點是，這種定義能夠解釋以下四個常與無聊同時出現的因素：時間流逝緩慢、注意力難以集中、缺乏目標的感覺、波動的激發程度，這彌合了自然主義和人文主義解釋之間的差距。也就是說，儘管不是必要或充分的，但欲望難題和心智空閒的狀態，會導致這四個因素（Eastwood et al., 2012）。

53. 無聊類型學通常圍繞著假定的原因（反應性的與內源性的）、持續時間（臨時的與慢性的）、集中性（對特定事物的無聊情緒與一般的無聊心情）、病理程度（正常的與疾病的）。這些因素無疑是重疊的。有類型學研究認為有兩種無聊：「情境性」和「存在性」。情境性無聊的特點是反應性、臨時、集中和正常的，而存在性無聊是內源性、慢性、不集中和病理性的（Svendsen, 2005）。在我們看來，一些「存在性無聊」的情況最好被解釋為「缺乏生活意義和目的」，而非無聊。儘管無聊是複雜和多面的，但我們不認為這樣的類型學研究有幫助。我們認為，缺乏精確和一致的定義，並且對「無聊」一詞的使用過於廣泛，阻礙了對無聊的科學研究。

第2章　「剛剛好」原則

1. 無聊和舌尖現象之間的關聯，最初來自精神分析作家奧托・費尼謝爾（1953）。「試穿衣服，看看什麼合適」的比喻，也來自一些精神分析作家。
2. 我們在這裡做了一個關於如何更好地定義無聊的概念性論證。我們的定義可以解釋在受限和不受限情況下的無聊，並解釋外部約束和其他廣泛的原因是如何導致相同的狀態（因為它們都引起相同的基本機制）。這種解釋是一個綜合了自然主義和人文主義對無聊的看法的統一模型。自然主義方法強調外部原因，如受限和刺激不足，而人文主義方法強調內部原因，如缺乏情感意識和意義。我們展示了欲望難題和心智空閒是如何將這些不同的因果關聯結合起來。值得注意的是，無聊通常與其他負面情緒同時出現，最常見的是（依突顯程度排列）：孤獨、憤怒、悲傷、擔心和沮喪。（無聊使得感到沮喪的可能性增加了六十七％。）根據受試者的報告，這種關聯至少表明了無聊和沮喪是不同的，但兩者也會同時出現。另外，這項研究還顯示無聊會降低冷漠的可能性，證實了無聊涉及對欲望的渴望這一想法（Chin et al., 2017）。

3. Schopenhauer (1995).
4. 你越是努力去想那個到嘴邊又說不出來的詞，就越難想起來。今後碰到這個詞，大機率還是會這樣（Warriner & Humphreys, 2008）。
5. Hesse (1951), p. 140.
6. 我們很少長時間盯著一個東西來產生視覺適應效果。如果你長時間盯著圖像（加拿大國旗）看，對這個圖像有反應的神經元會變得飽和，其反應會消失。當你再看向空白處時，因為對原始圖像有反應的神經元已經飽和了，對相反刺激（相反的黑白區域）有反應的神經元會得到更多放電，這就是適應後效的由來。
7. Davies (1926); McIvor (1987a, 1987b); Wyatt & Fraser (1929); Wyatt & Langdon (1937).

8. 引自阿瑟・麥西佛（Arthur J. McIvor, 1987b, p.179）。引文全文如下：「工人的樂趣確實被穩定擴張的機械化壓縮了，結果可以從『神經失調』的患病率上升中看到……。重複性的工作無疑會導致一種疲憊感，但這種疲憊感並不會體現在身體上，而是表現在工人希望從強制的無聊工作中暫時解脫出來；在無聊的工作中，工人的思維被部分或完全拋開。為了（更好地）理解工人的疾病紀錄和缺勤情況，我們必須承認這個事實，即由於無聊而導致的模糊不清、定義不明卻非常真實的失調，比所有公認的工傷加起來所損失的天數要多得多。……對工作不再感到興趣的工人是一個工業廢人。對工作感興趣會讓工業界良好運轉。」

9. 哈德遜・戴維斯（A. Hudson Davies, 1926）在早期關於工作場所單調性的評論中總結道：「給針織機餵料或數螺絲的工人，在一段時間後能夠以最低的注意力來完成這些操作。然而，一般來說，工人通常不可能專注於其他事情，卻不損害工作或甚至發生危險，因此，他們必須自願限制行動的自由、行為的必要性，以及對正常衝動的抑制（如在突然的噪音中抬頭）。」（p.474）

10. Munsterberg (1913), p. 196.

11. 雨果・明斯特伯格（1913, p.197）。一九二六年，哈德遜・戴維斯在總結工作場所的研究時得出結論：「如果工人覺得工作雖然枯燥但值得一做，就不會覺得無聊，或者至少不會發展成嚴重的神經衰弱。」（p.475）

12. Nett et al. (2010, 2011); Sansone et al. (1992).

13. Barmack (1937, 1938, 1939)。同樣的，奧托・費尼謝爾（1951）說無聊「來自於我們不能做自己想做的事，或必須做自己不想做的事。」（p.359）

14. O'Hanlon (1981).

15. Pribram & McGuinness (1975).

16. O'Hanlon (1981); Weinberg & Brumback (1990).

17. Danckert et al. (2018a); Lowenstein & Loewenfeld (1951, 1952); O'Hanlon (1981).

18. Scerbo (1998).

19. Homer, *The Odyssey* (1962 / 1990).

20. Klapp (1986).

21. Struk et al. (2015).

22. Fahlman et al. (2009, 2013).

23. Vodanovich (2003); Vodanovich & Watt (2016).

24. 聲稱任何特定的性格特點會引起無聊，是不可能的。這是一個實驗性問題；我們不能操縱每個人的性格特點，而只能研究不同性格特點與行為的相關性。正如所有本科一年級學生所學的那樣，相關性不等於因果關係。

25. Bernstein (1975).

26. 心理分析將「無法正確識別情緒」解釋為內部力量的僵持。一方面，我們想滿足欲望，其中許多是破壞性的或不可接受的。另一方面，我們想避免尷尬或懲罰。我們適應「做正確的事」的社會化過程，阻止了破壞性的、不適合社會的欲望的發生。但我們仍然會感到行動的衝動，卻不清楚最初的欲望是什麼，因為我們已經把它驅逐到無意識的地牢中。我們能想到的任何事情都無法滿足這種衝動，因為這些事與被拋棄的欲望相距太遠（Lewinsky, 1943; Wangh, 1979）。

27. White (1998).

28. Bond et al. (2011); Hayes et al. (2004).

29. Eastwood et al. (2007); Harris (2000); Mercer-Lynn et al. (2013a, 2013b)

30. Hamilton (1981); O'Hanlon (1981); Smith (1981); Zuckerman (1979).

31. Kenah et al. (2018); Kreutzer et al. (2001); Oddy et al. (1978); Seel & Kreutzer (2003).

32. Goldberg & Danckert (2013).

33. 關於注意力不足過動症，請見 Diamond (2005); Matthies et al. (2012)。關於思覺失調症，請見 Gerritsen et al. (2015); Steele et al. (2013); Todman (2003)。

34. Gerritsen et al. (2014); Hunter & Eastwood (2018); Kass et al. (2003, 2001); Malkovsky et al. (2012); Martin et al. (2006); Wallace et al. (2002, 2003).

35. Carriere et al. (2008); Cheyne et al. (2006).

36. Mercer-Lynn et al. (2013b).
37. Mercer-Lynn et al. (2013a, 2013b, 2014).
38. Deci & Ryan (1985, 2008); Ryan & Deci (2000).
39. Barnett & Klitzing (2006); Caldwell et al. (1999); Weissinger et al. (1992).
40. Sulea et al. (2015); Tze et al. (2014).
41. Isacescu & Danckert (2018); Isacescu et al. (2017); Struk et al. (2016).
42. Isacescu et al. (2017).
43. 行動／狀態導向是自我導向的類型，並且決定了人們如何有效地制定和實現目標（Kuhl, 1981, 1985, 1994）。行動導向高的人會計畫、執行並貫徹目標。狀態導向高的人在實現目標時很困難，因為他們太專注於當前的情況，對改變猶豫不決，並且心不在焉。高度無聊的人在狀態導向方面很高，在行動導向方面很低（Blunt & Pychyl, 1998）。

44. 這兩種風格是指運動（locomotion）和評估調節模式（Kruglanski et al., 2000）。運動模式的人喜歡「說做就做」，埋頭做事，更不容易無聊；評估模式的人更喜歡「做正確的事」，也更容易感到無聊（Mugon et al., 2018）。

45. 說漁夫是一個行動者，並不意味著我們支持任何自由意志的概念或欲望的因果充分性。他如何決定上岸是一個模糊且爭論激烈的哲學問題。我們只是說，他表現出基於選擇的行動：往西走與往東走（無論這些選擇從根本上說是否自由，或因果上是否有效），而軟木塞的漂動，不是由主觀選擇，而是由它無法控制的力量所促成的。

46. 雖然這不是本書的重點，但我們承認結構性和系統性的力量會阻礙行動參與並促成無聊。因此，無聊的存在是我們所強調的個人行動號召，也是一個社會和道德問題。我們意識到，如果不對產生無聊的背景加以分析，而僅僅把無聊描述成個人的事情，這可能會指責受害者並強化壓迫性結構。我們讚賞安德烈斯・埃爾皮杜魯（2017）所呼籲的，對無聊的道德層面展開研究，並鼓勵從不同角度進行這種分析。

第3章　無聊是改變的動力

1. 一九三三年，芝加哥舉辦了名為「一個世紀的進步」的世界博覽會。亞瑟・普朗霍夫是真實存在的馬戲團演員，他確實用針刺穿了自己的身體並在上面掛重物，但他可能沒有在世界博覽會上表演。芝加哥世界博覽會展示了異國的動物、保溫箱中的嬰兒和「侏儒」的城市，這是我們今天也可能想去看看的世界博覽會！普朗霍夫肯定不是第一個在觀眾面前表演看似痛苦的自殘行為的表演者（他也不會是最後一個）。米林・達約（Mirin Dajo）是一九四〇年代中期的一名舞臺表演者，聲稱經過神祕主義者的訓練，可以忍受極高的痛苦。他的表演是由助手將箔片插入他的身體。

有個網站為這種表演的祕訣提供了合理的解釋：逐漸形成的瘺管或疤痕組織的縫隙，使得箔片能夠通過，就像你打耳洞（或舌釘、眉釘和其他你想打洞的部位）時形成的孔洞。達約死於一次表演，他吞下的一根長針導致了動脈破裂。（http://www.skepticblog.org/2010/05/13/the-mysterious-case-of-mirin-dajo-the-human-pincushion/）

2. Dearborn (1932)。一九九一年的一份案例報告強調了患有先天性無痛症（對疼痛不敏感）的人所面臨的挑戰。這是一種罕見的遺傳性疾病，病人會自殘，造成創傷。

3. Eccleston & Crombez (1999).

4. 「自我控制」和「自我調節」泛指人們將思想、情感和行動與目標調節一致的過程。麥可．因茲利赫特（Michael Inzlicht）和麗莎．勒戈（Lisa Legault）在二〇一四年的「情感—警報」模型顯示，心理困擾代表了一種會觸發自我調節機制的衝突狀態。

5. 一八八五年，法蘭西斯．高爾頓爵士首次將「坐立不安」當作無聊的一個指標。他在一次科學演講中測量了聽眾的「擺動」。當聽眾被吸引時，他們「一動也不動地保持在看和聽的最佳位置」。當聽眾感到無聊時，他們「不再忘我，開始非常關注長期坐在同一位置上的不適感，左右搖擺起來」（pp.174—175）。

6. 許多人把無聊和冷漠混為一談。雖然無聊與冷漠和快感缺乏（喪失快樂）相關，但無聊是一種獨特的感覺（Goldberg et al., 2011）。同樣的，維加納．凡．蒂爾堡和埃里克．伊古（2017）表明，無聊可以與廣泛的負面情緒狀態區分開來，包括悲傷、憤怒、沮喪、恐懼、厭惡、憂鬱、內疚、羞恥和遺憾。

7. Iso-Ahola & Crowley (1991); Joireman et al. (2003); Kass & Vodanovich (1990); Mercer & Eastwood (2010).

8. 在不同的文化中，無聊狀態和無聊特質可能有不同的表現。在這個意義上，最大的區別是個人主義（如加拿大、美國）和集體主義（中國、印度）文化（Ng et al., 2015）。雖然我們承認文化因素會在無聊的呈現方式上起作用，但因目前的研究太少，我們無法深入探討這個問題。

9. 安德烈斯・埃爾皮杜魯（2014）。安德烈斯・埃爾皮杜魯也值得一提，他在二〇一五年十月滑鐵盧大學舉辦的關於無聊和走神的研討會上，向我們介紹了痛苦隱喻。

10. 由於最常用的測量方法叫做無聊傾向量表，無聊特質通常被稱為「無聊傾向」（BPS; Farmer & Sundberg, 1986）。我們開發了一個較簡短的量表（Struk et al., 2017），解決了它的一些缺點（Melton & Schulenberg, 2009; Vodanovich et al., 2005）。我們的版本包括了一個單因素模型，解決了將「投入度」納入考量的需求。

11. Elpidorou (2014); Bench & Lench (2013); van Tilburg & Igou (2012).

12. 漢弗萊・波特的故事可能是杜撰的，取自亞當・斯密（Adam Smith）的《國富論》（*An Inquiry Into the Nature and Causes of the Wealth of Nations*, p. 14）。據我們所知，第一個將漢弗萊的故事與無聊和人工智慧聯繫起來的，正是本章後面提及的人工智慧研究員雅克・皮特拉（http://bootstrappingartifici alintelligence.fr/WordPress3/2014/05/when-artificial-beings-might-get-bored/）。

13. 儘管我們對艾兒西・尼克斯的描述可能不符合歷史，但她的確是真實存在的人物（Cairns et al., 1941）。我們在此將她當作一個典型的不動不語症患者。

14. 該病症現在被稱為馮・艾克諾默病（von Economo's disease），以奧地利精神病學家和神經病學家康斯坦丁・馮・艾克諾默（Constantin von Economo）的名字命名，他在一九一七年詳細描述了這種疾病。據說在二十世紀初有近一百萬人死於這種疾病。該疾病也被稱為「昏睡病」，目前仍沒有可用的治療方法。儘管在一組受試者中，一種通常用於治療帕金森氏症的藥物左旋多巴能使症狀短暫緩解，這成為奧利弗・薩克斯（Oliver Sacks）的著作《覺醒》（*Awakenings*）的靈感，這本書後來被改編為電影。

15. 在對艾兒西這個案例的最初描述中，有一個暗示，即她仍然有目標和欲望，但無法付諸行動。當在她手裡放一塊巧克力時，她試圖把它送到嘴裡，但當巧克力掉落時，她沒有嘗試去撿它。她甚至做了「試探性的咀嚼動作」，這再次表明了她想要吃巧克力，但不能強迫自己去拿（Cairns et al., 1941）。

16. Marin & Wilkosz (2005); Mega & Cohenour (1997); Nemeth (1988).

17. 皮洛士式的勝利是一種要付出巨大代價的勝利。這個短語來自伊庇魯斯（Epirus）國王皮洛士，他在西元前二八〇年前後在赫拉克拉（Heraclea）和阿斯庫倫（Asculum）擊敗了羅馬人，但遭受巨大的損失。雖然羅馬人也損失不少，但他們能更有效地補償損失。普魯塔克（Plutarch）寫道，皮洛士說：「如果我們在與羅馬人的戰鬥中再取得勝利，我們將被徹底毀滅。」（http://penelope.uchicago.edu/Thayer/e/roman/texts/plutarch/lives/pyrrhus*.html）。

18. 我們並不打算批評功能主義。然而，我們確實認為將無聊的定義確定在主觀感受的範圍內是有好處的。仔細分析動物和機器的功能狀態，需要更多的研究，這些狀態可能反映了人類的無聊的功能狀態。

19. Breazeal (2009)。想要觀看基斯梅特（Kismet）如何運作，見 https://www.youtube.com/watch?v=8KRZX5KL4fA。

20. 艾倫・圖靈（1950）。他在這篇論文中介紹了「模仿遊戲」，即一個人必須確定與之對話的是另一個人還是機器。完整的引文是：「與其試圖製作一個類比成人思維的程式，為什麼不嘗試製作一個類比兒童思維的程式呢？」（p.456）

21. Pitrat (2009).

22. 對於一個無聊的人工智慧系統的意識世界，我們不得而知。也許西耶艾耶（CAIA）和基斯梅特並不是有意識地無聊，但我們認為它們經歷了一些功能相似的東西。也就是說，無聊是一種動力狀態，推動我們去尋求令人滿意的投入。這裡討論的人工智慧系統也經歷了同樣的動力狀態。

23. 在第七章中，我們將深入研究無聊和意義之間的關係；在第八章中，我們將探討處於單調和隨機雜訊這兩個極端的無聊，這源自於奧林．克萊普寫於一九八六年的《超載與無聊》（*Overload and Boredom*）一書。

24. Burda et al. (2018).

25. Yu et al. (2018).

26. 賽斯．高汀（2007）。「勝者永不放棄，棄者永不勝利。」這句話出自美國橄欖球傳奇人物文斯．隆巴迪（Vince Lombardi），超級盃的獎盃就是以他的名字命名。隆巴迪的執教紀錄令人印象深刻，他在季後賽中積累了九十%的勝率，從未經歷過失敗賽季。這句用來傳遞給球員和體育迷的格言，聽起來很鼓舞人心，但正如高汀所認為的，在有些情況下，放棄顯然是有道理的。最近一則新聞也說明了這一點。一對夫婦乘船從紐西蘭出發，準備航行到澳洲，這是他們十年環遊地球計畫的一部分，卻發現自己處於波濤洶湧的海面上。他們的船舵壞了，船也被撞倒兩次，並在兩人形容為「像建築物一樣大」的海浪中翻覆了一次。他們在啟動緊急信號後棄船，被一艘貨櫃船救起。顯然，若他們堅持航行到澳洲，結果可能是致命的（http://www.abc.net.au/news/2017—03—30/yacht-abandonded-after-rescue-recovered-off-eden/8402048）。

27. White (1959).

第4章　人生各階段的無聊程度

1. 這是對一則二〇一四年一月二十八日刊登於《每日電訊報》（*Telegraph*）的新聞的虛構性改編，「七十六歲老婦超市行竊，只因變老很無聊」（http://www.telegraph.co.uk/news/uknews/law-and-order/10601150/Great-grandmother-76-shoplifted-because-she-was-bored-of-being-old.html）。
2. 這是 WEIRD 科學提出的問題（Heinrich et al., 2010）。目前科學研究的樣本都是西方工業化國家中受過教育的民主派富人。當我們研究的樣本如此狹隘時，在歸納發現的時候，我們能有多大的信心？
3. Giambra et al. (1992).
4. 這就是所謂的成年年齡，它是一種法律上的設定，並非生物或心理上的現實。成年年齡描述的是社會決定未成年人成為成年人並承擔某些權利和責任的時間點，例如維基百科的描述（https://en.wikipedia.org/wiki/Age_of_majority）。關於成年年齡的不同說法，也見 https://en.wikipedia.org/wiki/Age_of_consent，這裡需要再次強調，「年齡」這個概念在生物和法律上有所區別。

5. Riem et al. (2014).

6. Phillips (1994).

7. Lehr & Todman (2009).

8. Fogelman（1976）。這項研究使用的資料來自全國兒童發展研究。無聊的孩子的父母聲稱，他們的休閒活動很少，並不是因為沒有選擇。與伊凡潔琳・萊爾（Evangeline Lehr）和麥克・威靈・托德曼（Mc Welling Todman）的研究一樣，較高的無聊程度與較差的學習成績和較低的社會經濟地位有關。

9. Russo et al. (1991, 1993).

10. 紐西蘭最近的一個自然實驗強調了增加限制（或取消限制）如何影響兒童的行為。一所學校取消了以前的操場限制規定（例如，禁止在操場上騎滑板車）。教師發現，在遊戲不受限制之後，學生的想像力和學習能力得到提高，霸凌情況也減少了。取消操場上的規定，也可能對消除無聊有很大的幫助（http://nationalpost.com/news/when-one-new-zealand-school-tossed-its-playground-rules-and-let-students-risk-injury-the-results-surprised）。

11. Steinberg (2005); Piaget (1999).

12. 尚・皮亞傑（Jean Piaget, 1999）提出的最後一個發展階段是形式運算階段，其特點是抽象推理、解決問題和邏輯推理的能力增強。

13. Steinberg (2005).

14. 羅爾德・達爾（2001, 2004）。引文（或者說副標題）來自羅爾德・達爾發表於二〇〇四年的論文的第十七頁。

15. Harden & Tucker-Drob (2011).

16. Spaeth et al. (2015).

17. Harris (2000)。在描述無聊的狀態時，受試者有二十六%的時間提到了「焦躁不安」，二十二%的時間提到了「注意力不集中」。正如我們在其他地方論證的那樣，無聊和焦躁不安之間的共同關聯，顯示了它在主觀上被認為是一種高度激發的體驗（Danckert et al., 2018a, b；也見Merri.eld & Danckert, 2014）。在學習環境中，無聊也可能是一種抗議。對青少年來說，故意反對現有的東西，是在宣告他們的獨立性，並可能會壓倒心智投入的需求。因此，無聊是拒絕成人世界的一種方式。

18. Caldwell et al. (1992).

19. Haller et al. (2013).

20. 關於閒暇無聊（leisure boredom）的研究，顯示出學校的約束環境不可能是青少年感到無聊的唯一罪魁禍首。一項研究（Larson & Richards, 1991）的結果顯示，無聊感在學校裡、家庭中和休息時都會出現。

21. Miller et al. (2014)。作者所說的「更具性攻擊性」，是指在九年級時比較無聊的男生，在十年級時聲稱，如果伴侶要求他們停止性行為，他們也不會停止。

22. Willging et al. (2014)；也見 Wegner & Flisher (2009)。關於農村環境中無聊程度更高的證據，見 Patterson et al. (2000)。

23. Sharp & Caldwell (2005).

24. 我們已經展示了年齡是無聊的一個重要的負向預測因素：我們的年齡越大，就越不容易感到無聊。即使只看十七到二十二歲的人，這種關聯性也是如此（Gerritsen et al., 2015; Isacescu et al., 2017）。

25. 如同往青少年時期過渡的情況一樣，往成年的過渡與實際年齡（即成年年齡）關係不大，而與額葉皮層的成熟度關係較大。有趣的是，在葡萄牙，人們在二十五歲之前是不能參加公職競選的，到了二十五歲，大概是社會認為他們已經足夠成熟的時候。

26. 這種認為額葉是大腦的指揮官的概念，在一定程度上為一九四〇年代和一九五〇年代的額葉切除術的實施，提供了依據。該理論認為，功能失調的指揮官（額葉皮層）可以與大腦的其他部分斷開聯繫，大腦仍可不受阻礙地工作。這些手術的真正結果卻不美好（Gross & Sch.fer, 2011）。

27. 執行功能的每一項都是不同的，這使得「執行功能」這個總稱有些爭議。其中一個執行功能的模型，即「統一性和多樣性」模型，認為不同的功能群（如工作記憶、抑制控制、抽象推理）代表了不同的認知機制，依賴於可分離但重疊的神經網路（多樣性部分）。最終，這些不同的機制共同作用於我們最複雜的行為（統一性部分；Miyake et al., 2000）。

28. Taylor et al. (2017).

29. 前顳葉皮層（anterior (frontmost) temporal cortex）執行許多複雜的功能，包括語義概念化以及新記憶的形成。眼窩額葉皮質（orbitofrontal cortex）對於處理嗅覺刺激（許多創傷性腦損傷患者會出現嗅覺障礙，無法辨別氣味），以及表示與行動相關的成本和回報，非常重要。

30. 艾倫．巴德利（Alan Baddeley, 1996）創造了「執行功能失常症」這一術語，來描述他開創的另一個術語「中央執行」（central executive）的功能障礙。中央執行系統「控制」著對記憶和認知來說重要的其他子系統。早在巴德利之前，俄羅斯神經心理學家亞歷山大．魯利亞（Alexander Luria）就在《工作大腦》（*The Working Brain*, 1973）一書中把重點放在額葉皮質上。魯利亞指出，額葉皮層對於「控制人類最複雜的目標相關活動的形式」非常重要（1973, p.188）。

31. Fleming et al. (2012).

32. 我們測試了三十五名遭受中度至重度創傷性腦損傷的病人，以及一組三百四十名報告有腦震盪的人。與健康的人相比，創傷性腦損傷組的無聊傾向得分最高，但腦震邊組的無聊傾向也比健康的人更高（Isacescu & Danckert, 2018）。

33. Chin et al. (2017).

34. 對於那些對衰老的影響感興趣的研究者來說，這一直是個大問題。我們可以研究圈養族群，如日托中心的嬰兒、學校的兒童、大學生。我們也可以研究有很多空閒時間的族群，比如要退休的人。對於研究老化的人來說，這帶來了一種觀念，即超過六十歲以後，認知能力就會快速下降。但隨著更多來自四十、五十歲年齡層的資料，我們瞭解到這是一個更加平緩的下降趨勢。

35. Conroy et al. (2010).

36. 認知儲備（cognitive reserve）是指面對大腦損傷或衰退時的功能恢復力。更好的認知儲備被認為是阿茲海默病等疾病的預防因素（Medaglia et al., 2017; Valenzuela & Sachdev, 2006）。

37. Best & Miller (2010); see also DeCarli et al. (2005) and Scuteri et al. (2005).

38. Ice（2002）；也見 Korzenny & Neuendorf（1980）。後者的研究表明，老年人看電視有兩個原因：資訊和幻想，而對幻想的投入參與是對單調和無聊的一種補救。

39. Shuman-Peretsky et al. (2017).

第5章　無聊的間接後果

1. 關於一八八號航班情況的完整描述，詳見以下評論：https://www.salon.com/2009/12/11/askthepilot344/。我們的敘述是虛構的，但大體上是基於能找到的相關訊息。
2. Britton & Shipley (2010).
3. 我們納入規則的一個例外是賭博，我們把賭博考慮進去，因為它是無聊的常見後果。
4. Berlyne (1960); Kahneman (1973).
5. Hitchcock et al. (1999); Hunter & Eastwood (2019); Mackworth (1948); Pattyn et al. (2008); Scerbo (1998); Thackray et al. (1977).
6. Kass et al. (2001); Scerbo (1998); Thackray et al. (1977).
7. Scerbo (1998).
8. Wilson et al. (2014).
9. 值得注意的是，有些人對於這種體驗的態度很矛盾，有些人卻很享受（Fox et al., 2014）。
10. Havermans et al. (2015).
11. Nederkoorn et al. (2016).
12. Favazza（1998）。關於自殺和無聊的研究還不夠多。在一項研究（Ben-Zeev et al.,

2012）中，憂鬱的住院病人在產生自殺念頭前的幾小時會感到悲傷、緊張和無聊，而無聊是隨後自殺念頭的最有力預測因素。

13. 尚塔爾・奈德科恩等人（2001）發現，有飲食障礙的婦女在無聊時會拔自己的頭髮。亞歷山大・查普曼（Alexander L. Chapman）和凱瑟琳・迪克森—戈登（Katherine L. Dixon-Gordon）在二〇〇七年的報告中稱，女囚犯聲稱無聊是故意自殘行為的第三大觸發因素，僅次於憤怒和焦慮。

14. Lee et al. (2007); McIntosh et al. (2005); Orcutt (1984); Piko et al. (2007); Wegner (2011); Ziervogel et al. (1997)。使用有害物質的人比不使用的人更常感到無聊（Biolcati et al., 2018; Boys et al., 2001; Caldwell & Smith, 1995; Iso-Ahola & Crowley, 1991; Smith & Caldwell, 1989）。

15. 國家成癮和藥物濫用中心（二〇〇三年八月）；Caldwell & Smith (1995)。

16. 這些研究對八至十一年級的學生進行了追蹤調查，發現了在研究開始階段，空閒時間裡無聊程度最高的學生，之後最有可能使用藥物（Sharp et al., 2011）。有意思的是，一項研究發現，無聊和未來吸菸之間的關聯，只適用於最初吸菸機率較低的青少年（Coffman et al., 2012）。

17. Sharp et al. (2011).

18. Krotava & Todman (2014).

19. Weybright et al. (2015).

20. Biolcati et al. (2018); Blaszczynski et al. (1990); Bonnaire et al. (2004); Dickerson et al. (1987); Nower & Blaszczynski (2006); Turner et al. (2006); Carroll & Huxley (1994); Clarke et al. (2007); Coman et al. (1997); Cotte & Latour (2008); Hing & Breen (2001); Hopley et al. (2012); Hopley & Nicki (2010); McNeilly & Burke (2000); Mercer & Eastwood (2010); Trevorrow & Moore (1998); Williams & Hinton (2006); Wood et al. (2007).

21. 根據我們的瞭解，目前沒有實驗證實無聊是引起藥物濫用或賭博的原因。伴隨無聊和無聊傾向同時出現的是一系列心理因素，而這些因素在前述研究中沒有被仔細排除。當控制了「衝動性」這個變數時，研究人員沒有發現無聊傾向與酒精濫用和賭博有關（Mercer-Lynn et al., 2013b）。因此，有可能不是無聊傾向，而是一些其他相關特徵，成為導致藥物濫用和賭博的因素。

22. Leon & Chamberlain (1973); Stickney et al. (1999); Walfish & Brown (2009).

23. Koball et al. (2012).

24. Crockett et al. (2015); Moynihan et al. (2015).

25. Moynihan et al. (2015).

26. Havermans et al. (2015).

27. 安德魯．莫尼漢及其同事（2015）的研究，透過讓不同組的受試者觀看令人無聊或悲傷的影片，來引起不同的情緒。看影片時，受試者可以吃零食，零食的種類有健康的，也有不健康的，有令人興奮的，也有並非如此的（櫻桃番茄似乎被認為是健康且令人興奮的，但是餅乾並不令人興奮）。不管看什麼影片，大家所吃的健康但不令人興奮之食物的數量都差不多（如餅乾）。而那些看無聊影片的人會吃更多不夠健康的，或者健康但能引起興奮的食物（如櫻桃番茄）。

28. Abramson & Stinson (1977).

29. Meagher & Mason (2012).

30. Gill et al. (2014).

31. Dahlen et al. (2004); Gerritsen et al. (2014); Leong & Schneller (1993); Mercer-Lynn et al. (2013b); Moynihan et al. (2017); Watt & Vodanovich (1992).

32. Moynihan et al. (2017).

33. Matthies et al. (2012).

34. Pettiford et al. (2007); Witte & Donahue (2000)。值得指出的是，這個發現與特質性無聊傾向有關，它與關於風險決策的研究不同，風險決策調查的是當下的無聊感覺對決策所產生的影響。

35. 這句話被廣泛認為（但不一定）與美國哲學家保羅．田立克（Paul Tillich）有關。

36. Boyle et al. (1993).
37. Wink & Donahue (1995, 1997); Zondag (2013).
38. Dahlen et al. (2004); Isacescu et al. (2017); Isacescu & Danckert (2018); Joireman et al. (2003); Mercer-Lynn et al. (2013b); Rupp & Vodanovich (1997); Vodanovich et al. (1991); Zuckerman (1993).
39. Quay (1965).
40. 例如，露易絲・法恩沃斯（Louise Farnworth, 1998）描述了少年犯的無聊，並且認為無聊是恣意破壞公共財產這一行為的誘因。有關恣意破壞公共財產行為的研究有很多。雖然有些理論將此行為與無聊連結起來，但針對這一關聯的實際研究則很少。
41. Spaeth et al.(2015)。研究人員並未發現有證據支持無聊是一種以性格為基礎的，憤怒、任性的反抗社會的表現。參見 Caldwell & Smith (2006)。
42. van Tilburg & Igou (2011).
43. 對於克里斯朵夫・萊恩（Christopher Lane）的全面報導，見 http://www.cbsnews.com/news/christopherlaneaustralianbaseballplayerkilled byboredoklateenspolicesay/。
44. 對這一事件的全面報導，見 https://www.cnn.com/2018/01/23/europe/germannursecharged97murdersintl/index.html。
45. Greenberg et al. (2004).

46. Weissinger (1995).
47. Fahlman et al. (2009); Goldberg et al. (2011); Mercer-Lynn et al. (2013b); Todman (2013); Vodanovich & Watt (2016)。我們知道無聊和憂鬱之間的關聯，與其他因素無關。這些因素包括感受負面情緒的傾向、對於令人不快的威脅的敏感、冷漠、缺乏愉悅，以及缺乏情緒意識（Goldberg et al., 2011, MercerLynn et al., 2013b）。
48. 研究人員使用的自陳問卷，能區分感到無聊的傾向、無聊狀態本身以及憂鬱。這種方法不會混淆無聊的人和憂鬱的人（Fahlman et al., 2009, 2013; Goldberg et al., 2011）。
49. Spaeth et al. (2015).
50. Fahlman et al. (2009).
51. Bargdill (2000).
52. Fahlman et al. (2009).
53. Gerritsen et al. (2015); Newell et al. (2012); Todman (2003); Todman et al. (2008).
54. Inman et al. (2003); Passik et al. (2003); Theobald et al. (2003).
55. Mann & Cadman (2014)
56. Tolinski & Di Perna (2016), p. 218。奇特林巡迴舞臺是指一系列特定的表演場所，在美國種族隔離時期，非裔美國音樂家、喜劇演員和表演藝術家可在這些地方進行安全的表演。

57. Larson (1990).

58. Gasper & Middlewood (2014).

59. Mann & Cadman (2014).

60. Conrad (1997).

第6章　極端環境中的無聊

1. 這段虛構的敘事基於伍德伯恩・赫倫（1957）。參與者可以在任何時候自由退出實驗（儘管許多人待了數日），而且絕大多數人的幻覺體驗都沒有此處這個人的想像那麼不祥。

2. 唐納・赫布和伍德伯恩・赫倫的研究只發表了一部分。赫布主張發表所有的結果，卻被委託這項實驗的情報機構阻止了。最終，這項工作被扭曲為心理邏輯酷刑的始作俑者（Brown, 2007）。這項工作的實際意圖，是查明感官剝奪與宣傳運動相結合，是否能成功地改變一個人對超自然的信仰（見 Raz, 2013，對赫布研究之外的其他感官剝奪研究的描述）。

3. 在亞當・肖爾茲（Adam Shoalts）最近出版的一本研究加拿大探險史的書中，他概述了從維京人到早期歐洲探險家的故事，並將好奇心、貪婪和對名聲的渴望，視為人類探索的動力（Shoalts, 2017, pp.24, 53）。

4. Bishop (2004).
5. Cook (1909).
6. Bishop (2004), table 3.
7. Sandal et al. (2006).
8. Palinkas (2003); Palinkas et al. (2000).
9. Shiota et al. (2007).
10. Sandal et al. (2006).
11. 這句話的來源很難確定。它出現在第一次世界大戰前線的一名英國騎兵次長的信中，並於一九一四年十一月四日發表在《泰晤士報》（*Times*）上。它也被認為是愛德華・亞瑟・巴勒斯（Edward Arthur Burroughs）的作品，他在《為未來而戰》（*The Fight for the Future, 1916*）中談到了一次世界大戰。
12. Bartone et al. (1998).
13. Arrigo & Bullock (2008).
14. 關於單獨禁閉的同義詞，見 https://www.muckrock.com/news/archives/2015/jun/16/solitary-con.nement-may-go-different-name-your-st/。

15. Arrigo & Bullock (2008).

16. Smith (2006).

17. 關於艾須利・史密斯的案件，見 http://nationalpost.com/news/canada/ashley-smith-death-ruled-a-homicide-by-inquest-jury。關於亞當・卡佩的案件，見 https://www.theglobeandmail.com/news/national/how-a-tweet-led-to-unlocking-adam-capays-stint-in-solitary/article34756517/。

18. 感興趣的讀者可以查看網站 Solitary Watch（2019），查詢有關美國監獄單獨禁閉的訊息。

19. 克里斯多福・伯尼是一名英國中尉，在二次世界大戰中被招募為法國抵抗組織（French Resistance）工作。他於一九四二年被俘，並被送往弗雷訥（Fresnes）監獄，單獨監禁了五百二十六天，然後在戰爭即將結束時被送往比克瑙（Birkenau）集中營。他的敘述強調了建立慣例對於熬過單調的禁閉生活的必要性。當他沒有堅持慣例（例如，把微薄的口糧留到當天稍晚再吃），他的情緒就會變差。他在《單獨監禁》（*Solitary Confinement*）一書中講述了他的非凡故事，也強調了人類對社會接觸和各種體驗的基本需求（Burney, 1952）。

20. 民族誌研究中的研究者，會讓自己沉浸在一個特定的文化群體中，並盡可能不受約束地觀察這個群體的行為。本研究的作者（Bengtsson, 2012）在兩個監獄中待了相當長的時間。她發現，當她在第二個監獄透露其研究是關於無聊的時候，得到了更多囚犯的接受和參與。當囚犯覺得她瞭解他們的生活經歷時，就更願意參與。

21. 托本費兒特．班特森（T. Torbenfeldt Bengtsson, 2012）提到「邊緣操作」（edgework），即年輕人正在探索秩序和無序之間的界限。一個人越接近無序，似乎就越興奮。邊緣操作和對無序的接近，又可以被描述為挑戰現狀和權威。

22. de Viggiani (2007).

23. Lebedev (1988), quotations on pp. 32, 60, 78.

24. 詹姆斯．丹克特於二〇一七年十一月二十二日對克里斯．哈德菲爾德進行了電話採訪，但讀者可以透過他的書《太空人地球生活指南》（*An Astronaut's Guide to Life on Earth*, 2013）瞭解更多關於他在太空中消磨時間的敘述，大量的 YouTube 影片和媒體帳號也發布了很多關於他從未感到無聊的內容。

25. 哈德菲爾德，與詹姆斯．丹克特的私人通信，二〇一七年十一月二十二日。

26. Lebedev (1988), pp. 125, 251.

27. Lebedev (1988), p. 81.

28. 有時，瓦倫丁．列別傑夫在描述太空壯闊又令人敬畏後，緊接著就會談到太空生活的單調和沉悶。在談到從太空看地球的敬畏之後，他說：「太空站裡的事情很安靜、很沉悶。」（Lebedev, 1988, p.203）隨後，在寫到對接的挑戰時，他說：「後來，

當我們開始在飛船上進行實際訓練時，這一切並不有趣。」（p.241）

29. Lebedev (1988), p. 78.

第7章　無聊與人生意義

1. Galton (1885)。法蘭西斯・高爾頓爵士曾在《自然》（*Nature*）雜誌上發表過一篇短文，描述了他在一次會議上觀察（並試圖按照他的習慣來測量）聽眾成員的情況。我們用這篇文章構建了一個關於該會議的虛構描述。不過很明顯，高爾頓對會議本身並不感興趣。
2. Barbalet (1999).
3. Svendsen (2005), quotations on pp. 7, 30.
4. Frankl (1959), p.129.
5. Kuhn (1976); see also Healy (1984) and Raposa (1999).
6. van Tilburg & Igou (2012, 2016).
7. Eakman (2011); Fahlman et al. (2009); Kunzendorf & Buker (2008); Weinstein et al. (1995); MacDonald & Holland (2002); McLeod & Vodanovich (1991); Melton & Schulenberg (2007); Tolor & Siegel (1989).

8. McLeod & Vodanovich (1991); Tolor & Siegel (1989).
9. Fahlman et al. (2009).
10. Drob & Bernard (1988).
11. Bargdill (2000).
12. 在第二章中，我們回顧了引起無聊的各種因素，缺乏生活意義只是其中之一。此外，缺乏生活意義並不會總是引起無聊。
13. Eastwood（未出版的資料）。
14. 正如在第一章所討論的，我們認為缺乏情境意義是與無聊密切相關的特徵或後果，但並非無聊的核心。
15. 我們的心智被不太重要的活動所運用（因而不感到無聊）是有可能的。另一方面，我們也有可能因為做了一些沒有完全運用心智卻有深刻意義的事情（從而感到無聊）。回顧之前講的例子，即瘋狂追劇和對小朋友講沒完沒了的雙關語笑話。前者沒有意義，但不乏味，而後者有深刻的意義，但會變得有點乏味。
16. van Tilburg et al. (2013).
17. van Tilburg & Igou (2017).
18. van Tilburg & Igou (2011).
19. van Tilburg & Igou (2016).

20. Coughlan et al. (2019).
21. Nels F. S. Ferre, as cited in Boehm (2006), p. 160.
22. Kustermans & Ringmar (2011).
23. Svendsen (2005).
24. Gosselin & Schyns (2003).
25. 研究人員指出，由於雜亂無章的版本最容易「被認知操縱以獲得有意義的結果……研究結果支持了強調積極構建環境的理論」。Landon & Suedfeld (1969), p.248.
26. Brissett & Snow (1993).
27. 這個想法來自社會學家奧林・克萊普的書《超載和無聊》（1986），我們將在第八章探討。
28. 這句話來自莎士比亞（Shakespeare）的《馬克白》（*Macbeth*），也是威廉・福克納（William Faulkner）的小說《喧嘩與騷動》（*The Sound and the Fury*）書名的來源。
29. Svendsen (2005), p. 32.

第8章　正在形成的無聊流行病

1. Klapp (1986), pp. 1–2.
2. 關於蘇格拉底，見 Yunis (2011); James (1900); Kracauer (1995)。齊格弗里德・克拉考爾的想法跟蘇格拉底很類似，他認為，在二十世紀早期，記憶力受到了不斷進步的科技的威脅。在這個時代，心理學家研究了他們所謂的「認知卸載」，例如，依靠谷歌地圖來找路而不是自己學習怎麼走（Risko & Gilbert, 2016）。因此，儘管是以新技術的形式，我們似乎永遠都在關注蘇格拉底對書面文字的威脅的感嘆。
3. Klapp (1986), p.49.
4. 理查・史密斯（Richard Smith, 1981）可能是首位暗示這個假設的人，即那些容易感到無聊的人，處在單調和選擇或感覺過多的極端。一些間接的證據支持了這個假設：一方面，有著高度無聊傾向的人會更常尋求刺激（Zuckerman，1979）。另一方面，他們也在掙扎著「動手做事情」（Mugon et al., 2018）。這就是無聊的難題，高度無聊的個體知道他們想要從事一些新奇、有意義、令人滿意的事情，卻停留在行動的選擇階段，無法啟動（Danckert et al., 2018b）。
5. 完整的清單如下：

   i. 大聲說話（吵著要在雜訊中被聽到，即奧林・克萊普的「自我尖叫」）。

ii. 理解困難（藉由術語來理解資訊並排斥他人）。
iii. 不連續／不連貫（訊息的不連貫性體現在電視螢幕上，一個視窗是人在說話，一個視窗是天氣預報，另一個視窗是交通攝影畫面，再加上另一個視窗的新聞報導的滴答聲）。
iv. 不好的複雜性（沒有意義的複雜性）。
v. 頻道雜亂（達到和超過處理不同資訊來源的能力的簡單問題）。
vi. 缺乏回饋，使其更難從雜訊中過濾信號。
vii. 風格雜訊（例如不斷變化的流行趨勢）。
viii. 偽訊息（克萊普預見到了現在這個「假新聞」時代，以此類推，假幣讓我們感到富有，只要它沒有被發現），以及純粹的超載（可用資訊量的急劇增加）。

6. Klapp (1986), p.106.
7. 這個分析由奧林．克萊普（1986）首次提出。
8. 關於知識倍增曲線的更多訊息，見 http://www.industrytap.com/knowledge-doubling-every-12-months-soon-to-be-every-12-hours/3950。
9. Bornmann & Mutz（2015）。自一六六〇年以來發表的論文總數量超過了五千萬大關，現在每年依然有兩百五十萬篇文章發表（http://www.cdnsciencepub.com/blog/21st-century-science-overload.aspx）。僅僅這兩個例子就突顯了訊息爆炸帶來的挑戰：互聯網估計包含多達五百萬個百萬位元組（TB）的訊息，而谷歌只繪製了約兩百個百萬位元組或〇．〇〇四%的可用訊息總量。繪製一個普通人大腦的神經連接圖，估計需要幾十億拍位元組（petabytes，一個拍位元組是 10^{15} 個位元組〔bytes〕）！

10. 我們還記得磁片的容量不大，像博士論文這樣的檔需要多個三．二五英寸的磁片來儲存。現在，同樣的檔案在普通的 USB 中幾乎不占什麼空間。

11. 諸如「互聯網毀了我的大腦」或「互聯網讓我們變笨了」這樣的說法在尼古拉．卡爾（Nicholas Carr）的《淺薄：互聯網如何毒化了我們的大腦》（*The Shallows: What the Internet Is Doing to Our Brains*, 2011）一書中被深入探討，讓人想起蘇格拉底對書面文字會毀掉人們的擔憂。這種說法是誇張的，沒有事實根據（就像無聊成為流行病的可能性）。然而，從石版雕刻到互聯網，隨著每個新進展的出現，我們都有必要問問它帶來的積極和消極影響可能是什麼。

12. 關於互聯網的歷史，見 Hafner & Lyon (1988)。

13. 楊及其同事對網路成癮的最初描述（Young, 1998; Young & Rogers, 1998）認為它不是一個物質濫用問題，而更像是一個衝動控制問題。這與我們的描述相吻合，即由於未能有意義地運用自己的心智，促使人們轉向互聯網尋求娛樂，雖然快速、容易，但最終得不到滿足。網路成癮作為一種診斷性精神疾病的概念還沒有進入《精神疾病診斷與統計手冊》（*DSM*），這表明該領域仍存在懷疑態度。在《精神疾病診斷與統計手冊》第五版（最新版本）中提到，網路遊戲疾患（Internet Gaming Disorder）是一個需要進一步研究的領域。一些早期研究確實表明，過度使用互聯網的人表現出耐受性（想要越來越多的上網時間以獲得滿足）和戒斷（在離線時表現出憂鬱和煩躁的感覺）的行為，這都屬於物質成癮的典型跡象（Scherer, 1997）。

14. Bernardi & Pallanti (2009); Nichols & Nicki (2004)。這些研究強調了合併症，也就是其他精神疾病通常與網路成癮共存（例如憂鬱症和衝動控制障礙）。在西爾維婭・伯納迪（Sylvia Bernardi）和斯蒂法諾・帕蘭提（Stefano Pallanti）的研究中，人們報告說，當他們被阻止上網時，無聊程度上升了，這是成癮的另一個顯著跡象。

15. Elhai et al. (2017).

16. 尚・特溫格（2017）展示了來自美國青年的大樣本資料，表明智慧型手機和社群網站使用的增加，與精神疾病的增加之間存在關聯。值得指出（正如騰格所做的那樣）的是，這是一種相關性而非因果性。

17. Whiting & Williams（2013）。一九八〇年代的一篇論文表明，人們透過看電視來緩解無聊，就像我們現在上網一樣，基本上是為了打發時間（Bryant & Zillmann, 1984）。

18. 這裡我們使用的是法國哲學家尚・布希亞（Jean Baudrillard, 1994）使用的術語：擬像（simulacrum）。他談到了超現實，在這種情況下，被指代的事物被指代者所取代。如果把這個想法簡化一下，我們可以說現實世界被一個虛擬的、超現實的世界所取代，感覺起來比現實世界更真實。互聯網、社群網站和被稱為「真人秀」的矛盾說法，都代表了擬像的各種形式。

19. Thiele(1997). 類似的分析也見 Aho(2007)。
20. Thiele (1997), p.505.
21. Cushman (1995).
22. Simmel (2012), p.31.
23. Twenge (2017).
24. Arad et al. (2017); Tromholt (2016).
25. Yeykelis et al. (2014).
26. Damrad-Frye & Laird (1989).
27. 一九九〇年代中期以來，已經有研究者在測量性無聊（Watt & Ewing, 1996）。這裡提到的研究來自 Chaney & Chang (2005); Gana et al. (2000)。一項研究顯示，男性將性無聊看成是保持一夫一妻制所需付出的代價（Tunariu & Reavey, 2007）。
28. 見 https://www. nytimes. com/2018/01/17/world/europe/uk-britain-loneliness. html。
29. 喬・考克斯孤獨問題委員會（Jo Cox Commission on Loneliness）是為了紀念在英國

脫歐運動中被刺殺身亡的英國議員而成立的。她在去世之前曾致力於建立一個委員會，透過與一系列非政府組織合作來解決孤獨問題。

30. Chin et al. (2017)。在這項研究之前，還有很多研究提到了無聊和孤獨：Farmer & Sundberg (1986); Reissman et al. (1993); Spaeth et al. (2015).

31. Chan et al. (2018).

第9章　順著心流而行

1. 電影《徒手攀岩》（*Free Solo*）記錄了艾力克斯・霍諾德攀登位於優勝美地國家公園的三千英尺高的酋長岩的過程。

2. Csikszentmihalyi (1975).

3. Csikszentmihalyi & Larson (2014)。採集受訪者體驗的方法很多，短期（打斷受訪者的工作）或者長期（手機發送提醒，問他們現在感覺怎麼樣，以及幾天、幾週或幾個月後怎麼樣）。

4. 事實上，契克森米哈伊（1990）承認這個說法來自受訪者自己對這種狀態的描述，他們感覺在「漂浮」或者「被流水拖著走」。（p.40）

5. Marty-Dugas & Smilek (2019).

6. Struk et al. (2015).
7. Fahlman et al. (2013).
8. Pekrun et al. (2010, 2014)。第八章談到新奇或複雜過度也會引起無聊。挑戰過大會引起無聊的原因很簡單。毫無疑問的是，挑戰過大也可能引起焦慮。
9. Blunt & Pychyl (2005); Ferrari (2000); Vodanovich & Rupp (1999).
10. Cheyne et al. (2006); Carriere et al. 2008; Hunter & Eastwood (2018, 2019); Malkovsky et al. (2012).
11. LeDoux & Pine (2016).
12. 艾發克斯．霍諾德的口述刊於 Ferriss (2018)：「在爬那些難度較高的路線時，我通常並不害怕。但是，分清楚恐懼和風險很重要。如果風險很高，那你應該感到害怕。它提醒你危險是真實存在的。如果我真的感到很害怕，就會緩幾天，再多準備一些，多做一些，來減輕我的恐懼，在我感覺舒服的時候再去爬。」
13. Fahlman et al. (2013); Gana et al. (2000); Harris (2000); Mercer-Lynn et al. (2013a); Seib & Vodanovich (1998).
14. 查看霍諾德的更多攀岩成就：http://www.alexhonnold.com/。
15. 引用自 Chancellor (2014).
16. Damrad-Frye & Laird (1989); Danckert & Allman (2005); Watt (1991).

17. Zakay (2014).

18. 安·雷寧格（K. Ann Renninger）和蘇珊娜·希迪（Suzanne Hidi）在二〇一五年時寫道：「興趣指的是一個人投入某些活動時的心理狀態，也指過了一段時間之後想重新投入進去的認知和情緒動機傾向。」

19. Dennett (2009).

20. 丹尼爾·丹尼特將此稱為「調試的樂趣」，利用冷笑話這個例子來微調關於世界如何運作的認知模型。（Hurley et al. ,2011）。

21. 除了年曆之外，更多有關呆子的趣事可以參考這本指南。見 Carlson (2015)。

22. Gerstein (2003).

23. 有些人認為我們天生就有發現某些事物的傾向，例如復雜性、模棱兩可和有趣的驚喜，但肯定不包括交通錐（Berlyne, 1954, 1960, 1966, 1974; Hidi, 1990）。

24. Nunoi and Yoshikawa (2016).

25. Zajonc (1968)。伊莎貝爾·佩雷茲（Isabelle Peretz）等人（1998）發現一些第一次聽覺得難聽的歌，在第二次聽時會得到更高的評價。

26. 引自 Schwarz (2018), p. 37; see also Zajonc (1968)。重要的是，我們認為熟悉的事物有著讓我們無聊的風險，因為它不再需要太多心智投入。（e.g., Bornstein, 1989; Van den Bergh & Vrana, 1998.）

27. 當無聊來襲時，我們眼前面對的事情可能不是隨機的。在大衛的例子中，他關注交通錐是因為他的工作性質使然，以及想要解決一樁專利糾紛的動機。

28. 人們普遍認為這句話來自多羅茜・帕克（Dorothy Parker）。

29. Charnov (1976), Kurzban et al. (2013), Northcraft & Neale (1986).

30. 最近一項有關無聊、好奇和探索的計算建模研究發現，由無聊驅動的演算法，比好奇心驅動的演算法，更成功地學習了新的環境。也許這兩種狀態都會引起探索，但無聊似乎對學習更加有效。（Yu et al., 2018.）

31. 我們並不想把好奇心和興趣混為一談。也許好奇心激起的探索可以引起我們認為有趣的活動。同樣的，我們感興趣的活動，也可能激發好奇心。也有一些興趣（如集郵），它們可以長久持續，但不一定會激發好奇心。我們認為，投入心智的方式有很多種，有些並不需要我們達到心流。有關好奇的種類，參考 Berlyne (1954, 1966); Litman & Spielberger (2003); Reio et al. (2006)。雖然不同研究的定義不同，二分法大致上還是統一的：訊息的或感官的（Litman & Spielberger）；知識的或感知的（Berlyne）。

32. Hunter et al. (2016); Kashdan et al. (2004); Pekrun et al. (2017); Reio et al. (2006).

33. 冷漠的特徵是無欲無求，放鬆則是沒有什麼未竟的欲望。

34. 大衛・薩溫（David A. Sawin）和馬克・塞爾博讓容易無聊和不易無聊的受試者做一

個注意力實驗，要求他們識別螢幕上不經常出現的閃爍，受試者可以集中注意力，也可以放輕鬆。僅僅是告訴他們放輕鬆，容易無聊的受試者的無聊程度，就降低到和不易無聊的受試者一樣。

35. Morita et al. (2007); Park et al. (2010).

結語

1. 戈耳狄俄斯之結的傳說起源於古希臘，其寓意是：只要我們能打破常規思維，再困難的問題都會有一個簡單的解法。據傳，戈耳狄俄斯國王的牛車被捆在一根柱子上，繩子上打了一個無比複雜的結。解開戈耳狄俄斯之結的人將成為下一任國王。亞歷山大一世在一開始也試圖解開這個結，然後意識到用劍把繩子砍斷就可以解決了。

2. 發揮行動力並不一定會有理想的結果。精神病患者可能有很強的行動力，但很少有人會容忍他們的瘋狂行徑。我們的理解是，發揮行動力是防止無聊變成慢性以及導致更多問題的最佳方式。至於如何在道德允許的範圍內發揮行動力，則是另一個問題。

3. Russell (2012)。「無法忍受無聊的一代將變成渺小的一代，脫離了生命緩慢本質的一代，如同花瓶裡的鮮花，生命的脈搏將走向枯萎的一代。」（p.54）

4. Dixon et al. (2010, 2014)。麥克・迪克森（Mike Dixon）及其同事表明，與贏錢相關的「鈴聲和口哨」可能會引起誤導。在多線老虎機遊戲中，如果一名賭徒在七條線上下注，但只在其中一條上贏了，他還是在輸錢。無論如何，機器仍然亮著燈，播放著歡快的歌曲，愚弄著這名無助的賭徒，讓他以為自己贏了，騙他繼續賭。迪克森及其同事稱這是「偽裝成勝利的損失」，導致「暗流」。
5. LePera (2011).
6. Koval & Todman (2015)。練習正念冥想的人們和有更佳正念技巧的人，更能夠忍受無聊的任務，而非向無聊屈服（Hallard, 2014; Petranker, 2018）。
7. 根據佛教的說法，痛苦是我們對疼痛的反應（任何形式的情感或身體的疼痛）。這個想法體現在「疼痛不可避免，痛苦可以選擇」這句格言上。這句話適用於無聊以及其他令人不悅的感受。
8. 第五章中提到的無聊和攻擊之間的關聯，顯現為一種特定類型的攻擊性：敵意（Isacescu et al., 2017）。一種解釋是，當無聊的時候，我們會對世界展現敵意；由於這個世界不夠好，因此我們責怪它。
9. Warhol & Hackett (1988, p. 8).
10. 卡羅・奧諾德（Carl Honoré）的書《放慢生活腳步》（*In Praise of Slowness*, 2004）也包含了相似的意思。在探索慢食運動和密宗性愛等方面，他並不建議一切都應該慢慢來。相反的，我們應該選擇自己的節奏。

11. Kierkegaard (1992, p. 214)。「不快樂的人是那種把他的理想、生活的內容、意識的充實，以及真正的本性，以某種方式放在自己之外的人。不快樂的人的自我總是缺席，從不在自己身上出現。」
12. Brodsky (1995, pp. 109–110).
13. 大衛・福斯特・華萊士（David Foster Wallace）在關於無聊的著作《蒼白之王》（*The Pale King*, 2011, p.440）中沉思道：「一言以蔽之，難以忍受。……它是現代生活的關鍵。如果你對無聊有免疫力，簡直就沒有什麼事情是你不能完成的。」
14. Brodsky (1995, pp. 110–111).
15. Nietzsche (2006, p. 385).

致謝

我要感謝所有的研究生，在過去十年中，是你們在實驗室中為這項無聊相關研究付出心血：Yael Goldberg、Julia Isacescu、Colleen Merri.eld、Jhotisha Mugon、Andriy Struk。在這項工作中，你們絕不僅僅是士兵，也在許多重要的方面塑造了我的思考。還有一支本科生隊伍也為研究做出了貢獻，我想特別提及Ava-Ann Allman，正是我們於二〇〇五年合作的論文，啟動了這個實驗室。感謝我的同事，他們同樣塑造了這項研究，提出了最棒的想法，阻止了驚人錯誤的發生：Abby Scholer、Ian McGregor、Dan Smilek。

特別感謝科林．埃拉德（Colin Ellard）對這本書的寫作提出的建議和見解。還要感謝我們的編輯珍妮絲．奧德特（Janice Audet），以及哈佛大學出版社的每個人，在整個過程中，你們給了我們如此專業的指引。

最後，我想要感謝家人，許多個在電腦前熬夜的日子裡，是你們給我支持；

當我倦怠時，是你們給我寬慰，讓我不致跌到谷底。以及一如既往地，無比感激史黛西（Stacey）的支持。

——詹姆斯．丹克特

感謝和我一起探索無聊的滿懷熱情的研究生和博士後研究員：Veerpal Bambrah、Carol Cavaliere、Shelley Fahlman、Alexandra Frischen、Cory Gerritsen、Dana Gorelik、Andrew Hunter、Jennifer Hunter、Chia-Fen Hsu、Sanaz Mehranvar、Kimberley Mercer-Lynn、Andy Ng、Rotem Petranker。

特別要感謝的是雪萊（Shelley）為無聊實驗室奠定了基礎，亞歷山卓（Alexandra）為我們帶來了動力，也要特別感謝珍妮佛（Jennifer）和安德魯（Andrew）為本書的初稿提供了回饋。Mark Fenske、Peter Gaskovski、Ian McGregor、Ian Newby-Clark、Dan Smilek 等幾位同事，深深影響了我的職業生涯。丹（Dan）和馬克（Mark）在很大程度上塑造了我對無聊的思考，他們所做的不可估量的貢獻應得到認可，同時絕不應因為我自己的失誤而受到指責。我也要特別感謝瑪吉．托普拉克（Maggie Toplak），在過去數年我們為各自的寫作項目艱難奮鬥時，給予了寶貴的支持。合作和對話是使我始終致力於這項研究事業的核心要素，我非常感謝你們每個人。

我們的編輯珍妮絲·奧德特以及哈佛大學出版社的每位同仁，給了我們剛剛好的自由度和方向指引，讓我們沒有偏離軌道。我很感謝他們在寫作過程中提供的指導。最後，也是最重要的，我要感謝阿德里安娜（Adrienne）在我進行這個項目時包容我、支持我。我有幸擁有你的陪伴，感激之情無以言表。

——約翰·伊斯特伍德

圖片版權

p. 71 Wellcome Library M001440; Wellcome Collection CC BY 4.0.

p. 146 Courtesy of Dr. Jennifer Gunter.

p. 173 “Welche Thiere gleichen einander am meisten: Kaninchen und Ente,” Fliegende Bätter, October 23, 1892. University Library, Heidelberg.

參考文獻

Abramson, Edward E., and Shawn G. Stinson. 1977. "Boredom and eating in obese and non-obese individuals." *Addictive Behaviors* 2, no. 4: 181–185.

Aho, Kevin. 2007. "Simmel on acceleration, boredom, and extreme aesthesia." *Journal for the Theory of Social Behaviour* 37, no. 4: 447–462.

Arad, Ayala, Ohad Barzilay, and Maayan Perchick. 2017. "The impact of Facebook on social comparison and happiness: Evidence from a natural experiment." Unpublished manuscript, February 13. https://papers.ssrn.com /sol3/papers .cfm ?abstract id =2916158.

Arrigo, Bruce A., and Jennifer Leslie Bullock. 2008. "The psychological effects of solitary confinement on prisoners in supermax units: Reviewing what we know and recommending what should change." *International Journal of Offender Therapy and Comparative Criminology* 52, no. 6: 622–640.

Baddeley, Alan. 1996. "Exploring the central executive." *Quarterly Journal of Experimental Psychology Section A* 49, no. 1: 5–28.

Barbalet, Jack M. 1999. "Boredom and social meaning." *British Journal of Sociology* 50, no. 4: 631–646.

Bargdill, Richard. 2000. "The study of life boredom." *Journal of Phenomenological Psychology* 31, no. 2:

188–219.

Barmack, Joseph E. 1937. "Boredom and other factors in the physiology of mental effort: An exploratory study." *Archives of Psychology* 31: 1–83.

Barmack, Joseph E. 1938. "The effect of benzedrine sulfate (benzyl methyl carbinamine) upon the report of boredom and other factors." *Journal of Psychology* 5, no. 1: 125–133.

Barmack, Joseph E. 1939. "Studies on the psychophysiology of boredom: Part I. The effect of 15 mgs. of benzedrine sulfate and 60 mgs. of ephedrine hydrochloride on blood pressure, report of boredom and other factors." *Journal of Experimental Psychology* 25, no. 5: 494.

Barnett, Lynn A., and Sandra Wolf Klitzing. 2006. "Boredom in free time: Relationships with personality, affect, and motivation for different gender, racial and ethnic student groups." *Leisure Sciences* 28, no. 3: 223–244.

Bartone, Paul T., Amy B. Adler, and Mark A. Vaitkus. 1998. "Dimensions of psychological stress in peacekeeping operations." *Military Medicine* 163, no. 9: 587–593.

Baudrillard, Jean. 1994. *Simulacra and Simulation*. Ann Arbor: University of Michigan Press.

Bench, Shane W., and Heather C. Lench. 2013. "On the function of boredom." *Behavioral Sciences* 3, no. 3: 459–472.

Bengtsson, Tea Torbenfeldt. 2012. "Boredom and action: Experiences from youth confinement." *Journal of Contemporary Ethnography* 41, no. 5: 526–553.

Ben-Zeev, Dror, Michael A. Young, and Colin A. Depp. 2012. "Real-time predictors of suicidal ideation: Mobile assessment of hospitalized depressed patients." *Psychiatry Research* 197, no. 1–2: 55–59.

Berlyne, Daniel E. 1960. *Conflict, Arousal, and Curiosity*. New York: McGraw-Hill.

Berlyne, Daniel E. 1966. "Curiosity and exploration." *Science* 153, no. 3731: 25–33.

Berlyne, Daniel E. 1974. *Studies in the New Experimental Aesthetics: Steps toward an Objective Psychology of Aesthetic Appreciation*. Washington, DC: Hemisphere.

Berlyne, Daniel Ellis. 1954. "A theory of human curiosity." *British Journal of Psychology: General Section* 45, no. 3: 180–191.

Bernardi, Sylvia, and Stefano Pallanti. 2009. "Internet addiction: A descriptive clinical study focusing on comorbidities and dissociative symptoms." *Comprehensive Psychiatry* 50, no. 6: 510–516.

Bernstein, Haskell E. 1975. "Boredom and the ready-made life." *Social Research*: 512–537.

Best, John R., and Patricia H. Miller. 2010. "A developmental perspective on executive function." *Child Development* 81, no. 6: 1641–1660.

Biolcati, Roberta, Giacomo Mancini, and Elena Trombini. 2018. "Proneness to boredom and risk behaviors during adolescents' free time." *Psychological Reports* 121, no. 2: 303–323.

Bishop, Sheryl L. 2004. "Evaluating teams in extreme environments: From issues to answers." *Aviation, Space, and Environmental Medicine* 75, no. 7: C14–C21.

Blaszczynski, Alex, Neil McConaghy, and Anna Frankova. 1990. "Boredom proneness in pathological gambling." *Psychological Reports* 67, no. 1: 35–42.

Blunt, Allan, and Timothy A. Pychyl. 2005. "Project systems of procrastinators: A personal project-analytic and action control perspective." *Personality and Individual Differences* 38, no. 8: 1771–1780.

Blunt, Allan, and Timothy A. Pychyl. 1998. "Volitional action and inaction in the lives of undergraduate students: State orientation, procrastination and proneness to boredom." *Personality and Individual Differences* 24, no. 6: 837–846.

Boehm, Jim. 2006. *The Handbook for Exploding the Economic Myths of the Political Sound Bite*. West Conshohocken, PA: self published (Infinity Press).

Bolhuis, Jantina Elizabeth, Willem G. P. Schouten, Johan W. Schrama, and Victor M. Wiegant. 2006. "Effects of rearing and housing environment on behaviour and performance of pigs with different coping characteristics." *Applied Animal Behaviour Science* 101, no. 1–2: 68–85.

Bond, Frank W., Steven C. Hayes, Ruth A. Baer, Kenneth M. Carpenter, Nigel Guenole, Holly K. Orcutt, Tom Waltz, and Robert D. Zettle. 2011. "Preliminary psychometric properties of the Acceptance and Action Questionnaire–II: A revised measure of psychological inflexibility and experiential avoidance." *Behavior Therapy* 42, no. 4: 676–688.

Bonnaire, Celine, Michel Lejoyeux, and Roland Dardennes. 2004. "Sensation seeking in a French population of pathological gamblers: Comparison with regular and nongamblers." *Psychological Reports* 94, no. 3, suppl.: 1361–1371.

Bornmann, Lutz, and Rudiger Mutz. 2015. "Growth rates of modern science: A bibliometric analysis based on the number of publications and cited references." *Journal of the Association for Information Science and Technology* 66, no. 11: 2215–2222.

Bornstein, Robert F. 1989. "Exposure and affect: Overview and meta-analysis of research, 1968–1987." *Psychological Bulletin* 106, no. 2: 265–289.

Boyle, Gregory J., Lisa M. Richards, and Anthony J. Baglioni Jr. 1993. "Children's Motivation Analysis

Test (CMAT): An experimental manipulation of curiosity and boredom." *Personality and Individual Differences* 15, no. 6: 637–643.

Boys, Annabel, John Marsden, and John Strang. 2001. "Understanding reasons for drug use amongst young people: a functional perspective." *Health Education Research* 16, no. 4: 457–469.

Bradshaw, John W., Anne J. Pullen, and Nicola J. Rooney. 2015. "Why do adult dogs 'play'?" *Behavioural Processes* 110: 82–87.

Breazeal, Cynthia. 2009. "Role of expressive behaviour for robots that learn from people." *Philosophical Transactions of the Royal Society B: Biological Sciences* 364, no. 1535: 3527–3538.

Brissett, Dennis, and Robert P. Snow. 1993. "Boredom: Where the future isn't." *Symbolic Interaction* 16, no. 3: 237–256.

Britton, Annie, and Martin J. Shipley. 2010. "Bored to death?" *International Journal of Epidemiology* 39, no. 2: 370–371.

Brodsky, Joseph. 1995. "In praise of boredom." In *On Grief and Reason*. New York: Farrar Straus and Giroux.

Brown, Richard E. 2007. "Alfred McCoy, Hebb, the CIA and torture." *Journal of the History of the Behavioral Sciences* 43, no. 2: 205–213.

Bryant, Jennings, and Dolf Zillmann. 1984. "Using television to alleviate boredom and stress: Selective exposure as a function of induced excitational states." *Journal of Broadcasting and Electronic Media* 28, no. 1: 1–20.

Burda, Yuri, Harri Edwards, Deepak Pathak, Amos Storkey, Trevor Darrell, and Alexei A. Efros. 2018.

"Large-scale study of curiosity-driven learning." Unpublished manuscript, August 13. https://arxiv.org/abs/1808 .04355.

Burn, Charlotte C. 2017. "Bestial boredom: A biological perspective on animal boredom and suggestions for its scientific investigation." *Animal Behaviour* 130: 141–151.

Burney, C. 1952. *Solitary Confinement*. New York: Coward-McCann. Burroughs, E. A. 1916. *The Fight for the Future*. London: Nisbet.

Byron, George Gordon, Lord. 2005. *Don Juan*. Rpt. ed., New York: Penguin Classics, 2005.

Cairns, Hugh, R. C. Oldfield, J. B. Pennybacker, and D. Whitteridge. 1941. "Akinetic mutism with an epidermoid cyst of the 3rd ventricle." *Brain* 64, no. 4: 273–290.

Caldwell, Linda L., Nancy Darling, Laura L. Payne, and Bonnie Dowdy. 1999. " 'Why are you bored?': An examination of psychological and social control causes of boredom among adolescents." *Journal of Leisure Research* 31, no. 2: 103–121.

Caldwell, Linda L., and Edward A. Smith. 1995. "Health behaviors of leisure alienated youth." *Loisir et Societe / Society and Leisure* 18, no. 1: 143–156.

Caldwell, L. L., and E. A. Smith. 2006. "Leisure as a context for youth development and delinquency prevention." *Australian and New Zealand Journal of Criminology* 39: 398–418.

Caldwell, Linda L., Edward A. Smith, and Ellen Weissinger. 1992. "Development of a leisure experience battery for adolescents: Parsimony, stability, and validity." *Journal of Leisure Research* 24, no. 4: 361–376.

Carlstead, Kathy. 1996. "Effects of captivity on the behavior of wild mammals." In *Wild Mammals in*

Captivity: Principles and Techniques, ed. Devra Kleiman, Mary Allen, Susan Lumpkin, and Katerina Thompson. Chicago: University of Chicago Press.

Carlson, Leland. 2015. *Dull Men of Great Britain*. London: Ebury Press. Carr, Nicholas. 2011. *The Shallows: What the Internet Is Doing to Our Brains*. New York: W. W. Norton.

Carriere, Jonathan S. A., J. Allan Cheyne, and Daniel Smilek. 2008. "Everyday attention lapses and memory failures: The affective consequences of mindlessness." *Consciousness and Cognition* 17, no. 3: 835–847.

Carroll, Douglas, and Justine A. A. Huxley. 1994. "Cognitive, dispositional, and psychophysiological correlates of dependent slot machine gambling in young people." *Journal of Applied Social Psychology* 24, no. 12: 1070–1083.

Chan, Christian S., Wijnand A. P. van Tilburg, Eric R. Igou, Cyanea Y. S. Poon, Katy Y. Y. Tam, Venus U. T. Wong, and S. K. Cheung. 2018. "Situational meaninglessness and state boredom: Cross-sectional and experience-sampling findings." *Motivation and Emotion* 42, no. 4: 555–565.

Chancellor, Will. 2014. "Alex Honnold." https://www .interviewmagazine.com /culture /alex-honnold.

Chaney, Michael P., and Catherine Y. Chang. 2005. "A trio of turmoil for Internet sexually addicted men who have sex with men: Boredom proneness, social connectedness, and dissociation." *Sexual Addiction and Compulsivity* 12, no. 1: 3–18.

Chapman, Alexander L., and Katherine L. Dixon-Gordon. 2007. "Emotional antecedents and consequences of deliberate self-harm and suicide attempts." *Suicide and Life-Threatening Behavior* 37, no. 5: 543–552.

Charnov, Eric L. 1976. "Optimal foraging, the marginal value theorem." *Theoretical Population Biology* 9, no. 2: 129–136.

Cheyne, James Allan, Jonathan S. A. Carriere, and Daniel Smilek. 2006. "Absent-mindedness: Lapses of conscious awareness and everyday cognitive failures." *Consciousness and Cognition* 15, no. 3: 578–592.

Chin, Alycia, Amanda Markey, Saurabh Bhargava, Karim S. Kassam, and George Loewenstein. 2017. "Bored in the USA: Experience sampling and boredom in everyday life." *Emotion* 17, no. 2: 359–368.

Ciocan, Cristian. 2010. "Heidegger and the problem of boredom." *Journal of the British Society for Phenomenology* 41, no. 1: 64–77.

Claes, Laurence, Walter Vandereycken, and Hans Vertommen. 2001. "Self-injurious behaviors in eating-disordered patients." *Eating Behaviors* 2, no. 3: 263–272.

Clarke, Dave, Samson Tse, Max W. Abbott, Sonia Townsend, Pefi Kingi, and Wiremu Manaia. 2007. "Reasons for starting and continuing gambling in a mixed ethnic community sample of pathological and non-problem gamblers." *International Gambling Studies* 7, no. 3: 299–313.

Coffman, Donna L., Linda L. Caldwell, and Edward A. Smith. 2012. "Introducing the at-risk average causal effect with application to HealthWise South Africa." *Prevention Science* 13, no. 4: 437–447.

Coman, Greg J., Graham D. Burrows, and Barry J. Evans. 1997. "Stress and anxiety as factors in the onset of problem gambling: Implications for treatment." *Stress Medicine* 13, no. 4: 235–244.

Conrad, Peter. 1997. "It's boring: Notes on the meanings of boredom in everyday life." *Qualitative Sociology* 20, no. 4: 465–475.

Conroy, Ronan M., Jeannette Golden, Isabelle Jeffares, Desmond O'Neill, and Hannah McGee. 2010. "Boredom-proneness, loneliness, social engagement and depression and their association with cognitive function in older people: A population study." *Psychology, Health and Medicine* 15, no. 4: 463–473.

Cook, Frederick Albert. 1909. *Through the First Antarctic Night, 1898–1899*. New York: Doubleday, Page. Cotte, June, and Kathryn A. Latour. 2008. "Blackjack in the kitchen: Understanding online versus casino gambling." *Journal of Consumer Research* 35, no. 5: 742–758.

Coughlan, Gillian, Eric R. Igou, Wijnand A. P. van Tilburg, Elaine L. Kinsella, and Timothy D. Ritchie. 2019. "On boredom and perceptions of heroes: A meaning-regulation approach to heroism." *Journal of Humanistic Psychology* 59, no. 4: 455–473.

Craig, Arthur D. 2009. "How do you feel—now? The anterior insula and human awareness." *Nature Reviews Neuroscience* 10, no. 1: 59–70.

Crockett, Amanda C., Samantha K. Myhre, and Paul D. Rokke. 2015. "Boredom proneness and emotion regulation predict emotional eating." *Journal of Health Psychology* 20, no. 5: 670–680.

Csikszentmihalyi, Mihaly, with contributions by I. Csikszentmihalyi. 1975. *Beyond Boredom and Anxiety*. San Francisco: Jossey-Bass. Csikszentmihalyi, Mihaly. 1990. *Flow: The Psychology of Optimal Experience*. New York: Harper and Row.

Csikszentmihalyi, Mihaly, and Reed Larson. 2014. "Validity and reliability of the experience-sampling method." In *Flow and the Foundations of Positive Psychology*, 35–54. Dordrecht, NL: Springer.

Cushman, Philip. 1995. *Constructing the Self, Constructing America: A Cultural History of Psychotherapy*.

Reading, MA: Addison-Wesley.

Dahl, Ronald E. 2004. "Adolescent brain development: A period of vulnerabilities and opportunities. Keynote address." *Annals of the New York Academy of Sciences* 1021, no. 1: 1–22.

Dahl, Ronald E. 2001. "Affect regulation, brain development, and behavioral / emotional health in adolescence." *CNS Spectrums* 6, no. 1: 60–72.

Dahlen, Eric R., Ryan C. Martin, Katie Ragan, and Myndi M. Kuhlman. 2004. "Boredom proneness in anger and aggression: Effects of impulsiveness and sensation seeking." *Personality and Individual Differences* 37, no. 8: 1615–1627.

Dal Mas, Dennis E., and Bianca C. Wittmann. 2017. "Avoiding boredom: Caudate and insula activity reflects boredom-elicited purchase bias." *Cortex* 92: 57–69.

Damrad-Frye, Robin, and James D. Laird. 1989. "The experience of boredom: The role of the self-perception of attention." *Journal of Personality and Social Psychology* 57, no. 2: 315.

Danckert, James A., and Ava-Ann A. Allman. 2005. "Time flies when you're having fun: Temporal estimation and the experience of boredom." *Brain and Cognition* 59, no. 3: 236–245.

Danckert, James, Tina Hammerschmidt, Jeremy Marty-Dugas, and Daniel Smilek. 2018a. "Boredom: Under-aroused and restless." *Consciousness and Cognition* 61: 24–37.

Danckert, James, and Julia Isacescu. 2017. "The bored brain: Insular cortex and the default mode network." Unpublished manuscript, September 27. https://psyarxiv.com/aqbcd/.

Danckert, James, and Colleen Merrifield. 2018. "Boredom, sustained attention and the default mode network." *Experimental Brain Research* 236, no. 9: 2507–2518.

Danckert, James, Jhotisha Mugon, Andriy Struk, and John D. Eastwood. 2018b. "Boredom: What is it good for?" In *The Function of Emotions,* ed. Heather C. Lench, 93–119. Cham: Springer.

Davies, A. Hudson. 1926. "Discussion on the physical and mental effects of monotony in modern industry." *British Medical Journal* 2, no. 3427: 472–479.

Dearborn, G. van N. 1932. "A case of congenital general pure analgesia." *Journal of Nervous and Mental Disease* 75: 612–615.

DeCarli, Charles, Joseph Massaro, Danielle Harvey, John Hald, Mats Tullberg, Rhoda Au, Alexa Beiser, Ralph D'Agostino, and Philip A. Wolf. 2005. "Measures of brain morphology and infarction in the Framingham heart study: Establishing what is normal." *Neurobiology of Aging* 26, no. 4: 491–510.

Deci, Edward L., and Richard M. Ryan. 1985. *Intrinsic Motivation and Self-Determination in Human Behavior.* New York: Plenum.

Deci, Edward L., and Richard M. Ryan. 2008. "Self-determination theory: A macrotheory of human motivation, development, and health." *Canadian Psychology / Psychologie canadienne* 49, no. 3: 182–185.

Dennett, Daniel. 2009. "Cute, Sexy, Sweet, Funny." Filmed March 15. TED video, 7:45. https://www.ted .com /talks /dan_dennett_cute_sexy_sweet _funny. de Viggiani, Nick. 2007. "Unhealthy prisons: Exploring structural determinants of prison health." *Sociology of Health and Illness* 29, no. 1: 115–135.

Diamond, Adele. 2005. "Attention-deficit disorder (attention-deficit / hyperactivity disorder without hyperactivity): A neurobiologically and behaviorally distinct disorder from attention-deficit /

hyperactivity disorder (with hyperactivity).” *Development and Psychopathology* 17, no. 3: 807–825.

Dickens, Charles. 2003. *Bleak House*. New York: Penguin Classics.

Dickens, Charles. 2005. *Bleak House*. Directed by Justin Chadwick and Susan White, screenplay by Andrew Davies, produced by Sally Haynes and Laura Mackie. BBC One, television serial.

Dickerson, Mark, John Hinchy, and John Fabre. 1987. “Chasing, arousal and sensation seeking in off-course gamblers.” *British Journal of Addiction* 82, no. 6: 673–680.

Dixon, Mike J., Candice Graydon, Kevin A. Harrigan, Lisa Wojtowicz, Vivian Siu, and Jonathan A. Fugelsang. 2014. “The allure of multi-line games in modern slot machines.” *Addiction* 109, no. 11: 1920–1928.

Dixon, Mike J., Kevin A. Harrigan, Rajwant Sandhu, Karen Collins, and Jonathan A. Fugelsang. 2010. “Losses disguised as wins in modern multi-line video slot machines.” *Addiction* 105, no. 10: 1819–1824.

Dixon, Mike J., Madison Stange, Chanel J. Larche, Candice Graydon, Jonathan A. Fugelsang, and Kevin A. Harrigan. 2018. “Dark flow, depression and multiline slot machine play.” *Journal of Gambling Studies* 34, no. 1: 73–84.

Drob, Sanford L., and Harold S. Bernard. 1988. “The bored patient: A developmental / existential perspective.” *Psychotherapy Patient* 3, no. 3–4: 63–73.

Eakman, Aaron M. 2011. “Convergent validity of the Engagement in Meaningful Activities Survey in a college sample.” *OTJR: Occupation, Participation and Health* 31, no. 1: 23–32.

Eastwood, John D., Carolina Cavaliere, Shelley A. Fahlman, and Adrienne E. Eastwood. 2007. “A desire for desires: Boredom and its relation to alexithymia." *Personality and Individual Differences* 42, no. 6: 1035–1045.

Eastwood, John D., Alexandra Frischen, Mark J. Fenske, and Daniel Smilek. 2012. "The unengaged mind: Defining boredom in terms of attention." *Perspectives on Psychological Science* 7, no. 5: 482–495.

Eastwood, John D., and Dana Gorelik. 2019. "Boredom is a feeling of thinking and a double-edged sword." In *Boredom Is in Your Mind*, ed. Josefa Ros Velasco, 55–70. Cham: Springer.

Eccleston, Chris, and Geert Crombez. 1999. "Pain demands attention: A cognitive–affective model of the interruptive function of pain." *Psychological Bulletin* 125, no. 3: 356–366.

Elhai, Jon D., Juanita K. Vasquez, Samuel D. Lustgarten, Jason C. Levine, and Brian J. Hall. 2018. "Proneness to boredom mediates relationships between problematic smartphone use with depression and anxiety severity." *Social Science Computer Review* 36, no. 6: 707–720.

Elpidorou, Andreas. 2014. "The bright side of boredom." *Frontiers in Psychology* 5: article 1245.

Elpidorou, Andreas. 2018. "The good of boredom." *Philosophical Psychology* 31, no. 3: 323–351.

Elpidorou, Andreas. 2017. "The moral dimensions of boredom: A call for research." *Review of General Psychology* 21, no. 1: 30–48.

Emerson, R. W. 1971. "Lecture on the Times," in *Collected Works of Ralph Waldo Emerson. Vol. 1: Nature, Addresses, and Lectures,* ed. R. E. Spiller and A. R. Ferguson. Cambridge, MA: Harvard University Press.

Fahlman, Shelley A., Kimberley B. Mercer-Lynn, David B. Flora, and John D. Eastwood. 2013. "Development and validation of the multidimensional state boredom scale." *Assessment* 20, no. 1:

68–85.

Fahlman, Shelley A., Kimberley B. Mercer, Peter Gaskovski, Adrienne E. Eastwood, and John D. Eastwood. 2009. "Does a lack of life meaning cause boredom? Results from psychometric, longitudinal, and experimental analyses." *Journal of Social and Clinical Psychology* 28, no. 3: 307–340.

Farmer, Richard, and Norman D. Sundberg. 1986. "Boredom proneness: The development and correlates of a new scale." *Journal of Personality Assessment* 50, no. 1: 4–17.

Farnworth, Louise. 1998. "Doing, being, and boredom." *Journal of Occupational Science* 5, no. 3: 140–146.

Favazza, Armando R. 1998. "The coming of age of self-mutilation." *Journal of Nervous and Mental Disease* 186, no. 5: 259–268.

Fenichel, Otto. 1953. *The Collected Papers of Otto Fenichel*. New York: W. W. Norton. Fenichel, Otto. 1951. "On the psychology of boredom." *Organization and Pathology of Thought*: 349–361.

Ferrari, Joseph R. 2000. "Procrastination and attention: Factor analysis of attention deficit, boredomness, intelligence, self-esteem, and task delay frequencies." *Journal of Social Behavior and Personality* 15, no. 5, SPI: 185–196.

Ferrell, Jeff. 2004. "Boredom, crime and criminology." *Theoretical Criminology* 8, no. 3: 287–302.

Ferriss, Tim. 2018. "Alex Honnold talks to Tim Ferriss about fear and risk." https://www.outsideonline.com/2334851/alex-honnold-talks-tim-ferriss-about-fear-and-risk# close.

Fiske, Susan T., and Shelley E. Taylor. 1984. *Social Cognition: Topics in Social Psychology*. New York:

Random House.

Fleming, Jennifer, Jennifer Sampson, Petrea Cornwell, Ben Turner, and Janell Griffin. 2012. "Brain injury rehabilitation: The lived experience of inpatients and their family caregivers." *Scandinavian Journal of Occupational Therapy* 19, no. 2: 184–193.

Fogelman, Ken. 1976. "Bored eleven-year-olds." *British Journal of Social Work* 6, no. 2: 201–211.

Fox, Kieran C. R., Evan Thompson, Jessica R. Andrews-Hanna, and Kalina Christoff. 2014. "Is thinking really aversive? A commentary on Wilson et al.'s 'Just think: The challenges of the disengaged mind.' " *Frontiers in Psychology* 5: article 1427.

Frankl, Viktor. 1959. *Man's Search for Meaning*. Trans. Ilse Lasch. Boston: Beacon Press.

Frankl, Victor. 1978. *The Unheard Cry for Meaning: Psychotherapy and Humanism*. New York: Simon and Schuster.

Freeman, Frederick G., Peter J. Mikulka, Mark W. Scerbo, and Lorissa Scott. 2004. "An evaluation of an adaptive automation system using a cognitive vigilance task." *Biological Psychology* 67, no. 3: 283–297.

Frijda, Nico H. 2005. "Emotional experience." *Cognition and Emotion* 19: 473–497.

Frolova-Walker, Marina. 2004. "Stalin and the art of boredom." *Twentieth-century Music* 1, no. 1: 101–124.

Fromm, Erich. 1963. *The Dogma of Christ: And Other Essays on Religion, Psychology and Culture*. New York: Holt, Rinehart and Winston.

Fromm, Erich. 1955. *The Sane Society*. New York: Rinehart.

Galton, Francis. 1885. "The measure of fidget." *Nature* 32, no. 817: 174–175.

Gana, Kamel, Benedicte Deletang, and Laurence Metais. 2000. "Is boredom proneness associated with introspectiveness?" *Social Behavior and Personality: An International Journal* 28, no. 5: 499–504.

Gana, Kamel, Raphael Trouillet, Bettina Martin, and Leatitia Toffart. 2001. "The relationship between boredom proneness and solitary sexual behaviors in adults." *Social Behavior and Personality: An International Journal* 29, no. 4: 385–389.

Gasper, Karen, and Brianna L. Middlewood. 2014. "Approaching novel thoughts: Understanding why elation and boredom promote associative thought more than distress and relaxation." *Journal of Experimental Social Psychology* 52: 50–57.

Gerritsen, Cory J., Joel O. Goldberg, and John D. Eastwood. 2015. "Boredom proneness predicts quality of life in outpatients diagnosed with schizophrenia-spectrum disorders." *International Journal of Social Psychiatry* 61, no. 8: 781–787.

Gerritsen, Cory J., Maggie E. Toplak, Jessica Sciaraffa, and John Eastwood. 2014. "I can't get no satisfaction: Potential causes of boredom." *Consciousness and Cognition* 27: 27–41.

Gerstein, Mordicai. 2003. *The Man Who Walked between the Towers*. Brookfield, CT: Roaring Brook Press.

Giambra, Leonard M., Cameron J. Camp, and Alicia Grodsky. 1992. "Curiosity and stimulation seeking across the adult life span: Cross-sectional and 6-to 8-year longitudinal findings." *Psychology and Aging* 7, no. 1: 150–157.

Gill, Richard, Qixuan Chen, Debra D'Angelo, and Wendy K. Chung. 2014. "Eating in the absence of hunger but not loss of control behaviors are associated with 16p11. 2 deletions." *Obesity* 22, no. 12: 2625–2631. Godin, Seth. 2007. *The Dip: A Little Book That Teaches You When to Quit (And When to*

Stick). New York: Penguin.

Goetz, Thomas, Anne C. Frenzel, Nathan C. Hall, Ulrike E. Nett, Reinhard Pekrun, and Anastasiya A. Lipnevich. 2014. "Types of boredom: An experience sampling approach." *Motivation and Emotion* 38, no. 3: 401–419.

Goldberg, Yael K. and James Danckert. 2013. "Traumatic brain injury, boredom and depression." *Behavioral Sciences* 3, no. 3: 434–444. Goldberg, Yael K., John D. Eastwood, Jennifer LaGuardia, and James

Danckert. "Boredom: An emotional experience distinct from apathy, anhedonia, or depression." 2011. *Journal of Social and Clinical Psychology* 30, no. 6: 647–666.

Gosselin, Frederic, and Philippe G. Schyns. 2003. "Superstitious perceptions reveal properties of internal representations." *Psychological Science* 14, no. 5: 505–509.

Greenberg, Jeff, Sander Leon Koole, and Thomas A. Pyszczynski, eds. 2004. *Handbook of Experimental Existential Psychology*. New York: Guilford Press.

Greenson, Ralph R. 1953. "On boredom." *Journal of the American Psychoanalytic Association* 1, no. 1: 7–21.

Gross, Dominik, and Gereon Schafer. 2011. "Egas Moniz (1874–1955) and the 'invention' of modern psychosurgery: A historical and ethical reanalysis under special consideration of Portuguese original sources." *Neurosurgical Focus* 30, no. 2: E8.

Hadfield, Chris. 2013. *An Astronaut's Guide to Life on Earth*. New York: Little, Brown.

Hafner, Katie, and Matthew Lyon. 1998. *Where wizards stay up late: The origins of the Internet*. Simon and

Schuster, 1998.

Hallard, Robert Ian. 2014. "Mindfulness meditation practice can make concentration feel a little easier." *Cumbria Partnership Journal of Research Practice and Learning* 4: 17–22.

Haller, Max, Markus Hadler, and Gerd Kaup. 2013. "Leisure time in modern societies: A new source of boredom and stress?" *Social Indicators Research* 111, no. 2: 403–434.

Hamilton, Jean A. 1981. "Attention, personality, and the self-regulation of mood: Absorbing interest and boredom." *Progress in Experimental Personality Research* 10, no. 28: 281–315.

Hamilton, Jean A., Richard J. Haier, and Monte S. Buchsbaum. 1984. "Intrinsic enjoyment and boredom coping scales: Validation with personality, evoked potential and attention measures." *Personality and Individual Differences* 5, no. 2: 183–193.

Harden, K. Paige, and Elliot M. Tucker-Drob. 2011. "Individual differences in the development of sensation seeking and impulsivity during adolescence: Further evidence for a dual systems model." *Developmental Psychology* 47, no. 3: 739–746.

Harris, Mary B. 2000. "Correlates and characteristics of boredom proneness and boredom 1." *Journal of Applied Social Psychology* 30, no. 3: 576–598.

Havermans, Remco C., Linda Vancleef, Antonis Kalamatianos, and Chantal Nederkoorn. 2015. "Eating and inflicting pain out of boredom." *Appetite* 85: 52–57.

Hayes, Steven C., Kirk Strosahl, Kelly G. Wilson, Richard T. Bissett, Jacqueline Pistorello, Dosheen Toarmino, Melissa A. Polusny, et al. 2004. "Measuring experiential avoidance: A preliminary test of a working model." *Psychological Record* 54, no. 4: 553–578.

Healy, Sean Desmond. 1984. *Boredom, Self, and Culture*. Rutherford, NJ: Fairleigh Dickinson University Press.

Hebb, Donald O. 1980. "Donald O. Hebb." In *A History of Psychology in Autobiography*, vol. 7, ed. Gardner Lindzey, 273–303 (San Francisco: W. H. Freeman).

Heinrich, Joseph, Steven J. Heine, and Ara Norenzayan. 2010. "The weirdest people in the world." *Behavioral and Brain Sciences* 33, no. 2–3: 61–83.

Heron, Woodburn. 1957. "The pathology of boredom." *Scientific American* 196: 52–57.

Hesse, Hermann. 1951. *Siddhartha*. Trans. Hilda Rosner. New York: New Directions.

Hidi, Suzanne. 1990. "Interest and its contribution as a mental resource for learning." *Review of Educational Research* 60, no. 4: 549–571.

Hing, Nerilee, and Helen Breen. 2001. "Profiling lady luck: An empirical study of gambling and problem gambling amongst female club members." *Journal of Gambling Studies* 17, no. 1: 47–69.

Hitchcock, Edward M., William N. Dember, Joel S. Warm, Brian W. Moroney, and Judi E. See. 1999. "Effects of cueing and knowledge of results on workload and boredom in sustained attention." *Human Factors* 41, no. 3: 365–372.

Homer. 1962 / 1990. *The Odyssey*. Trans. Robert Fitzgerald. New York: Knopf Doubleday.

Honore, Carl. 2004. *In Praise of Slowness: How a Worldwide Movement Is Challenging the Cult of Speed*. San Francisco: HarperSanFrancisco.

Hopley, Anthony A. B., Kevin Dempsey, and Richard Nicki. 2012. "Texas Hold'em online poker: A further examination." *International Journal of Mental Health and Addiction* 10, no. 4: 563–572.

Hopley, Anthony A. B., and Richard M. Nicki. 2010. "Predictive factors of excessive online poker playing." *Cyberpsychology, Behavior, and Social Networking* 13, no. 4: 379–385.

Hunt, Laurence T., and Benjamin Y. Hayden. 2017. "A distributed, hierarchical and recurrent framework for reward-based choice." *Nature Reviews Neuroscience* 18, no. 3: 172–182.

Hunter, Andrew G., and John D. Eastwood. 2018. "Does state boredom cause failures of attention? Examining the relations between trait boredom, state boredom, and sustained attention." *Experimental Brain Research* 236, no. 9: 2483–2492.

Hunter, Andrew G., and John D. Eastwood. 2019. "Idle hands, listless minds: Unpacking the dynamics of boredom and attention." Paper presented at the 29th meeting of the Canadian Society for Brain, Behaviour and Cognitive Science, Waterloo, ON, June.

Hunter, Jennifer A., E. H. Abraham, A. G. Hunter, L. C. Goldberg, and J. D. Eastwood. 2016. "Personality and Boredom Proneness in the Prediction of Creativity and Curiosity." *Thinking Skills and Creativity* 22: 48–57.

Hurley, Matthew M., Daniel C. Dennett, and Reginald B. Adams Jr. 2011. *Inside Jokes: Using Humor to Reverse-Engineer the Mind*. Cambridge, MA: MIT Press.

Ice, Gillian Harper. 2002. "Daily life in a nursing home: Has it changed in 25 years?" *Journal of Aging Studies* 16, no. 4: 345–359.

Inman, Alice, Kenneth L. Kirsh, and Steven D. Passik. 2003. "A pilot study to examine the relationship between boredom and spirituality in cancer patients." *Palliative and Supportive Care* 1, no. 2: 143–151.

Inzlicht, Michael, and Lisa Legault. 2014. "No pain, no gain: How distress underlies effective self-control (and unites diverse social psychological phenomena)." In *Motivation and Its Regulation: The Control Within,* ed. Joseph P. Forgas and Eddie Harmon-Jones, 115–132. New York: Psychology Press.

Isacescu, Julia, and James Danckert. 2018. "Exploring the relationship between boredom proneness and self-control in traumatic brain injury (TBI)." *Experimental Brain Research* 236, no. 9: 2493–2505.

Isacescu, Julia, Andriy A. Struk, and James Danckert. 2017. "Cognitive and affective predictors of boredom proneness." *Cognition and Emotion* 31, no. 8: 1741–1748.

Iso-Ahola, Seppo E., and Edward D. Crowley. 1991. "Adolescent substance abuse and leisure boredom." *Journal of Leisure Research* 23, no. 3: 260–271.

James, William. 1900. *On Some of Life's Ideals*. New York: H. Holt.

Jiang, Yang, Joann Lianekhammy, Adam Lawson, Chunyan Guo, Donald Lynam, Jane E. Joseph, Brian T. Gold, and Thomas H. Kelly. 2009. "Brain responses to repeated visual experience among low and high sensation seekers: Role of boredom susceptibility." *Psychiatry Research: Neuroimaging* 173, no. 2: 100–106.

Joireman, Jeff, Jonathan Anderson, and Alan Strathman. 2003. "The aggression paradox: Understanding links among aggression, sensation seeking, and the consideration of future consequences." *Journal of Personality and Social Psychology* 84, no. 6: 1287–1302.

Kahneman, Daniel. 1973. *Attention and Effort*. Englewood Cliffs, NJ: Prentice-Hall.

Kangas, David. 2008. "Kierkegaard." In *The Oxford Handbook of Religion and Emotion,* ed. John Corrigan. New York: Oxford University Press.

Kashdan, Todd B., Paul Rose, and Frank D. Fincham. 2004. "Curiosity and exploration: Facilitating positive subjective experiences and personal growth opportunities." *Journal of Personality Assessment* 82, no. 3: 291–305.

Kass, Steven J., and Stephen J. Vodanovich. 1990. "Boredom proneness: Its relationship to Type A behavior pattern and sensation seeking." *Psychology: A Journal of Human Behavior*: 7–16.

Kass, Steven J., Stephen J. Vodanovich, Claudia J. Stanny, and Tiffany M. Taylor. 2001. "Watching the clock: Boredom and vigilance performance." *Perceptual and Motor Skills* 92, no. 3 suppl.: 969–976.

Kass, Steven J., J. Craig Wallace, and Stephen J. Vodanovich. 2003. "Boredom proneness and sleep disorders as predictors of adult attention deficit scores." *Journal of Attention Disorders* 7, no. 2: 83–91.

Kenah, Katrina, Julie Bernhardt, Toby Cumming, Neil Spratt, Julie Luker, and Heidi Janssen. 2018. "Boredom in patients with acquired brain injuries during inpatient rehabilitation: A scoping review." *Disability and Rehabilitation* 40, no. 22: 2713–2722. Kierkegaard, Soren. 1992. *Either / Or: A Fragment of Life*. Ed. Victor Eremita, abridged and trans. Alastair Hannay. London: Penguin.

Klapp, Orrin Edgar. 1986. *Overload and Boredom: Essays on the Quality of Life in the Information Society*. New York: Greenwood Press.

Koball, Afton M., Molly R. Meers, Amy Storfer-Isser, Sarah E. Domoff, and Dara R. Musher-Eizenman. 2012. "Eating when bored: Revision of the Emotional Eating Scale with a focus on boredom." *Health Psychology* 31, no. 4: 521.

Korzenny, Felipe, and Kimberly Neuendorf. 1980. "Television viewing and self-concept of the elderly."

Journal of Communication 30, no. 1: 71–80.

Koval, Samuel R., and McWelling Todman. 2015. "Induced boredom constrains mindfulness: An online demonstration." *Psychology and Cognitive Science—Open Journal* 1, no. 1: 1–9.

Kracauer, Siegfried. 1995. *The Mass Ornament: Weimar Essays*. Ed. and trans. Thomas Y. Levin. Cambridge, MA: Harvard University Press.

Kreutzer, Jeffrey S., Ronald T. Seel, and Eugene Gourley. 2001. "The prevalence and symptom rates of depression after traumatic brain injury: a comprehensive examination." *Brain Injury* 15, no. 7: 563–576.

Krotava, Iryna, and McWelling Todman. 2014. "Boredom severity, depression and alcohol consumption in Belarus." *Journal of Psychology and Behavioral Science* 2, no. 1: 73–83.

Kruglanski, Arie W., Erik P. Thompson, E. Tory Higgins, Nadir Atash, Antonia Pierro, James Y. Shah, and Scott Spiegel. 2000. "To 'do the right thing' or to 'just do it': Locomotion and assessment as distinct self-regulatory imperatives." *Journal of Personality and Social Psychology* 79: 793–815.

Kuhl, Julius. 1994. "Action versus state orientation: Psychometric properties of the Action Control Scale (ACS-90)." *Volition and Personality: Action versus State Orientation* 47: 47–59.

Kuhl, Julius. 1981. "Motivational and functional helplessness: The moderating effect of state versus action orientation." *Journal of Personality and Social Psychology* 40, no. 1: 155–170.

Kuhl, Julius. 1985. "Volitional mediators of cognition-behavior consistency: Self-regulatory processes and action versus state orientation." In *Action Control, from Cognition to Behavior,* ed. Julius Kuhl and Jurgen Beckmann, 101–128. Berlin: Springer.

Kuhn, Reinhard Clifford. 1976. *The Demon of Noontide: Ennui in Western Literature*. Princeton: Princeton University Press. Kunzendorf, Robert G., and Franz Buker. 2008. "Does existential meaning require hope, or is interest enough?" *Imagination, Cognition and Personality* 27, no. 3: 233–243.

Kurzban, Robert, Angela Duckworth, Joseph W. Kable, and Justus Myers. 2013. "An opportunity cost model of subjective effort and task performance." *Behavioral and Brain Sciences* 36, no. 6: 661–679.

Kustermans, Jorg, and Erik Ringmar. 2011. "Modernity, boredom, and war: a suggestive essay." *Review of International Studies* 37, no. 4: 1775–1792.

Landon, P. Bruce, and Peter Suedfeld. 1969. "Information and meaningfulness needs in sensory deprivation." *Psychonomic Science* 17, no. 4: 248. Larson, Reed W. 1990. "Emotions and the creative process; anxiety, boredom, and enjoyment as predictors of creative writing." *Imagination, Cognition and Personality* 9, no. 4: 275–292.

Larson, Reed W., and Maryse H. Richards. 1991. "Boredom in the middle school years: Blaming schools versus blaming students." *American Journal of Education* 99, no. 4: 418–443.

Lebedev, Valentin Vital'evich. 1988. *Diary of a Cosmonaut: 211 Days in Space*. Trans. Luba Diangar, ed. Daniel Puckett and C. W. Harrison. College Station, TX: PhytoResource Research, Inc., Information Service.

LeDoux, Joseph E., and Daniel S. Pine. 2016. "Using neuroscience to help understand fear and anxiety: a two-system framework." *American Journal of Psychiatry* 173: 1083–1093.

Lee, Christine M., Clayton Neighbors, and Briana A. Woods. 2007. "Marijuana motives: Young adults' reasons for using marijuana." *Addictive Behaviors* 32, no. 7: 1384–1394.

Lehr, Evangeline, and McWelling Todman. 2009. "Boredom and boredom proneness in children: Implications for academic and social adjustment." *Self-Regulation and Social Competence: Psychological Studies in Identity, Achievement and Work-Family Dynamics*, ed. M. Todman, 75–90. Athens: ATNIER Press.

Leon, Gloria R., and Karen Chamberlain. 1973. "Emotional arousal, eating patterns, and body image as differential factors associated with varying success in maintaining a weight loss." *Journal of Consulting and Clinical Psychology* 40, no. 3: 474–480.

Leong, Frederick T. L., and Gregory R. Schneller. 1993. "Boredom proneness: Temperamental and cognitive components." *Personality and Individual Differences* 14, no. 1: 233–239.

LePera, Nicole. 2011. "Relationships between boredom proneness, mindfulness, anxiety, depression, and substance use." *New School Psychology Bulletin* 8, no. 2: 15–25.

Lewinsky, Hilde. 1943. "Boredom." *British Journal of Educational Psychology* 13, no. 3: 147–152.

Lewis, Kerrie P. 2000. "A comparative study of primate play behaviour: Implications for the study of cognition." *Folia Primatologica* 71, no. 6: 417–421.

Lipps, Theodor. 1906. *Leitfaden der Psychologie*. Leipzig: Wilhelm Engelmann.

Litman, Jordan A., and Charles D. Spielberger. 2003. "Measuring epistemic curiosity and its diversive and specific components." *Journal of Personality Assessment* 80, no. 1: 75–86.

Lowenstein, Otto, and Irene E. Loewenfeld. 1952. "Disintegration of central autonomic regulation during fatigue and its reintegration by psychosensory controlling mechanisms. I. Disintegration. Pupillographic studies." *Journal of Nervous and Mental Disease* 115: 121–145.

Lowenstein, Otto, and Irene E. Loewenfeld. 1951. "Types of central autonomic innervation and fatigue: Pupillographic studies." *AMA Archives of Neurology and Psychiatry* 66, no. 5: 580–599.

Luria, Aleksandr R. 1973. *The Working Brain: An Introduction to Neuropsychology*. Trans. Basil Haigh. New York: Basic Books. MacDonald, Douglas A., and Daniel Holland. 2002. "Spirituality and boredom proneness." *Personality and Individual Differences* 32, no. 6: 1113–1119.

Mackworth, Norman H. 1948. "The breakdown of vigilance during prolonged visual search." *Quarterly Journal of Experimental Psychology* 1, no. 1: 6–21.

Maddi, Salvatore R. 1967. "The existential neurosis." *Journal of Abnormal Psychology* 72, no. 4: 311–325.

Maddi, Salvatore R. 1970. "The search for meaning." In *Nebraska Symposium on Motivation*, vol. 17, 134–183. Lincoln: University of Nebraska Press.

Malkovsky, Ela, Colleen Merrifield, Yael Goldberg, and James Danckert. 2012. "Exploring the relationship between boredom and sustained attention." *Experimental Brain Research* 221, no. 1: 59–67.

Mann, Sandi, and Rebekah Cadman. 2014. "Does being bored make us more creative?" *Creativity Research Journal* 26, no. 2: 165–173.

Marin, Robert S., and Patricia A. Wilkosz. 2005. "Disorders of diminished motivation." *Journal of Head Trauma Rehabilitation* 20, no. 4: 377–388.

Martin, Marion, Gaynor Sadlo, and Graham Stew. 2006. "The phenomenon of boredom." *Qualitative Research in Psychology* 3, no. 3: 193–211.

Marty-Dugas, Jeremy, and Daniel Smilek. 2019. "Deep, effortless concentration: Re-examining the flow concept and exploring relations with inattention, absorption, and personality." *Psychological Research*

83, no. 8: 1760–1777.

Mathiak, Krystyna Anna, Martin Klasen, Mikhail Zvyagintsev, Rene Weber, and Klaus Mathiak. 2013. "Neural networks underlying affective states in a multimodal virtual environment: contributions to boredom." *Frontiers in Human Neuroscience* 7: article 820.

Matthies, Swantje, Alexandra Philipsen, and Jennifer Svaldi. 2012. "Risky decision making in adults with ADHD." *Journal of Behavior Therapy and Experimental Psychiatry* 43, no. 3: 938–946.

McDonald, William. 2009. "Kierkegaard's Demonic Boredom." In *Essays on Boredom and Modernity*, ed. Barbara Dalle Pezze and Carlo Salzani, 61–85. Leiden, NL: Brill.

McIntosh, James, Fiona MacDonald, and Neil McKeganey. 2005. "The reasons why children in their pre and early teenage years do or do not use illegal drugs." *International Journal of Drug Policy* 16, no. 4: 254–261.

McIvor, Arthur J. 1987a. "Employers, the government, and industrial fatigue in Britain, 1890–1918." *Occupational and Environmental Medicine* 44, no. 11: 724–732.

McIvor, Arthur J. 1987b. "Manual work, technology, and industrial health, 1918–39." *Medical History* 31, no. 2: 160–189.

McLeod, Carol R., and Stephen J. Vodanovich. 1991. "The relationship between self-actualization and boredom proneness." *Journal of Social Behavior and Personality* 6, no. 5: 137–146.

McNeilly, Dennis P., and William J. Burke. 2000. "Late life gambling: The attitudes and behaviors of older adults." *Journal of Gambling Studies* 16, no. 4: 393–415.

Meagher, Rebecca K., Dana L. M. Campbell, and Georgia J. Mason. 2017. "Boredom-like states in mink and their behavioural correlates: A replicate study." *Applied Animal Behaviour Science* 197: 112–119.

Meagher, Rebecca K., and Georgia J. Mason. 2012. "Environmental enrichment reduces signs of boredom in caged mink." *PLoS One* 7, no. 11: e49180.

Medaglia, John Dominic, Fabio Pasqualetti, Roy H. Hamilton, Sharon L. Thompson-Schill, and Danielle S. Bassett. 2017. "Brain and cognitive reserve: Translation via network control theory." *Neuroscience and Biobehavioral Reviews* 75: 53–64.

Mega, Michael S., and Robert C. Cohenour. 1997. "Akinetic mutism: Disconnection of frontal-subcortical circuits." *Neuropsychiatry, Neuropsychology, and Behavioral Neurology* 10: 254–259.

Melton, Amanda M. A., and Stefan E. Schulenberg. 2009. "A confirmatory factor analysis of the boredom proneness scale." *Journal of Psychology* 143, no. 5: 493–508.

Melton, Amanda M. A., and Stefan E. Schulenberg. 2007. "On the relationship between meaning in life and boredom proneness: Examining a logotherapy postulate." *Psychological Reports* 101, no. 3, suppl.: 1016–1022.

Mercer, Kimberley B., and John D. Eastwood. 2010. "Is boredom associated with problem gambling behaviour? It depends on what you mean by 'boredom.' " *International Gambling Studies* 10, no. 1: 91–104.

Mercer-Lynn, Kimberley B., Rachel J. Bar, and John D. Eastwood. 2014. "Causes of boredom: The person, the situation, or both?" *Personality and Individual Differences* 56: 122–126.

Mercer-Lynn, Kimberley B., David B. Flora, Shelley A. Fahlman, and John D. Eastwood. 2013a. "The measurement of boredom: Differences between existing self-report scales." *Assessment* 20, no. 5:

585–596.

Mercer-Lynn, Kimberley B., Jennifer A. Hunter, and John D. Eastwood. 2013b. "Is trait boredom redundant?" *Journal of Social and Clinical Psychology* 32, no. 8: 897–916.

Merrifield, Colleen, and James Danckert. 2014. "Characterizing the psychophysiological signature of boredom." *Experimental Brain Research* 232, no. 2: 481–491.

Miller, Jacqueline A., Linda L. Caldwell, Elizabeth H. Weybright, Edward A. Smith, Tania Vergnani, and Lisa Wegner. 2014. "Was Bob Seger right? Relation between boredom in leisure and [risky] sex." *Leisure Sciences* 36, no. 1: 52–67.

Miyake, Akira, Naomi P. Friedman, Michael J. Emerson, Alexander H. Witzki, Amy Howerter, and Tor D. Wager. 2000. "The unity and diversity of executive functions and their contributions to complex "frontal lobe" tasks: A latent variable analysis." *Cognitive Psychology* 41, no. 1: 49–100.

Morita, Emi, S. Fukuda, Jun Nagano, N. Hamajima, H. Yamamoto, Y. Iwai, T. Nakashima, H. Ohira, and T. J. P. H. Shirakawa. 2007. "Psychological effects of forest environments on healthy adults: Shinrin-yoku (forest-air bathing, walking) as a possible method of stress reduction." *Public Health* 121, no. 1: 54–63.

Moynihan, Andrew B., Eric R. Igou, and Wijnand A. P. van Tilburg. 2017. "Boredom increases impulsiveness." *Social Psychology* 48, no. 5: 293–309.

Moynihan, Andrew B., Wijnand A. P. van Tilburg, Eric R. Igou, Arnaud Wisman, Alan E. Donnelly, and Jessie B. Mulcaire. 2015. "Eaten up by boredom: Consuming food to escape awareness of the bored self." *Frontiers in Psychology* 6: article 369.

Mugon, Jhotisha, Andriy Struk, and James Danckert. 2018. "A failure to launch: Regulatory modes and boredom proneness." *Frontiers in Psychology* 9: article 1126.

Munsterberg, Hugo. 1913. *Psychology and Industrial Efficiency*. Boston: Mifflin. "National Survey of American Attitudes on Substance Abuse VIII: Teens and Parents." 2003. National Center on Addiction and Substance Abuse, Columbia University, August.

Nault, Jean-Charles. 2015. *The Noonday Devil: Acedia, the Unnamed Evil of Our Times*. San Francisco: Ignatius Press.

Nederkoorn, Chantal, Linda Vancleef, Alexandra Wilkenhoner, Laurence Claes, and Remco C. Havermans. 2016. "Self-inflicted pain out of boredom." *Psychiatry Research* 237: 127–132.

Nemeth, G. 1988. "Some theoretical and practical aspects of the disturbances of consciousness with special reference to akinetic mutism." *Functional Neurology* 3, no. 1: 9–28.

Nett, Ulrike E., Thomas Goetz, and Lia M. Daniels. 2010. "What to do when feeling bored? Students' strategies for coping with boredom." *Learning and Individual Differences* 20, no. 6: 626–638.

Nett, Ulrike E., Thomas Goetz, and Nathan C. Hall. 2011. "Coping with boredom in school: An experience sampling perspective." *Contemporary Educational Psychology* 36, no. 1: 49–59.

Newell, Susan E., Priscilla Harries, and Susan Ayers. 2012. "Boredom proneness in a psychiatric inpatient population." *International Journal of Social Psychiatry* 58, no. 5: 488–495.

Ng, Andy H., Yong Liu, Jian-zhi Chen, and John D. Eastwood. 2015. "Culture and state boredom: A comparison between European Canadians and Chinese." *Personality and Individual Differences* 75: 13–18.

Nichols, Laura A., and Richard Nicki. 2004. "Development of a psychometrically sound internet addiction scale: A preliminary step." *Psychology of Addictive Behaviors* 18, no. 4: 381.

Nietzsche, Friedrich. 2006. *Human, All-Too- Human*. Trans. Helen Zimmern and Paul V. Cohn. Mineola, NY: Dover.

Northcraft, Gregory B., and Margaret A. Neale. 1986. "Opportunity costs and the framing of resource allocation decisions." *Organizational Behavior and Human Decision Processes* 37, no. 3: 348–356.

Nower, Lia, and Alex Blaszczynski. 2006. "Impulsivity and pathological gambling: A descriptive model." *International Gambling Studies* 6, no. 1: 61–75.

Nunoi, Masato, and Sakiko Yoshikawa. 2016. "Deep processing makes stimuli more preferable over long durations." *Journal of Cognitive Psychology* 28, no. 6: 756–763.

Oddy, Michael, Michael Humphrey, and David Uttley. 1978. "Subjective impairment and social recovery after closed head injury." *Journal of Neurology, Neurosurgery and Psychiatry* 41, no. 7: 611–616.

O'Hanlon, James F. 1981. "Boredom: Practical consequences and a theory." *Acta Psychologica* 49, no. 1: 53–82.

Orcutt, James D. 1984. "Contrasting effects of two kinds of boredom on alcohol use." *Journal of Drug Issues* 14, no. 1: 161–173.

Palinkas, Lawrence A. 2003. "The psychology of isolated and confined environments: Understanding human behavior in Antarctica." *American Psychologist* 58, no. 5: 353–363.

Palinkas, Lawrence A., Eric Gunderson, Albert W. Holland, Christopher Miller, and Jeffrey C. Johnson. 2000. "Predictors of behavior and performance in extreme environments: The Antarctic space analogue program." *Aviation, Space, and Environmental Medicine* 71: 619–625.

Paliwoda, Daniel. 2010. *Melville and the Theme of Boredom*. Jefferson, NC: McFarland.

Park, Bum Jin, Yuko Tsunetsugu, Tamami Kasetani, Takahide Kagawa, and Yoshifumi Miyazaki. 2010. "The physiological effects of Shinrin-yoku (taking in the forest atmosphere or forest bathing): Evidence from field experiments in 24 forests across Japan." *Environmental Health and Preventive Medicine* 15, no. 1: 18–26.

Passik, Steven D., Alice Inman, Kenneth Kirsh, Dale Theobald, and Pamela Dickerson. 2003. "Initial validation of a scale to measure purposelessness, understimulation, and boredom in cancer patients: Toward a redefinition of depression in advanced disease." *Palliative and Supportive Care* 1, no. 1: 41–50.

Patterson, Ian, Shane Pegg, and Roberta Dobson-Patterson. 2000. "Exploring the links between leisure boredom and alcohol use among youth in rural and urban areas of Australia." *Journal of Park and Recreation Administration* 18, no. 3: 53–75.

Pattyn, Nathalie, Xavier Neyt, David Henderickx, and Eric Soetens. 2008. "Psychophysiological investigation of vigilance decrement: boredom or cognitive fatigue?" *Physiology and Behavior* 93, no. 1–2: 369–378.

Pekrun, Reinhard, Thomas Goetz, Lia M. Daniels, Robert H. Stupnisky, and Raymond P. Perry. 2010. "Boredom in achievement settings: Exploring control–value antecedents and performance outcomes of a neglected emotion." *Journal of Educational Psychology* 102, no. 3: 531–549.

Pekrun, Reinhard, Nathan C. Hall, Thomas Goetz, and Raymond P. Perry. 2014. "Boredom and academic achievement: Testing a model of reciprocal causation." *Journal of Educational Psychology* 106, no. 3: 696–710.

Pekrun, Reinhard, Elisabeth Vogl, Krista R. Muis, and Gale M. Sinatra. 2017. "Measuring emotions during epistemic activities: The Epistemically-Related Emotion Scales." *Cognition and Emotion* 31, no. 6: 1268–1276.

Pellis, Sergio, and Vivien Pellis. 2009. *The Playful Brain: Venturing to the Limits of Neuroscience*. Oxford: Oneworld.

Peretz, Isabelle, Lise Gagnon, and Bernard Bouchard. 1998. "Music and emotion: Perceptual determinants, immediacy, and isolation after brain damage." *Cognition* 68, no. 2: 111–141.

Petranker, Rotem. 2018. "Sitting with it: Examining the relationship between mindfulness, sustained attention, and boredom." M.A. thesis, York University.

Pettiford, Jasmine, Rachel V. Kozink, Avery M. Lutz, Scott H. Kollins, Jed E. Rose, and F. Joseph McClernon. 2007. "Increases in impulsivity following smoking abstinence are related to baseline nicotine intake and boredom susceptibility." *Addictive Behaviors* 32, no. 10: 2351–2357.

Phillips, Adam. 1994. *On Kissing, Tickling, and Being Bored: Psychoanalytic Essays on the Unexamined Life*. Cambridge, MA: Harvard University Press.

Piaget, Jean. 1999. *Judgment and Reasoning in the Child*. International Library of Psychology, Book 23, rpt. ed. New York: Routledge.

Piko, Bettina F., Thomas A. Wills, and Carmella Walker. 2007. "Motives for smoking and drinking: Country and gender differences in samples of Hungarian and US high school students." *Addictive Behaviors* 32, no. 10: 2087–2098.

Pitrat, Jacques. 2009. *Artificial Beings: The Conscience of a Conscious Machine*. Hoboken, NJ: John Wiley. Potegal, Michael, and Dorothy Einon. 1989. "Aggressive behaviors in adult rats deprived of playfighting experience as juveniles." *Developmental Psychobiology* 22, no. 2: 159–172.

Pribram, Karl H., and Diane McGuinness. 1975. "Arousal, activation, and effort in the control of attention." *Psychological Review* 82, no. 2: 116–149.

Protheroe, S. M. 1991. "Congenital insensitivity to pain." *Journal of the Royal Society of Medicine* 84, no. 9: 558–559.

Quay, Herbert C. 1965. "Psychopathic personality as pathological stimulation-seeking." *American Journal of Psychiatry* 122, no. 2: 180–183.

Raffaelli, Quentin, Caitlin Mills, and Kalina Christoff. 2018. "The knowns and unknowns of boredom: A review of the literature." *Experimental Brain Research* 236, no. 9: 2451–2462.

Raposa, Michael L. 1999. *Boredom and the Religious Imagination*. Charlottesville: University Press of Virginia.

Raz, Mical. 2013. "Alone again: John Zubek and the troubled history of sensory deprivation research." *Journal of the History of the Behavioral Sciences* 49, no. 4: 379–395.

Reio, Thomas G., Jr., Joseph M. Petrosko, Albert K. Wiswell, and Juthamas Thongsukmag. 2006. "The measurement and conceptualization of curiosity." *Journal of Genetic Psychology* 167, no. 2: 117–135.

Reissman, Charlotte, Arthur Aron, and Merlynn R. Bergen. 1993. "Shared activities and marital satisfaction: Causal direction and self-expansion versus boredom." *Journal of Social and Personal*

Relationships 10, no. 2: 243–254.

Renninger, K. Ann, and Suzanne Hidi. 2015. *The Power of Interest for Motivation and Engagement*. New York: Routledge.

Riem, Madelon M. E., Alexandra Voorthuis, Marian J. Bakermans-Kranenburg, and Marinus H. van Ijzendoorn. 2014. "Pity or peanuts? Oxytocin induces different neural responses to the same infant crying labeled as sick or bored." *Developmental Science* 17, no. 2: 248–256.

Risko, Evan F., and Sam J. Gilbert. 2016. "Cognitive offloading." *Trends in Cognitive Sciences* 20, no. 9: 676–688.

Rizvi, Sakina J., Diego A. Pizzagalli, Beth A. Sproule, and Sidney H. Kennedy. 2016. "Assessing anhedonia in depression: Potentials and pitfalls." *Neuroscience and Biobehavioral Reviews* 65: 21–35.

Romand, David. 2015. "Theodor Waitz's theory of feelings and the rise of affective sciences in the mid-19th century." *History of Psychology* 18, no. 4: 385–400.

Rupp, Deborah E., and Stephen J. Vodanovich. 1997. "The role of boredom proneness in self-reported anger and aggression." *Journal of Social Behavior and Personality* 12, no. 4: 925–936.

Russell, Bertrand. 2012. *The Conquest of Happiness*. Abingdon, UK: Routledge.

Russo, Mary F., Benjamin B. Lahey, Mary Anne G. Christ, Paul J. Frick, Keith McBurnett, Jason L. Walker, Rolf Loeber, Magda Stouthamer-Loeber, and Stephanie Green. 1991. "Preliminary development of a sensation seeking scale for children." *Personality and Individual Differences* 12, no. 5: 399–405.

Russo, Mary F., Garnett S. Stokes, Benjamin B. Lahey, Mary Anne G. Christ, Keith McBurnett, Rolf Loeber, Magda Stouthamer-Loeber, and Stephanie M. Green. 1993. "A sensation seeking scale for children: Further refinement and psychometric development." *Journal of Psychopathology and Behavioral Assessment* 15, no. 2: 69–86.

Ryan, Richard M., and Edward L. Deci. 2000. "Self-determination theory and the facilitation of intrinsic motivation, social development, and well-being." *American Psychologist* 55, no. 1: 68–78.

Sandal, Gro M., G. R. Leon, and Lawrence Palinkas. 2006. "Human challenges in polar and space environments." In *Life in Extreme Environments*, ed. R. Amils, C. Ellis-Evans, and H. G. Hinghofer-Szalkay, 399–414. Dordrecht, NL: Springer.

Sansone, Carol, Charlene Weir, Lora Harpster, and Carolyn Morgan. 1992. "Once a boring task always a boring task? Interest as a self-regulatory mechanism." *Journal of Personality and Social Psychology* 63, no. 3: 379–390.

Sawin, David A., and Mark W. Scerbo. 1995. "Effects of instruction type and boredom proneness in vigilance: Implications for boredom and workload." *Human Factors* 37, no. 4: 752–765.

Scerbo, Mark W. 1998. "What's so boring about vigilance?" In *Viewing Psychology as a Whole: The Integrative Science of William N. Dember,* ed. R. R. Hoffman, M. F. Sherrick, and J. S. Warm, 145–166. Washington, DC: American Psychological Association.

Scherer, Klaus R. 1997. "College life on-line: Healthy and unhealthy Internet use." *Journal of College Student Development* 38: 655–665.

Scherer, Klaus R. 2005. "What are emotions? And how can they be measured?" *Social Science Information* 44, no. 4: 695–729.

Schopenhauer, Arthur. 1995. *The World as Will and Idea,* ed. David Berman, trans. J. Berman. London:

Everyman.

Schwarz, Norbert. 2018. "Of fluency, beauty, and truth." In *Metacognitive Diversity: An Interdisciplinary Approach,* ed. Joelle Proust and Martin Fortier, 25–46. Oxford: Oxford University Press.

Scuteri, Angelo, Luigi Palmieri, Cinzia Lo Noce, and Simona Giampaoli. 2005. "Age-related changes in cognitive domains: A population-based study." *Aging Clinical and Experimental Research* 17, no. 5: 367–373.

Seel, Ronald T., and Jeffrey S. Kreutzer. 2003. "Depression assessment after traumatic brain injury: An empirically based classification method." *Archives of Physical Medicine and Rehabilitation* 84, no. 11: 1621–1628.

Seib, Hope M., and Stephen J. Vodanovich. 1998. "Cognitive correlates of boredom proneness: The role of private self-consciousness and absorption." *Journal of Psychology* 132, no. 6: 642–652.

Sharp, Erin Hiley, and Linda L. Caldwell. 2005. "Understanding adolescent boredom in leisure: A longitudinal analysis of the roles of parents and motivation." In *Eleventh Canadian Congress on Leisure Research, Malaspina University College Nanaimo, British Columbia.*

Sharp, Erin Hiley, Donna L. Coffman, Linda L. Caldwell, Edward A. Smith, Lisa Wegner, Tania Vergnani, and Catherine Mathews. 2011. "Predicting substance use behavior among South African adolescents: The role of leisure experiences across time." *International Journal of Behavioral Development* 35, no. 4: 343–351.

Sharpe, Lynda. 2011. "So you think you know why animals play. . . ." *Scientific American* guest blog, May 17.

Shiota, Michelle N., Dacher Keltner, and Amanda Mossman. 2007. "The nature of awe: Elicitors, appraisals, and effects on self-concept." *Cognition and Emotion* 21, no. 5: 944–963.

Shoalts, Adam. 2017. *A History of Canada in Ten Maps*. Toronto: Allen Lane,.

Shuman-Paretsky, Melissa, Vance Zemon, Frederick W. Foley, and Roee Holtzer. 2017. "Development and validation of the State-Trait Inventory of Cognitive Fatigue in community-dwelling older adults." *Archives of Physical Medicine and Rehabilitation* 98, no. 4: 766–773.

Simmel, Georg. 2012. "The Metropolis and Mental Life." In *The Urban Sociology Reader,* ed. Jan Lin and Christopher Mele, 23–31. New York: Routledge.

Sirigu, Angela, and Jean-Rene Duhamel. 2016. "Reward and decision processes in the brains of humans and nonhuman primates." *Dialogues in Clinical Neuroscience* 18, no. 1: 45–53.

Smith, Adam. 1976. *An Inquiry into the Nature and Causes of the Wealth of Nations,* 2 vols. Ed. Edwin Cannan. London, 1776; Chicago: University of Chicago Press.

Smith, Edward A., and Linda L. Caldwell. 1989. "The perceived quality of leisure experiences among smoking and nonsmoking adolescents." *Journal of Early Adolescence* 9, no. 1–2: 153–162.

Smith, Peter Scharff. 2006. "The effects of solitary confinement on prison inmates: A brief history and review of the literature." *Crime and Justice* 34, no. 1: 441–528.

Smith, Richard P. 1981. "Boredom: A review." *Human Factors* 23, no. 3: 329–340. Solomon, Andrew. 2001. *The Noonday Demon: An Atlas of Depression*. New York: Scribner.

Spacks, Patricia Meyer. 1995. *Boredom: The Literary History of a State of Mind*. Chicago: University of Chicago Press.

Spaeth, Michael, Karina Weichold, and Rainer K. Silbereisen. 2015. "The development of leisure boredom in early adolescence: Predictors and longitudinal associations with delinquency and depression." *Developmental Psychology* 51, no. 10: 1380–1394.

Stanovich, Keith. 2011. *Rationality and the Reflective Mind*. New York: Oxford University Press.

Steele, Rachel, Paul Henderson, Frances Lennon, and Donna Swinden. 2013. "Boredom among psychiatric in-patients: Does it matter?" *Advances in Psychiatric Treatment* 19, no. 4: 259–267.

Steinberg, Laurence. 2005. "Cognitive and affective development in adolescence." *Trends in Cognitive Sciences* 9, no. 2: 69–74.

Stevenson, M. F. 1983. "The captive environment: Its effect on exploratory and related behavioural responses in wild animals." In *Exploration in Animals and Humans*, ed. John Archer and Lynda I. A. Birke, 176–197. Wokingham, UK: Van Nostrand Reinhold.

Stickney, Marcella I., Raymond G. Miltenberger, and Gretchen Wolff. 1999. "A descriptive analysis of factors contributing to binge eating." *Journal of Behavior Therapy and Experimental Psychiatry* 30, no. 3: 177–189.

Struk, Andriy, A. Scholer, and J. Danckert. 2015. "Perceived control predicts engagement and diminished boredom." Presentation at the Canadian Society for Brain, Behaviour and Cognitive Science.

Struk, Andriy A., Jonathan S. A. Carriere, J. Allan Cheyne, and James Danckert. 2017. "A short Boredom Proneness Scale: Development and psychometric properties." *Assessment* 24, no. 3: 346–359.

Struk, Andriy A., Abigail A. Scholer, and James Danckert. 2016. "A self-regulatory approach to understanding boredom proneness." *Cognition and Emotion* 30, no. 8: 1388–1401.

Sulea, Coralia, Ilona Van Beek, Paul Sarbescu, Delia Virga, and Wilmar B. Schaufeli. 2015. "Engagement, boredom, and burnout among students: Basic need satisfaction matters more than personality traits." *Learning and Individual Differences* 42: 132–138.

Svendsen, Lars. 2005. *A Philosophy of Boredom*. London: Reaktion Books.

Tabatabaie, Ashkan Fakhr, Mohammad Reza Azadehfar, Negin Mirian, Maryam Noroozian, Ahmad Yoonessi, Mohammad Reza Saebipour, and Ali Yoonessi. 2014. "Neural correlates of boredom in music perception." *Basic and Clinical Neuroscience* 5, no. 4: 259–266.

Taylor, Christopher A., Jeneita M. Bell, Matthew J. Breiding, and Likang Xu. "Traumatic brain injury–related emergency department visits, hospitalizations, and deaths—United States, 2007 and 2013." *MMWR Surveillance Summaries* 66, no. 9 (2017): 1–16. DOI: http://dx.doi.org/10.15585 /mmwr.ss6609a1.

Teo, Thomas. 2007. "Local institutionalization, discontinuity, and German textbooks of psychology, 1816–1854." *Journal of the History of the Behavioral Sciences* 43, no. 2: 135–157.

Thackray, Richard I., J. Powell Bailey, and R. Mark Touchstone. 1977. "Physiological, subjective, and performance correlates of reported boredom and monotony while performing a simulated radar control task." In *Vigilance: Theory, Operational Performance, and Physiological Correlates*, ed. Robert R. Mackie, 203–215. Boston: Springer.

Theobold, Dale E., Kenneth L. Kirsh, Elizabeth Holtsclaw, Kathleen Donaghy, and Steven D. Passik. 2003. "An open label pilot study of citalopram for depression and boredom in ambulatory cancer patients." *Palliative and Supportive Care* 1, no. 1: 71–77.

Thiele, Leslie Paul. 1997. "Postmodernity and the routinization of novelty: Heidegger on boredom and technology." *Polity* 29, no. 4: 489–517.

Todman, McWelling. 2003. "Boredom and psychotic disorders: Cognitive and motivational issues." *Psychiatry: Interpersonal and Biological Processes* 66, no. 2: 146–167.

Todman, McWelling. 2013. "The dimensions of state boredom: Frequency, duration, unpleasantness, consequences and causal attributions." *Dimensions* 1: 32–40.

Todman, McWelling, Daniel Sheypuk, Kristin Nelson, Jason Evans, Roger Goldberg, and Evangeline Lehr. 2008. "Boredom, hallucination-proneness and hypohedonia in schizophrenia and schizoaffective disorder." In *Schizoaffective Disorders: International Perspectives on Understanding, Intervention and Rehabilitation,* ed. Kam-Shing Yip. Hauppauge, NY: Nova Science Publishers.

Tolinski, Brad, and Alan Di Perna. 2016. *Play It Loud: An Epic History of the Style, Sound, and Revolution of the Electric Guitar*. New York: Anchor Doubleday.

Tolor, Alexander, and Marlene C. Siegel. 1989. "Boredom proneness and political activism." *Psychological Reports* 65, no. 1: 235–240.

Tolstoy, Leo. 1899. *Anna Karenina*. Trans. Nathan Haskell Dole. New York: Thomas Y. Crowell.

Toohey, Peter. 2011. *Boredom: A Lively History*. New Haven, CT: Yale University Press.

Trevorrow, Karen, and Susan Moore. 1998. "The association between loneliness, social isolation and women's electronic gaming machine gambling." *Journal of Gambling Studies* 14, no. 3: 263–284.

Tromholt, Morten. 2016. "The Facebook experiment: Quitting Facebook leads to higher levels of well-being." *Cyberpsychology, Behavior, and Social Networking* 19, no. 11: 661–666.

Tunariu, Aneta D., and Paula Reavey. 2007. "Common patterns of sense making: A discursive reading of quantitative and interpretative data on sexual boredom." *British Journal of Social Psychology* 46, no. 4: 815–837.

Turing, Alan M. 1950. "Computing machinery and intelligence." *Mind: A Quarterly Review of Psychology and Philosophy* 59: 433–460.

Turner, Nigel E., Masood Zangeneh, and Nina Littman-Sharp. 2006. "The experience of gambling and its role in problem gambling." *International Gambling Studies* 6, no. 2: 237–266.

Twenge, Jean M. 2017. *iGen: Why Today's Super-Connected Kids Are Growing Up Less Rebellious, More Tolerant, Less Happy—and Completely Unprepared for Adulthood—and What That Means for the Rest of Us*. New York: Simon and Schuster.

Tze, Virginia M. C., Robert M. Klassen, and Lia M. Daniels. 2014. "Patterns of boredom and its relationship with perceived autonomy support and engagement." *Contemporary Educational Psychology* 39, no. 3: 175–187.

Uddin, Lucina Q. 2015. "Salience processing and insular cortical function and dysfunction." *Nature Reviews Neuroscience* 16, no. 1: 55–61.

Ulrich, Martin, Johannes Keller, and Georg Gron. 2015. "Neural signatures of experimentally induced flow experiences identified in a typical fMRI block design with BOLD imaging." *Social Cognitive and Affective Neuroscience* 11, no. 3: 496–507.

Ulrich, Martin, Johannes Keller, Klaus Hoenig, Christiane Waller, and Georg Gron. 2014. "Neural correlates of experimentally induced flow experiences." *Neuroimage* 86 (2014): 194–202.

Valenzuela, Michael J., and Perminder Sachdev. 2006. "Brain reserve and cognitive decline: A non-parametric systematic review." *Psychological Medicine* 36, no. 8: 1065–1073.

Van den Bergh, Omer, and Scott R. Vrana. 1998. "Repetition and boredom in a perceptual fluency / attributional model of affective judgements." *Cognition and Emotion* 12, no. 4: 533–553.

van Tilburg, Wijnand A. P., and Eric R. Igou. 2017. "Boredom begs to differ: Differentiation from other negative emotions." *Emotion* 17, no. 2: 309–322.

van Tilburg, Wijnand A. P., and Eric R. Igou. 2016. "Going to political extremes in response to boredom." *European Journal of Social Psychology* 46, no. 6: 687–699.

van Tilburg, Wijnand A. P., and Eric R. Igou. 2012. "On boredom: Lack of challenge and meaning as distinct boredom experiences." *Motivation and Emotion* 36, no. 2: 181–194.

van Tilburg, Wijnand A. P., and Eric R. Igou. 2011. "On boredom and social identity: A pragmatic meaning-regulation approach." *Personality and Social Psychology Bulletin* 37, no. 12: 1679–1691.

van Tilburg, Wijnand A. P., Eric R. Igou, and Constantine Sedikides. 2013. "In search of meaningfulness: Nostalgia as an antidote to boredom." *Emotion* 13, no. 3: 450–461.

Vodanovich, Stephen J. 2003. "Psychometric measures of boredom: A review of the literature." *Journal of Psychology* 137, no. 6: 569–595.

Vodanovich, Stephen J., and Deborah E. Rupp. 1999. "Are procrastinators prone to boredom?" *Social Behavior and Personality* 27, no. 1: 11–16.

Vodanovich, Stephen J., Kathryn M. Verner, and Thomas V. Gilbride. 1991. "Boredom proneness: Its relationship to positive and negative affect." *Psychological Reports* 69, no. 3, suppl.: 1139–1146.

Vodanovich, Stephen J., J. Craig Wallace, and Steven J. Kass. 2005. "A confirmatory approach to the factor structure of the Boredom Proneness Scale: Evidence for a two-factor short form." *Journal of Personality Assessment* 85, no. 3: 295–303.

Vodanovich, Stephen J., and John D. Watt. 2016. "Self-report measures of boredom: An updated review of the literature." *Journal of Psychology* 150, no. 2: 196–228.

Waitz, Theodore. 1849. *Lehrbuch der Psychologie als Naturwissenschaft* [Textbook of psychology as a natural science]. Braunschweig, Germany: Vieweg.

Walfish, Steven, and Tuesdai A. Brown. 2009. "Self-assessed emotional factors contributing to increased weight in presurgical male bariatric patients." *Bariatric Nursing and Surgical Patient Care* 4, no. 1: 49–52.

Wallace, David Foster. 2011. *The Pale King: An Unfinished Novel*. New York: Little, Brown.

Wallace, J. Craig, Steven J. Kass, and Claudia J. Stanny. 2002. "The cognitive failures questionnaire revisited: Dimensions and correlates." *Journal of General Psychology* 129, no. 3: 238–256.

Wallace, J. Craig, Stephen J. *Individual Differences* 34, no. 4: 635–644.

Wangh, Martin. 1975. "Boredom in psychoanalytic perspective." *Social Research* 42: 538–550.

Wangh, Martin. 1979. "Some psychoanalytic observations on boredom." *International Journal of Psycho-Analysis* 60: 515–526.

Wardley, Kenneth Jason. 2012. " 'A weariness of the flesh': Towards a theology of boredom and fatigue." In *Intensities: Philosophy, Religion and the Affirmation of Life*, ed. Katharine Sarah Moody and Steven Shakespeare, 117–136. Burlington, VT: Ashgate.

Warhol, Andy, and Pat Hackett. 1988. *Andy Warhol's Party Book*. New York: Crown.

Warriner, Amy Beth, and Karin R. Humphreys. 2008. "Learning to fail: Reoccurring tip-of-the-tongue states." *Quarterly Journal of Experimental Psychology* 61, no. 4: 535–542.

Watt, John D. 1991. "Effect of boredom proneness on time perception." *Psychological Reports* 69, no. 1: 323–327.

Watt, John D., and Jackie E. Ewing. 1996. "Toward the development and validation of a measure of sexual boredom." *Journal of Sex Research* 33, no. 1: 57–66.

Watt, John D., and Stephen J. Vodanovich. 1992. "Relationship between boredom proneness and impulsivity." *Psychological Reports* 70, no. 3: 688–690.

Wegner, Lisa. 2011. "Through the lens of a peer: Understanding leisure boredom and risk behaviour in adolescence." *South African Journal of Occupational Therapy* 41, no. 1: 19–23.

Wegner, Lisa, and Alan J. Flisher. 2009. "Leisure boredom and adolescent risk behaviour: A systematic literature review." *Journal of Child and Adolescent Mental Health* 21, no. 1: 1–28.

Weinberg, Warren A., and Roger A. Brumback. 1990. "Primary disorder of vigilance: A novel explanation of inattentiveness, daydreaming, boredom, restlessness, and sleepiness." *Journal of Pediatrics* 116, no. 5: 720–725.

Weinstein, Lawrence, Xiaolin Xie, and Charalambos C. Cleanthous. 1995. "Purpose in life, boredom, and volunteerism in a group of retirees." *Psychological Reports* 76, no. 2: 482.

Weissinger, Ellen. 1995. "Effects of boredom on self-reported health." *Loisir et societe / Society and Leisure* 18, no. 1: 21–32.

Weissinger, Ellen, Linda L. Caldwell, and Deborah L. Bandalos. 1992. "Relation between intrinsic motivation and boredom in leisure time." *Leisure Sciences* 14, no. 4: 317–325.

Wemelsfelder, Francoise. 1985. "Animal boredom: Is a scientific study of the subjective experiences of animals possible?" In *Advances in Animal Welfare Science 1984 / 85*, ed. M. W. Fox and L. D. Mickley, 115–154. Dordrecht: Martinus Nijhoff / Kluwer.

Wemelsfelder, Francoise. 2005. "Animal boredom: Understanding the tedium of confined lives." In *Mental Health and Well-Being in Animals,* ed. F. D. McMillan, 77–91. Oxford: Blackwell.

Wemelsfelder, Francoise. 1990. "Boredom and laboratory animal welfare." In *The Experimental Animal and Biomedical Research,* ed. Bernard Rollin, 243–272. Boca Raton: CRC Press.

Wemelsfelder, Francoise. 1993. "The concept of animal boredom and its relationship to stereotyped behaviour." In *Stereotypic Behavior: Fundamentals and Applications to Animal Welfare,* ed. A. B. Lawrence and J. Rushen, 95–96. Tucson, AZ: CAB International.

Westgate, Erin C., and Timothy D. Wilson. 2018 "Boring thoughts and bored minds: The MAC model of boredom and cognitive engagement." *Psychological Review* 125, no. 5: 689–713.

Weybright, Elizabeth H., Linda L. Caldwell, Nilam Ram, Edward A. Smith, and Lisa Wegner. 2015. "Boredom prone or nothing to do? Distinguishing between state and trait leisure boredom and its association with substance use in South African adolescents." *Leisure Sciences* 37, no. 4: 311–331.

White, A. 1998. "Ho hum: A phenomenology of boredom." *Journal of the Society for Existential Analysis* 9: 69–81.

White, Robert W. 1959. "Motivation reconsidered: The concept of competence." *Psychological Review* 66, no. 5: 297–333.

Whiting, Anita, and David Williams. 2013. "Why people use social media: A uses and gratifications approach." *Qualitative Market Research: An International Journal* 16, no. 4: 362–369.

Willging, Cathleen E., Gilbert A. Quintero, and Elizabeth A. Lilliott. 2014. "Hitting the wall: Youth perspectives on boredom, trouble, and drug use dynamics in rural New Mexico." *Youth and Society* 46, no. 1: 3–29.

Williams, D. J., and Mary Liz Hinton. 2006. "Leisure experience, prison culture, or victimization? Sex offenders report on prison gambling." *Victims and Offenders* 1, no. 2: 175–192.

Wilson, Timothy D., David A. Reinhard, Erin C. Westgate, Daniel T. Gilbert, Nicole Ellerbeck, Cheryl Hahn, Casey L. Brown, and Adi Shaked. 2014. "Just think: The challenges of the disengaged mind." *Science* 345, no. 6192: 75–77.

Wink, Paul, and Karen Donahue. 1995. "Implications of college-age narcissism for psychosocial functioning at midlife: Findings from a longitudinal study of women." *Journal of Adult Development* 2, no. 2: 73–85.

Wink, Paul, and Karen Donahue. 1997. "The relation between two types of narcissism and boredom." *Journal of Research in Personality* 31, no. 1: 136–140.

Winokur, Jon, ed. 2005. *Ennui to Go: The Art of Boredom*. Seattle: Sasquatch Books.

Witte, Kim, and William A. Donohue. 2000. "Preventing vehicle crashes with trains at grade crossings: The risk seeker challenge." *Accident Analysis and Prevention* 32, no. 1: 127–139.

Wood, Richard T. A., Mark D. Griffiths, and Jonathan Parke. 2007. "Acquisition, development, and maintenance of online poker playing in a student sample." *Cyberpsychology and Behavior* 10, no. 3: 354–361.

Wyatt, Stanley, and James A. Fraser. 1929. "The effects of monotony in work—a preliminary enquiry." Oxford: H.M. Stationery Office.

Wyatt, Stanley, and James N. Langdon. 1937. *Fatigue and Boredom in Repetitive Work*. London: H.M. Stationery Office.

Yeykelis, Leo, James J. Cummings, and Byron Reeves. 2014. "Multitasking on a single device: Arousal and the frequency, anticipation, and prediction of switching between media content on a computer." *Journal of Communication* 64, no. 1: 167–192.

Young, Kimberly S. 1998. "Internet addiction: The emergence of a new clinical disorder." *Cyberpsychology and Behavior* 1, no. 3: 237–244.

Young, Kimberly S., and Robert C. Rogers. 1998. "The relationship between depression and Internet addiction." *Cyberpsychology and Behavior* 1, no. 1: 25–28.

Yu, Yen, Acer Y. C. Chang, and Ryota Kanai. 2018. "Boredom-driven curious learning by homeo-heterostatic value gradients." *Frontiers in Neurorobotics* 12.

Yunis, Harvey, ed. 2011. *Plato, Phaedrus*. Cambridge Greek and Latin Classics. New York: Cambridge University Press.

Zajonc, Robert B. 1968. "Attitudinal effects of mere exposure." *Journal of Personality and Social Psychology* 9, no. 2: 1–27.

Zakay, Dan. 2014. "Psychological time as information: The case of boredom." *Frontiers in Psychology* 5:

article 917.

Ziervogel, C. F., Najma Ahmed, A. J. Flisher, and B. A. Robertson. 1997. "Alcohol misuse in South African male adolescents: A qualitative investigation." *International Quarterly of Community Health Education* 17, no. 1: 25–41.

Zondag, Hessel J. 2013. "Narcissism and boredom revisited: An exploration of correlates of overt and covert narcissism among Dutch university students." *Psychological Reports* 112, no. 2: 563–576.

Zuckerman, Marvin. 1993. "P-impulsive sensation seeking and its behavioral, psychophysiological and biochemical correlates." *Neuropsychobiology* 28, no. 1–2: 30–36.

Zuckerman, Marvin. 1979. *Sensation Seeking: Beyond the Optimal Level of Arousal*. Hillsdale, NJ: Lawrence Erlbaum Associates.

索引

◎7劃

◎8劃

◎9劃

◎10劃

◎11劃

◎12劃

BM0047

無聊心理學

Out of My Skull：The Psychology of Boredom

作　　者　詹姆斯・丹克特（James Danckert）、約翰・伊斯特伍德（John D. Eastwood）
譯　　者　袁銘鈺
責任編輯　于芝峰
協力編輯　洪禎璐
內頁排版　宸遠彩藝
封面設計　小草
篇章頁圖　illustAC

發 行 人　蘇拾平
總 編 輯　于芝峰
副總編輯　田哲榮
業務發行　王綬晨、邱紹溢
行銷企劃　陳詩婷

出　　版　橡實文化 ACORN Publishing
地址：臺北市 105 松山區復興北路 333 號 11 樓之 4
電話：（02）2718-2001　傳真：（02）2719-1308
網址：www.acornbooks.com.tw
E-mail：acorn@andbooks.com.tw

發　　行　大雁出版基地
地址：臺北市 105 松山區復興北路 333 號 11 樓之 4
電話：（02）2718-2001　傳真：（02）2718-1258
讀者傳真服務：（02）2718-1258
讀者服務信箱：andbooks@andbooks.com.tw
劃撥帳號：19983379　戶名：大雁文化事業股份有限公司

印　　刷　中原造像股份有限公司
初版一刷　2022 年 8 月
定　　價　450 元
I S B N　978-626-7085-36-3

國家圖書館出版品預行編目 (CIP) 資料

無聊心理學／詹姆斯・丹克特 (James Danckert)，約翰・伊斯特伍德 (John D. Eastwood) 著；袁銘鈺譯．－初版．－臺北市：橡實文化出版：大雁出版基地發行，2022.08
352 面；14.8×22 公分
譯自：Out of my skull : the psychology of boredom.
ISBN 978-626-7085-36-3(平裝)
1. CST：生理心理學
172.1　　111010890

大雁出版基地
www.andbooks.com.tw